U0104971

古典文獻研究輯刊

三二編

潘美月・杜潔祥 主編

第7冊

《四庫提要》精選精注
（第七冊）

司馬朝軍 著

國家圖書館出版品預行編目資料

《四庫提要》精選精注（第七冊）／司馬朝軍 著 -- 初版 -- 新
北市：花木蘭文化事業有限公司，2021〔民110〕
目 6+210 面；19×26 公分
（古典文獻研究輯刊 三二編；第 7 冊）
ISBN 978-986-518-388-2（精裝）
1. 四庫全書 2. 研究考訂
011.08   110000575

ISBN-978-986-518-388-2

9 789865 183882

古典文獻研究輯刊
三二編 第 七 冊   ISBN：978-986-518-388-2

《四庫提要》精選精注（第七冊）

作　　者　司馬朝軍
主　　編　潘美月、杜潔祥
總 編 輯　杜潔祥
副總編輯　楊嘉樂
編　　輯　許郁翎、張雅淋　美術編輯　陳逸婷
出　　版　花木蘭文化事業有限公司
發 行 人　高小娟
聯絡地址　235 新北市中和區中安街七二號十三樓
　　　　　電話：02-2923-1455／傳真：02-2923-1452
網　　址　http://www.huamulan.tw 信箱 service@huamulans.com
印　　刷　普羅文化出版廣告事業
初　　版　2021 年 3 月
全書字數　1388152 字
定　　價　三二編 47 冊（精裝）台幣 120,000 元　　　版權所有‧請勿翻印

《四庫提要》精選精注
（第七冊）

司馬朝軍　著

第七冊

170. 東維子集〔一〕三十卷附錄一卷

　　元楊維楨〔二〕（1296～1370）撰。維楨有《春秋合題著說》〔三〕，已著錄。

　　此其初刊詩文集也。維楨以詩文奇逸，凌跨一時。此編乃錄文二十八卷，詩僅兩卷，又以雜文六篇足之。〔四〕蓋以文為主，詩特附行耳。朱國楨《湧幢小品》載，王彝嘗詆維楨為「文妖」〔五〕。今觀所傳諸集，詩歌、樂府，出入於盧仝、李賀之間，奇奇怪怪，溢為牛鬼蛇神者，誠所不免。至其文則文從字順，無所謂翦紅刻翠以為塗飾，聱牙棘口以為古奧者也。觀其於句讀疑似之處，必旁注一「句」字，使讀者無所岐誤，此豈故為險僻、欲使人讀不可解者哉！其作《鹿皮子文集序》曰：「盧殷之文凡千餘篇，李礎之詩凡八百篇，樊紹述著《樊子書》六十卷，雜詩文凡九百餘篇，今皆安在哉？非其文不傳也，言龐義淫，非傳世之器也。孔、孟而下，人樂傳其文者，屈原、荀況、董仲舒、司馬遷，又其次，王通、韓愈、歐陽修、周敦頤、蘇洵父子。我朝則姚公燧、虞公集、吳公澄、李公孝光，凡此十數君子，其言皆高而當，其義皆奧而通也。」〔六〕觀其所論，則維楨之文，不得概以「妖」目之矣。〔七〕

　　陶宗儀《輟耕錄》載維楨《辨統論》一篇，大旨謂元繼宋而不繼遼、金。此集不載此篇，未喻其故。今恭奉諭旨補入集內〔八〕。蓋維楨雖反顏吠主。罪甚揚雄，而其言可採，則不以其人廢之。仰見聖人衮鉞之公，上超萬古，非儒生淺見之能窺也。〔九〕（《四庫全書總目》卷一百六十八）

【注釋】

〔一〕【書名】楊維楨號東維子，故以名其集。

〔二〕【作者研究】劉美華撰《楊維楨詩學研究》（臺北文史哲出版社 1983 年版），孫小力撰《楊維楨年譜》（復旦大學出版社 1997 年版），陳海良撰《亂世奇才：楊維楨的生平及其藝術》（上海書畫出版社 2005 年版），黃仁生撰《楊維楨與元末明初文學思潮》（東方出版中心 2005 年版），徐曉剛纂《楊維楨志》（浙江古籍出版社 2020 年版）、《楊維楨傳稿》（待刊）。

〔三〕【春秋合題】經義唯《春秋》有合題。乾隆初始去合題。詳見錢大昕《十駕齋養新錄》卷十「春秋合題」條。

〔四〕【版本】通行有《四部叢刊》影印清沈氏鳴野山房抄本。

〔五〕【文妖】（王）彝之學出天台孟夢恂，夢恂之學出婺州（今浙江金華）金履祥，本真德秀《文章正宗》之派，故持論過嚴，或激而至於已甚。集中《文妖》

一篇，為楊維楨而作者……其言矯枉過直，而詬厲亦復傷雅。雖石介作《怪說》以詆楊億，不至於是，士禎（疑將王彝誤作王士禎——引者注）所云，或亦有激而報之乎？（《四庫全書總目》卷一百六十九《王常宗集》提要）

今按，《曝書亭集》卷六十二「王彝傳」云：「時楊維楨以文雄於東南，從遊者甚眾，彝作《文妖》一篇詆之，辭曰：天下所謂妖者，狐而已矣。然而文有妖焉，殆有過於狐者。夫狐也，俄而為女婦，世之男子不幸而惑焉者，莫不謂為女婦，則固見其黛綠朱白，柔曼傾衍之容，所以妖者無乎不至，故謂之真女婦也。雖然以為人也，則非人，以為女婦也，則非女婦，由其狡獪幻化為之，此狐之所以妖也。文者，道之所在，曷為而妖哉？浙之東西，言文者必曰楊先生。予觀其文，以淫辭譎語，裂仁義，反名實，濁亂先聖之道，顧乃柔曼傾衍，黛綠朱白，狡獪幻化，奄焉以自媚，是狐而女婦者也，宜乎世之男子之惑之也。予故曰：會稽楊維楨之文，狐也，文妖也。噫！狐之妖，止於殺人之身；若文之妖，往往使後生小子群趨而競習焉，其足以為斯文禍，匪淺小也。文而可妖哉？然妖固非文也，世蓋有男子而弗惑者，何憂焉！」又按，王彝（？～1374），字常宗。著有《王常宗集》。

〔六〕【史源】《東維子集》卷六：「言有高而弗當，義有奧而弗通，若是者後世有傳焉，無有也。又況言彪而弗律，義淫而無軌者乎？自孔氏後，立言傳世者不知幾人焉，其滅沒不傳，卒與齊民共腐者，亦不知幾人焉。姑以唐人言之，盧殷之文凡千餘篇，李礎之詩凡八百篇，樊紹述著《樊子書》六十卷，雜詩文凡九百餘篇，今皆安在哉？非其文不傳也，言彪義淫，非傳世之器也。自今觀之，孔、孟而下，人樂傳其文者，屈原、荀況、董仲舒、司馬遷。又其次，王通、韓愈、歐陽修、周敦頤、蘇洵父子。逮乎我朝，姚公燧、虞公集、吳公澄、李公孝光。凡此十數君子，其言皆高而當，其義皆奧而通也。虞、李之次，復有鹿皮子者焉。」

今按，樊宗師（約765～約821），字紹述，唐河中（今山西永濟）人。有文名，韓愈稱其文從字順，實則苦澀怪癖。後人有《樊諫議集七家注》《樊紹述集注》。

〔七〕【評論】馮班云：「楊鐵崖詩，不解用古事，剪截無法，比擬不倫，句法多不完整，工夫淺也。」（《鈍吟雜錄》卷四）錢謙益云：「余觀廉夫，問學淵博，才力橫軼，掉鞅詞壇，牢籠當代。古樂府其所自負，以為前無古人。征諸句曲，良非誇大。以其詩體言之，老蒼夐兀，取道少陵，未見脫換之工；窈眇

娟麗，希風長吉，未免刻畫之誚。承學之徒，流傳沿襲，槎牙鉤棘，號為鐵體，靡靡成風，久而未艾。」(《列朝詩集小傳》第20頁)紀昀云：「從變化之說，最著者無過鐵崖，怪怪奇奇，不能方物，而卒不能解『文妖』之目。」(《紀曉嵐詩文集》第176頁)郭紹虞云：「實則楊氏影響何止限於當代，即在明代前、後七子與公安派，也都是『鐵崖體』的變相。」(《中國文學批評史》下卷第124頁)

〔八〕【史源】清高宗撰《命館臣錄存楊維楨正統辨論》(載《四庫全書》第1301冊第332頁)。

〔九〕【整理與研究】孫小力撰《楊維楨全集校箋》(上海古籍出版社2019年版)，鄒志方整理《楊維楨集》(浙江古籍出版社2019年版)。

171. 宋學士全集三十六卷〔一〕

明宋濂〔二〕(1310～1381)撰。濂有《篇海類編》，已著錄。

元末文章，以吳萊、柳貫、黃溍為一朝之後勁。濂初從萊學，既又學於貫與溍，其授受具有源流〔三〕。又早從聞人夢吉講貫《五經》，其學問亦具有根柢。

《明史》濂本傳稱，其自少至老，未嘗一日去書卷，於學無所不通，為文醇深演迤〔四〕，與古作者並。在朝郊社宗廟山川百神之典，朝會燕饗律曆衣冠之制，四裔貢賦賞勞之儀，旁及元勳巨卿碑記刻石之詞，咸以委濂，為開國文臣之首。士大夫造門乞文者後先相踵，外國貢使亦知其名，高麗、安南、日本至出兼金購其文集。〔五〕

劉基傳中又稱基所為文章，氣昌而奇，與濂本為一代之宗。今觀二家之集，濂文雍容渾穆，如天閑良驥，魚魚雅雅，自中節度〔六〕。基文神鋒四出，如千金駿足，飛騰飄瞥，驀澗注坡，雖皆極天下之選，而以德以力，則略有間矣。方孝孺受業於濂，努力繼之，然較其品格，亦終如蘇之與歐。蓋基講經世之略，所學不及濂之醇。方孝孺自命太高，意氣太盛，所養不及濂之粹也。〔七〕(《四庫全書總目》卷一百六十九)

【注釋】

〔一〕【書名】四庫本題作《文憲集》。

〔二〕【作者研究】錢伯城撰《宋濂》(《中國歷代著名文學家評傳》第四卷，山東教育出版社1985年版)，葉含秋撰《宋濂年譜》(東海大學中國文學研究所碩士論文，1989年)，王春南撰《宋濂評傳》(南京大學出版社1998年版)。

〔三〕【授受源流】宋濂云:「濂嘗受學於立夫(吳萊字立夫——引者),問其作文之法,則謂有篇聯,欲其脈絡貫通;有段聯,欲其奇耦迭生;有句聯,欲其長短合節;有字聯,欲其賓主對待。又問其作賦之法,則謂有音法,欲其倡和闔闢;有韻法,欲其清濁諧協;有辭法,欲其呼吸相應;有章法,欲其布置謹嚴。總而言之,皆不越生、承、還三者而已,然而字有不齊,體亦不一,須必隨其類而附之,不使玉瓚與瓦缶並陳,斯為得之。此又在乎三者之外,而非精擇不能到也。顧言猶在耳,而恨學之未能,因志諸傳末,以謹其傳焉。」(《浦陽人物記》卷下)宋濂《葉夷仲文集序》云:「昔者先師黃文獻公嘗有言曰:『作文之法,以群經為本根,遷、固二史為波瀾。本根不蕃,則無以造道之原;波瀾不廣,則無以盡事之變。捨此二者而為文,則槁木死灰而已。』予竊識之,不敢忘。於是取一經而次第窮之,有不得者,終夜以思,思之不通,或至達旦,如此者有年,始粗曉大旨,然猶不敢以為是也。復聚群經於左右,循環而溫繹之,如此者亦有年,始知聖人之不死,其所以代天出治、範世扶俗者,數千載猶一日也。然猶不敢以為是也,朝夕諷詠之,沉潛之,益見片言之間可以包羅數百言者,文愈簡,而其義愈無窮也。由是去讀遷、固之書,則勢若破竹,無留礙矣。權衡既懸,而百物重輕無遁情矣。然猶不敢以為易也,稽本末以覈其凡,嚴褒貶以求其斷,探幽隱以究其微,析章句以辨其體,事固粲然明白,而其制作之意亦皦然不誣也,由是以定諸子百家之異同,若別白黑而絕無難矣。及夫物有所觸,心有所向,則沛然發之於文,翩翩乎其萃也,袞袞乎其不餒也,颸颸乎大無不包,小無所遺也。嗚呼!予以五十年之功,僅僅若此。」(《文憲集》卷七)

〔四〕【評論】錢基博認為:「為文醇深演迤,而乏裁剪之功;體流沿而不返,詞枝蔓而不修,此是其短。」(《明代文學》第4頁,商務印書館1933年版)

〔五〕【版本】嚴氏本嘉慶十五年刻(此本最足)、《四部叢刊》影印明正德間張潛刻本、《金華叢書》本、《叢書集成初編》本。

〔六〕【潛溪集序】世率言「六經」無文法,是大不然。「六經」之文,固未始必於有法,而未始不妙於有法,斯其為文之至者。後乎「六經」,孟子輿氏之醇,司馬子長氏之雄,弗可企已。後乎二氏,則唐韓退之氏,牢籠並包,靡一不具,正取諸孟,而奇取諸馬為最多。譬海之巨潮,無涯涘,氣和景明,萬里一平,纖瀾弗驚,力傾喬嶽,畜之沉沉,而自然其文,層波鱗鱗,渙散紛紜,乍合俄分,千姿萬態,巧莫能繪,浩乎一與風值,則浪波起伏,如山

如屋，魚龍並作，怵人心目。此其無心於變也，故善論者以謂惟韓能。然以
寧齎在燕，得金華宋景濂氏潛溪集讀之，多其善學近代數大家。比來南京，
始獲見於史館，受其後集，雋永之，矍然起，歎曰：先生之文，其進於韓氏
之為乎？其言理直而不枝，其敘事贍而不蕪，鹵疏而極嚴，縝恣縱而甚精
深，簡質而自宏麗，敷腴而復頓挫，非有意於為艱，亦奚心於徇易，所向而
合，靡事鑱削，旁通釋、老，咸得其髓。蓋夫韓之於文，始乎戛戛陳言之務
去，成於渾渾然，覺其來之易，先生之進於韓，其有悟於是乎！（《翠屏集》
卷三）

〔七〕【整理與研究】羅月霞編《宋濂全集》（浙江古籍出版社 1999 年版）。

172. 誠意伯文集二十卷

明劉基〔一〕（1311～1375）撰。基有《國初禮賢錄》，已著錄。

其詩文雜著，凡《郁離子》〔二〕四卷，《覆瓿集》十卷，《寫情集》二卷，
《春秋明經》二卷，《犁眉公集》二卷，本各自為書〔三〕。成化中巡按浙江御
史戴黌等始合為一帙，而冠以基孫廌等所撰《翊運錄》。蓋以中載詔旨制敕，
故列之卷首。然其書究屬廌編，用以編入卷數，使此集標基之名，而開卷乃
他人之書，殊乖體例。今移綴是錄於末簡，以正其訛。餘十九卷，則悉仍戴本
之原次，以存其舊。〔四〕

基遭逢興運，參預帷幄，秘計深謀，多所裨贊，世遂謬謂為前知，凡讖
緯術數之說，一切附會於基，神怪謬妄，無所不至。方技家遞相熒惑，百無一
真，惟此一集尚真出基手。〔五〕

其詩沉鬱頓挫，自成一家，足與高啟相抗。其文閎深肅括，亦宋濂、王
褘之亞。楊守陳序謂：「子房之策，不見詞章。玄齡之文，僅辦符檄。未見樹
開國之勳業，而兼傳世之文章〔如公者。公〕可謂千古人豪。」斯言允矣。大
抵其學問智略如耶律楚材、劉秉忠〔六〕，而文章則非二人所及也。〔七〕（《四庫
全書總目》卷一百六十九）

【注釋】

〔一〕【作者研究】王馨一撰《劉伯溫年譜》（商務印書館 1936 年版），郝兆矩撰《增
　　訂劉伯溫年譜》（中州古籍出版社 1990 年版），周群撰《劉基評傳》（南京大
　　學出版社 1995 年版）。

〔二〕【郁離子】明劉基撰。基初仕元，不得志，因棄官入青田山中，著此書。天台徐一夔序曰：「郁離者，離為火，文明之象。言用之，其文郁郁然為盛世文明之治也。」（《總目》卷一百二十四）

〔三〕【考證】錢謙益《列朝詩集小傳》甲前集：「公自編其詩文集曰《覆瓿集》者，元季作也；曰《犁眉公集》者，國初作也。」（第 13 頁）

〔四〕【版本】潘猛補對此書版本源流有考證，詳見《溫州經籍志》第 1750 頁。《劉基評傳》第十四章也詳論版本。

〔五〕【史源】朱彝尊《靜志居詩話》卷二「劉基」條：「世人多以前知目公，至凡緯、讖、堪輿，若《披肝露膽》等書，皆指為公作，豈其然乎？」

〔六〕【劉秉忠】（1216〜1274），字仲晦，邢州（今屬河北）人。著有《藏春集》六卷。

〔七〕【整理與研究】林家驪點校《劉基集》（浙江古籍出版社 1999 年版）。

173. 鳳池吟稿十卷

明汪廣洋（？〜1379 或 1380）撰。廣洋，字朝宗，高郵（今屬江蘇揚州市）人，流寓太平（今安徽當塗）。元末舉進士。太祖渡江，召為元帥府令史。官至右丞相，封忠勤伯。洪武十二年（1379）坐貶廣南，於中途賜死。事蹟具《明史》本傳。廣洋有幹濟才，屢參政柄，亦無他罪惡，徒以初與楊憲同為中書左右丞，又與胡惟庸同為左右丞相，俱隱忍依違，不能發其姦狀，卒以黨誅。蓋巧宦而適以巧敗，故史稱其有負於「爰立」。

至於學問文章，則史稱其少師余闕，淹通經史，善篆隸，工為詩歌。今觀是集，大都清剛典重，一洗元人纖媚之習。朱彝尊《靜志居詩話》嘗摘其五言之「平沙誰戲馬，落日自登臺」，「湖水當門落，松雲傍枕浮」，「懷人當永夜，看月上疏桐」，「對客開春酒，當門掃落花」，「天垂芳草地，漁唱夕陽村」等句數十聯，以為可入唐人《主客圖》，靜居、北郭，猶當遜之，毋論孟載。〔一〕其論頗為允愜。雖當時為宋濂諸人盛名所掩，世不甚稱，然觀其遺作，究不愧一代開國之音也。〔二〕（《四庫全書總目》卷一百六十九）

【注釋】

〔一〕【史源】《明詩綜》卷四《靜志居詩話》：「忠勤詩饒清剛之氣，一洗元人纖縟之態。五言如……『倒藤懸宿鳥，絕壁掛晴霓』，『暮雲生楚樹，涼雨過邗溝』，『碧樹藏蠻邏，清歌發蜑舟』，『江雲垂暝遠，楚樹入秋多』，『濁酒傳杯重，

烏絲界紙勻』，『岸沙留醉臥，山鳥答行歌』，『晴光生北固，暮雨隔西津』，『濕
雲纏戍鼓，高柳聚城鴉』，『濁浪橫衝海，斜陽半在船』，『雲木深藏廟，淮流
直到門』，『沙明宜見雪，月上可行舟』，『涼風吹雨過，好鳥背人還』，『春杯
黃秫酒，野飯碧芹羹』，『欲往尋芝草，因之采茯苓』，可入唐人《主客圖》。
靜居、北郭，猶當遜之，毋論孟載也。」

司馬按，所謂「今觀是集，大都清剛典重，一洗元人纖媚之習」，實則暗
襲朱彝尊之論點。

〔二〕【宋濂序】昔人之論文者曰：「有山林之文，有臺閣之文。山林之文，其氣
枯以槁，臺閣之文，其氣麗以雄。豈惟天之降才爾殊也，亦以所居之地不
同，故其發於言詞之或異耳。」濂常以此而求諸家之詩，其見於山林者，無
非風雲月露之形，花木蟲魚之玩，山川原隰之勝而已。然其情曲以暢，故
其音也渺以幽。若夫處臺閣則不然，覽乎城闕宮觀之壯，典章文物之懿，
甲兵卒乘之雄，華夷會同之盛，所以恢廓其心胸，踔厲其志氣者，無不厚
也，無不碩也，故不發則已，發則其音淳龐而雍容，鏗鏘而鏜鞳，甚矣哉所
居之移人乎！

174. 王忠文公集二十四卷〔一〕

明王褘〔二〕（1322～1373）撰。褘有《大事記續篇》，已著錄。

是集前十二卷題「鄱陽劉傑編輯，廬陵劉同校正」，十三卷以下則編輯者
改題「同」，校正者改題「傑」，意二人各刊其半歟？傑即正統六年為義烏丞
時表褘之忠於朝、得贈官賜諡者也。褘所著本為《華川前集》十卷，後集十
卷，傑等合編為此本。卷端胡翰、胡行簡二序，皆為前集作，宋濂、蘇伯衡二
序皆為後集作。其楊士奇一序，則為此本作也。〔三〕

褘師黃溍，友宋濂，學有淵源，故其文醇樸宏肆，有宋人軌範。濂序稱
其文凡三變：「初年所作，幅程廣而運化弘；壯年出遊之後，氣象益以沉雄；
暨四十以後，乃渾然天成，條理不爽。」可謂知褘之深矣。鄭瑗《井觀瑣言》
稱其文「精密而氣弱」〔四〕，非篤論也。集中多代擬古人之作，蓋學文之時，
設身處地，以殫揣摩之功。宋代諸集往往有此，亦未可以遊戲譏焉。〔五〕（《四
庫全書總目》卷一百六十九）

【注釋】

〔一〕【書名】《四庫全書》題作《王忠文集》。

〔二〕【王褘】字子充，浙江義烏人。追諡忠文。事蹟具《明史·忠義傳》。

〔三〕【五序】均載四庫本卷首。今按，胡翰（1307～1381），字伯申，一字仲子，學者稱長山先生。其文集為《胡仲子集》，其詩結為《長山先生集》。蘇伯衡，字平仲，號空同子。浙江金華人。有《蘇平仲集》。

〔四〕【史源】《井觀瑣言》卷一：「國朝宋潛溪文工於擬古，《燕書》四十篇，比《龍門子》《蘿山雜言》頗勝。誠意伯詩詞好，文亦簡健，藏機蓄謀，如其為人。所著《郁離子》，見識亦高，非《龍門子》之比。蘇平仲用意大苦，遣辭太繁縟，不可法。王子克文精密，但氣弱。方希直志高氣銳，而辭鋒浩然，足以發之，故其文奇峻有光焰。真近世豪傑之士。」

〔五〕【整理與研究】《王褘集》（浙江大學出版社 2016 年版）已收入《浙江文叢》。

175. 翠屏集四卷

明張以寧〔一〕（1301～1370）撰。以寧有《春王正月考》，已著錄。

是集為宣德三年（1428）所刊，陳璉為之序，稱以寧文集為其子孟晦所編，宋濂序之；詩集為其門人石光霽所編，劉三吾、陳南賓序之〔二〕。其孫南雄教官隆復以安南稿續版行世。今三序皆冠集首，而詩文集總題光霽編次，嗣孫德慶州（今甘肅慶陽）訓導淮續編，與序不同，未喻其故。〔三〕

其文神鋒雋利，稍乏渾涵深厚之氣。其詩五言古體意境清逸，七言古體亦道警，惟《倦繡篇》《洗衣曲》等數章稍未脫元季綺縟之習。近體皆清新，間有涉於纖仄者。如《次李宗烈韻》詩「浮生萬古有萬古，濁酒一杯復一杯」之類。然偶一見之，不為全體之累也。《明史·文苑傳》稱：「以寧在元以翰林侍讀學士、知制誥，在朝宿儒虞集、歐陽玄、揭傒斯、黃潛之屬相繼物故，以寧有俊才，博學強記，擅名於時，人呼小張學士（云云）。」則以寧兼以文章顯，不但以《春秋》名家。徐泰《詩談》稱以寧詩「高雅俊逸，超絕畦畛，如翠屏千仞，可望而不可躋」。雖推挹稍過，然亦幾乎近似矣。（《四庫全書總目》卷一百六十九）

【注釋】

〔一〕【張以寧】字志道，號翠屏先生，福建古田人。事蹟具《明史·文苑傳》。史稱以寧以《春秋》致高第，故所學尤專《春秋》，多所自得，所撰《胡傳辨疑》最辨博。

〔二〕【史源】四序均載四庫本卷首。

〔三〕【考證】王重民《中國善本書提要》著錄此書抄本，認為：「《四庫全書》蓋即
依此本著錄，特此本有《詩集》無《文集》耳。」（第549頁）

176. 說學齋稿四卷

明危素〔一〕（1303～1372）撰。素有《草廬年譜》，已著錄。

據《千頃堂書目》，其文集本五十卷，明代已散佚不存。此本乃嘉靖三十
八年（1559），歸有光從吳氏得素手稿傳抄。其文不分卷帙，但於紙尾記所作年
歲，皆在元時所作。有光跋稱共一百三十六篇。〔二〕此本乃止一百三十三篇。
又王懋竑《白田雜著》有是集跋〔三〕，稱賦三，贊二，銘二，頌三，記五十有
一，序七十有六，共一百三十八首，以有光跋為傳寫之誤。然據懋竑所列，實
止一百三十七首，數亦不符。殆舊無刊版，好事者遞相傳錄，故篇數參差不
能畫一，實則一本也。

素晚節不終，為世僇笑，其人本不足稱〔四〕。而文章則歐、虞、黃、柳之
後，屹為大宗。懋竑跋稱其文「演迤澄泓，視之若平易，而實不可幾及，非熙
甫莫知其深」。其珍重抄傳，蓋非漫然矣。（《四庫全書總目》卷一百六十九）

【注釋】

〔一〕【危素】字太樸，號雲林，江西金溪人。事蹟具《明史・文苑傳》。

〔二〕【歸有光跋】見《說學齋稿》卷末。吳氏為吳純甫。今按，彭元瑞云：「辛楣
宮詹寄余《說學齋稿》，云是歸熙甫手抄本，惓惓以表章為言……當以《雲林
集》與此帙並抄，以存太樸之全。」（《知聖道齋讀書跋》卷二）

〔三〕【書危太僕集後】太僕在黃、柳之後，傑出冠時，至正間聲望甚重，入明以
謫死，集遂散軼不大傳……後之學者，覽熙甫之跋與詩，可以識其概矣。（《白
田雜著》卷八）

〔四〕【評論】錢謙益《列朝詩集小傳》對危素的晚節另有說法：「大兵之入燕也，
（危素）趨所居報恩寺入井，寺僧大梓力挽起之，曰：『國史非公莫知；公死，
是死國史也。』」（第83頁）朱彝尊《靜志居詩話》卷二「危素」條亦云：「太
樸居大都鐘樓街，明師入燕，走報恩寺，將入井，僧大梓挽出之，謂曰：『國
史非公莫知；公死，是死國史也。』由是不是死。兵垂及史庫，言於主帥，
輦而出之，累朝《實錄》，得無恙。然《元史》成日，曾未獲與筆削。近錢牧
齋尚書，亦以國史自任，乃絳雲樓一炬，史稿盡亡。將無兩公是非，未必皆

公，故天有意厄之邪？」（第 36 頁）今按，以國史自任，何其壯哉！《總目》
此處實為誅心之論。

177. 雲林集二卷

明危素（1303～1372）撰。

皆在元代所作之詩，納新為編次成集者也。素家居臨川，相近有雲林山
〔一〕，嘗讀書其上方。方壺為作《雲林圖》，陳旅等俱賦詩以記其事，故集即
以是為名。

朱彝尊《曝書亭集》有是書跋〔二〕，稱發雕於後至元三年（1337），則彝尊
所見乃元時舊版。此本卷帙相符，蓋猶從原刻抄傳者。特彝尊跋稱，前有虞
集序，而此本所載乃集贈行序一篇，絕與詩集無涉，似為後人所附入。觀其
《靜志居詩話》亦稱，前有虞集送行序〔三〕，則已自知其誤而改之矣。

素於元末負盛名，入明以後，其人不為世所重，其文亦遂不復收拾，故
《說學齋集》僅存在元之文，而此集亦僅存在元之詩，不足盡素之著作。然氣
格雄偉，風骨遒上，足以陵轢一時。就詩論詩，要不能不推為元季一作者矣。

原集共詩七十六首，浙江鮑氏知不足齋本復從他書蒐採，增入補遺十四
首，較為完備，今並仍而錄之焉。（《四庫全書總目》卷一百六十九）

【注釋】

〔一〕【雲林山】雲林乃金溪山名，太樸少時讀書之所，故以名其詩集。（《知聖道
　　　齋讀書跋》卷二）
〔二〕【跋危氏雲林集】《雲林集》二卷，元翰林學士承旨危素太樸之詩，葛邏祿
　　　迺賢易之編，而虞集伯生序之者也。太樸以文名，詩不恒見，流傳惟此而
　　　已。明兵入大都，學士走報恩寺，俯身入井，寺僧大梓挽出之，謂曰：「國
　　　史非公莫知，公死，是死國之史也。」學士由是不死。是集發雕於後至元三
　　　年（1337），蓋學士入明後續作詩文均失傳矣。（《曝書亭集》卷五十二）
〔三〕【史源】見朱彝尊《靜志居詩話》卷二「危素」條（第 37 頁）。

178. 滄螺集六卷

明孫作撰。作字大雅，以字行，一字次知，江陰（今屬江蘇無錫市）人。元
至正末避兵於吳。初受張士誠之招，旋去之松江。洪武癸丑（1373），召修《日
曆》。書成，除翰林院編修，以老病乞外，授太平府教授。入為國子助教，尋

遷司業。以事廢為民，後復官長樂縣教諭。作自號東家子，宋濂為作《東家子傳》，推挹甚至。《明史·文苑傳》附載陶宗儀傳末。〔一〕

是集凡詩一卷，文五卷。其詩力追黃庭堅，在元季自為別調。集中《與陳檢校詩》有曰：「蘇子落筆（崩）〔奔〕海江，豫章吐句敵山嶽。湯湯濤瀾絕崖岸，蕚蕚木石森劍㦸。二子低昂久不下，藪澤遂包貙與鼉。至今雜沓呼從賓，誰敢（崛）〔倔〕強二子角。吾尤愛豫章撫卷氣先愕，磨牙咋舌熊豹面，以手捫膺就束縛……士如此老固可佳，不信後來無繼作。」〔二〕其宗旨灼然可見。然才力不及庭堅之富，鎔鑄陶冶亦不及庭堅之深。雖頗拔俗，而未能造古。《東家子傳》一字不及其詩，蓋有微意，非漏略也。至於文則磊落奇偉，而隱有程度，卓然足以自傳。《東家子傳》謂「他人之文，束於理則詞不暢，肆於詞則理不直。惟作洞矚千古之上，析之則理勝，闔之則詞嚴。動有據依」，皆非臆說。《明史·文苑傳》亦稱其文「醇正典雅」云。（《四庫全書總目》卷一百六十九）

【注釋】

〔一〕【孫作】字大雅，自號東家子，學者稱為時尚先生，江蘇江陰人。《明史》卷二百八十五有傳。今按，《東家子傳》載四庫本卷首，改題《滄螺集原序》。《明史》有關孫作之文實襲《東家子傳》。

〔二〕【史源】見《滄螺集》卷一《還陳檢校山谷詩》。《滄螺集》卷六「坐右銘」又云：「多言，欺之蔽也。多思，欲之累也。潛靜以養其心，強毅以篤其志。去惡於人所不知之時，誠善於已所獨知之地。毋賤彼以貴我，毋重物以輕身。毋徇俗以移其守，毋矯偽以喪其真。能忍所不能忍，則勝物。能容所不能容，則過人。極高明以遊聖賢之域，全淳德而為太上之民。」

179. 考古文集二卷

明趙撝謙（1351～1395）〔一〕撰。撝謙有《六書本義》，已著錄。

《明詩綜》引黃宗羲之言，謂其詩集名《考古餘事》，凡千首，不傳於世〔二〕。今考焦竑《國史經籍志》，撝謙集已不著錄。黃虞稷《千頃堂書目》雖列其名，而不著卷數〔三〕，則亦未見原本，信乎其久不傳也。

此本所錄詩僅十餘篇，古文亦只五十餘篇〔四〕。前有順治丁酉（1717）黃世春序稱：「其子孫式微已甚，而能錄其遺集，出沒於藏書之家，殆天將藉是而彰考古（云云）。」〔五〕蓋其後人掇拾散亡，重裒成帙者耳。集後附遺言十六

條，又載其裔孫諸生護上瓊州（今屬海南）姜參政《請復姓書》，及與浙中族姓札數通。蓋撝謙沒後，其幼子流寓海南，依母族冒吳姓，故護請於姜而復之。又撝謙所作《造化經綸圖》亦附於後，編次頗無條理。

然傳刻先集者多因祖父以附子孫。自宋、元以來，即往往以文集為家牒，陋例相沿，亦不自是編始矣。撝謙以小學名家，不甚以文章著。此本又僅存殘剩，未必得其精華，而意度波瀾，頗存古法，究與抄語錄者有別，是則學有原本之故也。〔六〕（《四庫全書總目》卷一百六十九）

【注釋】

〔一〕**【趙撝謙】**原名古則，以字行，浙江餘姚人。事蹟具《明史·文苑傳》。

〔二〕**【史源】**《明詩綜》卷八。

〔三〕**【史源】**《千頃堂書目》卷十七。

〔四〕**【底本】**王重民《中國善本書提要》著錄：「《趙考古先生文集》二卷，二冊，抄本，明趙撝謙撰。卷內有『翰林院印』滿漢文大方印，《四庫全書》即據此本著錄，卷內改移增補之處，皆館臣筆也。」（第553頁）

〔五〕**【趙考古文集序】**士具材力學，患不遇其時；離群獨處，患莫能知之。及夫時遇矣，人知矣，而猶終身不免困窮者，其故何哉？豈儒者固迂闊不可用，抑一時人才之盛，拔置已多？雖哀然有夙昔之學者，亦狼藉而不惜也與？將儒者之用，有大有小，有久有近，幸不與草木同朽，已為甚厚，無以復加耶！（下略）

〔六〕**【史料】**該書卷末附錄「愛理」數條：「險：設機窅，包禍心，陷人不義，中人凶禍。忍：害物傷人，幸災樂禍。忌：聞人才美而媢疾，見人富貴而熱中，凡以勝己為不滿者，皆忌也。刻：督責太苛（自忍中來），掊克無艾（自貪中來），念怨不忘，敗人之善，成人之惡。薄：喜聞人過，好言人短，忘恩負德，得新棄舊，輕訾毀，好攻訐。克：多尚人不遜善，事功欲自己出，議論專好己勝。躁：不耐激觸，不能容忍。私：立物我，分町畦，凡事只求自利。褊：氣宇狹隘，不能容物。暴：任情恣橫，挾勢馮陵，自褊中來。」司馬按，諸如此類，皆可編入《古今中外厚黑學大全》矣！

180. 大全集十八卷

明高啟〔一〕（1336～1374）撰。啟字季迪，長洲（今屬江蘇蘇州）人。元末避張士誠之亂，遁居松江之青邱，自號青邱子。洪武初，召修《元史》，授翰林

院國史編修官，至戶部侍郎。後坐撰魏觀《上樑文》被誅，年僅三十九。事蹟具《明史・文苑傳》。

　　所著有《吹臺集》《江館集》《鳳臺集》《婁江吟稿》《姑蘇雜詠》，凡二千餘首，自選定為《缶鳴集》十二卷，凡九百餘首。啟沒無子，其姪立於永樂元年（1403）鏤版行之，至景泰初，徐庸掇拾遺佚，合為一編，題曰《大全集》，劉昌為之序，即此本也。

　　啟天才高逸，實據明一代詩人之上。其於詩，擬漢魏似漢魏，擬六朝似六朝，擬唐似唐，擬宋似宋，凡古人之所長，無不兼之，振元末纖穠縟麗之習，而返之於古，啟實為有力。然行世太早，殞折太速，未能鎔鑄變化，自為一家，故備有古人之格，而反不能名啟為何格，此則天實限之，非啟過也。〔二〕特其摹仿古調之中，自有精神意象存乎其間。譬之褚臨禊帖，究非硬黃雙鉤者比，故終不與北地、信陽、太倉、歷下〔三〕同為後人詬病焉。〔四〕（《四庫全書總目》卷一百六十九）

【注釋】

〔一〕【作者研究】清金檀撰《青邱高季迪先生年譜》（商務印書館 1981 年版）。應該重做《高啟年譜》《高啟評傳》之類的著作。今按，王欣夫先生云：「《靜志居詩話》又謂世傳為題《宮女圖》詩獲罪。蓋封建時代，猜忌之主，往往借細故殺人。古來文士遭此厄者多矣，可勝歎哉！」（《蛾術軒篋存善本書錄》第 256 頁）

〔二〕【擬議】李志光《高太史本傳》：「高啟，字季迪。吳郡人。生元丙子，少警穎，力學，遂工於詩，上窺建安，下逮開元，大曆以後則藐之。天資秀敏，故其發越特超詣，擬鮑、謝則似之，法李、杜則似之，庖丁解牛，肯綮迎刃，千彙萬類，規模同一軌。山龍華蟲，如其貴也。象犀珠玉，如其富也。秋月冰壺，如其清也。夏姬王嬙，如其麗也。田文趙勝，如其豪也。鳴鶴翔雲，如其逸也。仍和陶、韋，大羹玄酒之味，不間二宋粟布之征，所謂前齒古人於曠代，後冠來學於當時者矣……遂蹇連以歿，年甫三十九。嗟乎！使啟少延，則駸駸入曹、劉、李、杜之壇，奚止此哉！」今按，序中「擬鮑、謝則似之，法李、杜則似之」一語，為《總目》所化用。又按，紀昀《鶴街詩稿序》：「自漢、魏以至今日，其源流正變，勝負得失，雖相競者非一日，而撮其大概，不過擬議變化之兩途。從擬議之說，做著者無過青丘，仿漢、魏似漢、魏，仿六朝似六朝，仿唐似唐，仿宋似宋，而青邱之體裁如何，則莫能

舉也。從變化之說，最著者無過鐵崖，怪怪奇奇，不能方物，而卒不能解文妖之目。其亦勞而鮮功乎？」（《紀曉嵐詩文集》第 175～176 頁）可見「擬議變化」之說，實出紀昀之理論總結。後來錢鍾書《談藝錄》亦有此調，可謂嗣響。

〔三〕【北地、信陽、太倉、歷下】分別指前七子領袖李夢陽（甘肅慶陽人）、何景明（河南信陽人）和後七子領袖王世貞（江蘇太倉人）、李攀龍（山東歷城人）。

〔四〕【整理與研究】徐永瑞《論青邱子其人其詩》（《蘇州大學學報》1991 年第 3 期）從主、客兩方面分析了影響高啟詩歌風格的因素。蔡茂雄撰《高青邱詩研究》（臺北文津出版社 1987 年版）。

181. 鳧藻集五卷

明高啟（1336～1374）撰。

唐時為古文者，主於矯俗體，故成家者蔚為鉅製，不成家者則流於僻澀。宋時為古文者，主於宗先正，故歐、蘇、王、曾而後，沿及於元，成家者不能盡關門戶，不成家者亦具有典型。

啟詩才富健，工於摹古，為一代鉅擘，而古文則不甚著名。然生於元末，距宋未遠，猶有前輩軌度，非洪、宣以後漸流為膚廓冗沓號臺閣體者所及。

是集不知誰所編〔一〕，以其詩集例之，殆亦啟自定。末有《魏夫人宋氏墓誌銘》。魏夫人者，蘇州知府魏觀母也。按《明史》本傳，啟坐為觀作《上樑文》見法，則為其末年之作。蓋平生古文盡於此集矣。初無刻本，周忱為蘇州巡撫時始得抄本於郡人周立。立之姑即啟婦也。正統九年（1444），監察御史錢塘鄭士昂又得本於忱，因命教授張素校刊之，而忱為之序〔二〕。此本為雍正戊申（1728）桐鄉金檀所刻，即因鄭本而正其訛，多所校正。檀即注啟詩集者，故並刻是集，成一家完書云〔三〕。（《四庫全書總目》卷一百六十九）

【注釋】

〔一〕【考證】丁丙《藏書志》有正統刊本，題「後學周立編輯」。

〔二〕【周忱序】四庫本未載。

〔三〕【校勘】卷二、卷三均有闕文。

182. 鳴盛集四卷

明林鴻撰。鴻字子羽，福清（今屬福建福州市）人。洪武初以薦授將樂縣訓導，歷官禮部精膳司員外郎。年未四十，自免歸。事蹟具《明史・文苑傳》。

明初，閩中善詩者有長樂陳亮、高廷禮，閩縣王恭〔一〕、唐泰、鄭定、王褒、周玄，永福王偁，侯官黃玄，而鴻為之冠，號「十才子」。其論詩惟主唐音，所作以格調勝，是為晉安詩派之祖。李東陽《懷麓堂詩話》曰：「林子羽《鳴盛集》專學唐，袁凱《在野集》專學杜，蓋能極力摹擬，不但字面句法，併其題目亦效之。開卷驟視，宛若舊本。然細味之，求其流出肺腑、卓爾自立者，指不能一再屈也。」是在弘、正之間，已有異議。故論者謂：「閩中才雋輩出，彬彬風雅亦云盛矣。第晉安一派，流傳未已，守林儀部、高典籍之論，若金科玉條，凜不敢犯，動為七律，如出一手（云云）。」〔二〕是其末流且馴至為世口實，然鴻倡始之時，固未嘗不春容諧雅，自協正聲，未可以做法於涼，遽相詆斥。況高棅尚不免庸音，鴻則時饒清韻，尤未可不分甲乙，一例擯排矣。

此本為成化初鴻郡人溫州知府邵銅所編，末有銅跋〔三〕，稱覽其舊稿，慨然興思，因詳加校勘，補其闕略。然如張紅橋唱和詩詞事之有無不可知，即才人放佚，容或有之，決無存諸本集之理。此必銅摭小說妄增之。《夢遊仙記》一首，疑亦寓言紅橋之事，觀其名目，乃襲元稹《夢遊春》詩，可以意會，銅亦附之簡末，殊為無識。葉盛《水東日記》載銅天順中為御史，以言事忤權奸，左遷知縣〔四〕。則其人亦錚錚者，或平生以氣節自勵，文章體例非所素嫻歟？（《四庫全書總目》卷一百六十九）

【注釋】

〔一〕【王恭】字安中，號皆山樵者。福建長樂人。著有《白雲樵唱集》等。

〔二〕【史源】《鳴盛集》卷首提要引周亮工《書影》曰：「閩中才雋輩出，彬彬風雅，亦云盛矣。第晉安一派，流傳未已，守林儀部、高典籍之論，若金科玉條，凜不敢犯，動為七律，如出一手（云云）。」司馬按，此則提要中所謂「論者」暗指周亮工。此條卷首提要擬於乾隆四十三年七月，後來《四庫全書總目》定稿時因為文字獄的關係，將周亮工打入另冊，故隱去周氏之名。

〔三〕【邵銅跋】見四庫本。

〔四〕【史源】《水東日記》卷十七。

183. 南村詩集四卷

　　明陶宗儀〔一〕（1316～？）撰。宗儀有《國風尊經》，已著錄。

　　是編毛晉嘗刻入《十元人集》。劉體仁《七頌堂集》有《與張實水尺牘》，稱：「讀史不載陶南村，竊謂此君靖節一流人。」今考《十元人集》內如倪瓚、顧阿瑛，亦皆親見新朝，然瓚遁跡江湖，阿瑛隨子謫徙，未沾明祿，自可附《朱子綱目》「陶潛書晉」之例〔二〕。宗儀則身已仕明，孫作《滄螺集》中有《陶九成小傳》〔三〕可證。晉仍列之元人，非事實矣。觀集中洪武三十一年（1398）《皇太孫即位詩》曰：「老臣忭舞南村底，笑對兒孫兩鬢霜。」則宗儀臣明原不自諱。又集中《三月朔日至都門》《二日早朝》《三日率諸生赴禮部考試》《十日給賞》《十一日謝恩》諸詩，即《明史》本傳所謂「洪武二十九年（1396），率諸生赴禮部試時作」也。是又豈東籬採菊之人所肯為之事？又何必曲相假借，強使與栗里同稱乎！

　　是集不知何人所編。考其題中年月，及詩中詞意，入明所作十之九。惟《鐃歌》《鼓吹曲》諸篇，似為元時作耳。其編次年月頗為無緒，殆雜收遺稿而錄之，未遑詮次。又顧阿瑛《玉山草堂雅集》所載《澄懷樓》七律一首，《送殊上人》七律一首，皆不見收，知非宗儀自編也。毛晉品其詩「如疏林早秋」，殊不甚似。然格力遒健，實虞、楊、范、揭之後勁，非元末靡靡之音。其在明初固屹然一鉅手矣。〔四〕（《四庫全書總目》卷一百六十九）

【注釋】

〔一〕【作者研究】應再泉、徐永明等編《陶宗儀研究論文集》（浙江人民出版社 2006年版），末附《陶宗儀傳記資料彙編》《陶宗儀研究論文資料索引》，晏選軍《南村文儒：陶宗儀傳》（浙江人民出版社 2007 年版）。

〔二〕【陶詩甲子辨】臨川人傅平叔占衡《永初甲子辨》云：「陶詩中凡題甲子者十，皆是晉年。最後丙辰，安帝尚在，琅邪未立，雖知裕篡代形成，何得先棄司馬家年號，而豫題甲子乎？自沉約、李延壽並為此說，顏魯公醉石詩亦云：『題詩庚子歲，自謂羲皇人。』蓋始以集考之，謂庚子後不復題年矣。不知陶公之出處大節，豈在區區耶？《晉書》陶傳削去甲子之說，昭明《靖節傳》亦無是語。一在《南史》前，一在《宋書》後，同時若此，不妄附會（云云）。」及讀《宋文憲公集》，乃知此論先發於潛溪，平叔特踵其說耳。宋跋淵明像云：「有謂淵明恥事二姓，在晉所作皆題年號，入宋之時惟書甲子。則惑於傳記之說，而其事不得不辨。今淵明之集具在，其詩題甲子者，始於庚子，而

迄於丙辰，凡十有七年，皆晉安帝時所作。初不聞題隆安、元興、義熙之號。若《九月閒居詩》有『空視時運傾』，《擬古九章》有『忽值山河改』之語，雖未敢定於何年，必宋受晉禪之後所作。不知何故，反不書甲子也。其說蓋起於沈約，而李延壽著《南史》，五臣注《文選》皆因之，雖有識如黃庭堅、秦觀、李燾、真德秀，亦踵其謬而弗之察。獨蕭統撰本傳，以曾祖晉世宰輔，恥復屈身後代。朱元晦述《綱目》，遂本其說，書曰：『晉徵士陶潛卒。』可謂得其實矣。烏虖！淵明之節，其待書甲子而後見耶。」（《池北偶談》卷十二）

〔三〕【史源】《滄螺集》卷四。

〔四〕【整理與研究】徐永明等整理《陶宗儀集》（浙江古籍出版社 2014 年版）。

184. 海叟集四卷〔一〕

明袁凱（約 1310～？）撰。凱字景文，華亭（今上海市松江）人。洪武中，由舉人薦授監察御史，以病免歸。事蹟具《明史·文苑傳》。

其集舊有祥澤張氏刻本，乃凱所自定，歲久散佚。天順中朱應祥、張璞所校選者，名《在野集》，多以己意更竄。如「煙樹微茫獨倚欄」改為「煙樹微茫夢裏山」，蓋以詩用刪山韻，而欄字在寒桓韻，不知《洪武正韻》已合二部為一。凱用官韻，非奸韻也。「故國飄零事已非」改為「老去悲秋不自知」，蓋以凱已仕明，欲諱其前朝之感，不知據陶宗儀《輟耕錄》，是詩作於至正末，乃用金陵王謝燕事，下句自明，非為元亡作也。至「雨聲終日過閒門」改為「雨聲隨處有閒門」，更不知其點竄之意何居矣。弘治間，陸深得舊刻不全本，與何景明、李夢陽更相刪定，即所刊《瓦缶集》《既悔集》是也。隆慶時何元之得祥澤舊刻，以活字校印百部傳之。萬曆間，張所望復為重刻。此本乃國朝曹炳曾所校，以張本為主，而參以何氏本，正其謬誤，較諸本差完善焉。

凱以《白燕》詩得名，時稱「袁白燕」。李夢陽序則謂「《白燕》詩最下最傳，其高者顧不傳」。今檢校全集，夢陽之說良是。何景明序謂明初詩人以凱為冠〔二〕。蓋凱古體多學《文選》，近體多學杜甫，與景明持論頗符，故有此語，未免無以位置高啟諸人，故論者不以為然。然使凱馳騁於高啟諸人之間，亦各有短長，互相勝負。居其上則未能，居其下似亦未甘也。陸深《金臺紀聞》載啟贈凱詩曰：「清新還似我，雄健不如他。」其語殊不似啟，殆都穆等依託為之。案：二語啟集不載，深聞之於穆，穆聞之史鑑〔三〕，鑑聞之朱應祥云。然深以兩言為實錄，則頗不謬云。（《四庫全書總目》卷一百六十九）

【注釋】

〔一〕【海叟】為袁凱之號。

〔二〕【考證】余嘉錫引傅增湘《海叟集跋》曰：「按曹炳曾序，稱公集有《在野集》《瓦缶集》《既悔集》諸名，《四庫提要》因之⋯⋯惟《既悔集》羌無故實，頗用為疑，及詳檢之，乃知實由讀李獻吉序又斷句偶誤，以致此失耳。序云：『叟名行既晦，集亦罕存。』蓋隱指公佯狂自晦而言，曹氏句讀未審，遂有前此陸文裕刻《瓦缶集》《既晦集》之言，館臣沿訛踵謬，復誤晦為悔，又有何、李更為刪定，刊《瓦缶集》《既悔集》之說，寧非笑端。」（《四庫提要辯證》第 1506 頁）

〔三〕【考證】何景明序中無此語。陸深序謂：「海叟為國初詩人之冠，人悉無有知之，可見好古者之難，而不可弗傳也。」《四庫全書總目》此處未免張冠李戴。

〔四〕【史鑒】（1434～1496），字明古，號西村。江蘇吳縣人。著有《西村集》。

185. 遜志齋集二十四卷

明方孝孺〔一〕（1357～1402）撰。孝孺有《雜誡》，已著錄。

是集凡雜著八卷，書三卷，序三卷，記三卷，題跋一卷，贊一卷，祭文、誄、哀辭一卷，行狀、傳一卷，碑、表、志一卷，古體詩一卷，近體詩一卷。史稱孝孺殉節後，文禁甚嚴，其門人王稔藏其遺稿，宣德後始稍傳播。故其中闕文脫簡頗多。原本凡三十卷，《拾遺》十卷，乃黃孔昭、謝鐸所編。此本並為二十四卷，則正德中顧璘〔二〕守台州（今屬浙江）時所重刊也。

孝孺學術醇正，而文章乃縱橫豪放，頗出入於東坡、龍川之間。蓋其志在於駕軼漢、唐，銳復三代，故其毅然自命之氣，發揚蹈厲，時露於筆墨之間。故鄭瑗《井觀瑣言》稱其志高氣銳，而詞鋒浩然足以發之〔三〕。然聖人之道，與時偕行。周去唐僅千年，《周禮》一書已不全用唐虞之法。明去周幾三千年，勢移事變，不知凡幾，而乃與惠帝講求六官，改制定禮，即使燕兵不起，其所設施亦未必能致太平，正不必執講學家門戶之見，曲為之諱。〔四〕惟是燕王篡立之初，齊、黃諸人為所切齒，即委蛇求活，亦勢不能存。若孝孺則深欲藉其聲名，俾草詔以欺天下。使稍稍遷就，未必不接跡三楊，而致命成仁，遂湛十族而不悔。語其氣節，可謂貫金石、動天地矣。文以人重，則斯集固懸諸日月不可磨滅之書也。

　　都穆《南濠詩話》曰：「方正學先生集，傳之天下，人人知愛誦之。但其中多雜以他人之詩，如《勉學》二十四首乃陳子平作，《漁樵》一首乃楊孟載作。又有《牧牛圖》一絕，亦元人作。」然兩集互見，古人多有。今姑仍原本錄之，而附存穆說備考焉。（《四庫全書總目》卷一百七十）

【注釋】

〔一〕**【作者研究】**胡夢琪撰《方孝孺年譜》（陝西人民出版社 1988 年版），趙映林撰《方孝孺評傳》（附於《宋濂評傳》，南京大學出版社 1998 年版）。

〔二〕**【顧璘】**（1476～1545），字華玉，號東橋居士，江蘇長洲人。著有《浮湘稿》等。

〔三〕**【史源】**《井觀瑣言》卷一。

〔四〕**【評論】**劉咸炘云：「《明儒學案》及《四庫提要》論方氏之學皆能得其要領，《學案》首述《師說》曰：『神聖既遠，禍亂相尋，學士大夫有以生民為慮、王道為心者絕少。宋沒，益不可問。先生稟絕世之資，慨焉以斯文自任，會有明啟運，千載一時，深維上天所以生我之意，與古聖賢之所講求，直欲排洪荒而開二帝，去雜霸而見三王，此非學而有以見性分之大全不能也。』《提要》曰：『孝孺學術醇正……曲為之諱。』按《提要》評其文最當，而論其宗旨則未究；《學案》得其宗旨，而又不免於過推，此不可不更論也。」（《劉咸炘學術論集·子學編》第 520～521 頁）又云：「正學之於古學，未為精深。其辨諸子及偽古書，較其師（似指宋濂——引者）為詳。《讀三墳書》《讀汲冢周書》《讀子華子》《讀鹽鐵論》皆善。所謂三法（味之以辭以望其世之先後，正其名以求其事之是非，質諸道以索其旨之淺深）亦不謬，然多止用第三法，空狹而武斷，仍宋人之習。」（同上書第 521 頁）

186. 文毅集十六卷

　　明解縉（1369～1415）撰。縉字大紳，吉水（今屬江西）人。洪武戊辰（1388）進士。永樂初官翰林學士，出為江西參議，改交阯，為漢王高煦所譖，下獄死。事蹟具《明史》本傳。

　　縉所著有《白雲稿》《東山集》《太平奏疏》等書，歿後多散佚。天順初，金城（今甘肅蘭州）黃諫始輯其遺文為三十卷，後亦漸湮。嘉靖中，同邑羅洪先〔一〕復與縉從孫相輯成十卷。《千頃堂書目》又載有《似羅隱集一卷，《學士集》二十卷。今並未見〔二〕。此本十六卷，則康熙戊戌（1718）其十世孫悅所補輯也。

縉才氣放逸，下筆不能自休，當時有才子之目。迄今委巷流傳其少年夙慧諸事，率多鄙誕不經。故李東陽《懷麓堂詩話》謂其詩無全稿，真偽相半，蓋出於後人竄亂者為多。然其中佳句間存，亦復不滅作者。至其奏議如《大庖西封事》《白李善長冤》諸篇，俱明白剴切。黃汝亨〔三〕《狂言紀略》詆其「文義繁縟，使當賈長沙，直是奴隸」，苛矣！又案《大庖西封事》中有云：「陛下好觀韻府雜書，抄輯穢蕪，略無文采。若喜其便於檢閱，願集一二儒英，隨事類別，勒成一經（云云）。」〔四〕其後成祖修《永樂大典》，縉實為總裁官，果用分韻編類之法，勒為巨帙。一切遺文墮簡，竟賴以傳於今日，以待聖朝之表章。即以功在典籍而論，其著作亦宜存錄，可不必銖銖兩兩而繩之也。

（《四庫全書總目》卷一百七十）

【注釋】

〔一〕【羅洪先】（1504～1564），字達夫，號念庵。江西吉水人。著有《念庵集》。

〔二〕【考證】王重民先生云：「按《提要》所稱：『嘉靖中同邑羅洪先復與縉從孫相輯成十卷，今並未見』者，即此本是也。『相』當作『桐』，為轉寫之誤。」（《中國善本書提要》第557頁）

〔三〕【黃汝亨】字貞父。浙江仁和人。

〔四〕【史源】見《文毅集》卷一。內云：「歷觀載籍以來，固以進諫之臣為善，亦未嘗以納諫之主為非。」

187. 東里全集九十七卷別集四卷

明楊士奇〔一〕（1365～1444）撰。士奇有《三朝聖諭錄》，已著錄。

明初「三楊」並稱〔二〕，而士奇文章特優，制誥牌版，多出其手。仁宗雅好歐陽修文，士奇文亦平正紆餘，得其彷彿，故鄭瑗《井觀瑣言》稱其文典則無浮泛之病，雜錄敘事，極平穩不費力。後來館閣著作沿為流派，遂為七子之口實。然李夢陽詩云：「宣德文體多渾淪，偉哉東里廊廟珍。」〔三〕亦不盡沒其所長。蓋其文雖乏新裁，而不失古格，前輩典型，遂主持數十年之風氣，非偶然也。

集分正、續二編，正集所載較少，續集幾至倍之。其《別集》四種，一即《代言錄》，一為《聖諭錄》，一為《奏對錄》，一為士奇傳、誌諸文，綴於末，為附錄。李東陽《懷麓堂詩話》曰：「楊文貞《東里集》手自選擇，刻之廣東，為人竄入數首〔四〕。後其子孫又刻為續集，非公意也。」然則續集乃士奇所自

芟棄，非盡得意之作，以其搜羅較富，往往有足備考核者，故仍其舊，并錄之焉。(《四庫全書總目》卷一百七十)

【注釋】

〔一〕【作者研究】胡令遠撰《楊士奇年譜》(原為 1988 年復旦大學碩士論文，章培恒先生指導)，蕭用桁撰《大明名相楊士奇評傳》(江西人民出版社 2004 年版)。

〔二〕【三楊】指楊士奇、楊榮、楊溥三人。

〔三〕【史源】《空同集》卷二十《徐子將適湖湘余實戀戀難別走筆長句述一代文人之盛兼寓祝望焉耳》。

〔四〕【考證】王重民先生云：「按《四庫全書》既載是集(指《東里文集》二十五卷——引者)入《東里全集》內，《存目》又別載《別本東里文集》二十五卷，余考其內容實相同，不知館臣何故以別本目之？《提要》又引李東陽《懷麓堂詩話》曰：『楊文貞《東里集》手自選擇，刻之廣東，為人竄入數首。』以意度之，全集本似經後人竄入之本，然則館臣所謂『別本』者，殆指廣東所刻原本歟？」(《中國善本書提要》第 559 頁)

188. 曹月川集一卷

明曹端〔一〕(1376～1434) 撰。端有《太極圖說述解》，已著錄。

明初理學，以端與薛瑄為最醇。瑄詩文集、讀書錄等皆傳於世，而端之遺書散佚幾盡，其集亦不復存。此本為國朝儀封張伯行〔二〕裒輯而成，首以《夜行燭》，次《家規輯略》，次《語錄》，次《錄粹》，次序七篇，次詩十五首。《夜行燭》《家規》二序不冠本書，而別載於後詩之中，間以《太極圖贊》一篇，皆非體例，蓋編次者誤也。末附諸儒評語及張信民所纂年譜。

端詩皆《擊壤集》派，殊不入格。文亦質直樸素，不以章句為工。然人品既已醇正，學問又復篤實，直抒所見，皆根理要，固未可繩以音律，求以藻采。況殘編斷帙，掇拾於放失之餘，固宜以其人存之矣。〔三〕(《四庫全書總目》卷一百七十)

【注釋】

〔一〕【作者研究】王蕾撰《養性理而務躬行——明初理學巨擘曹端思想研究》(西南交通大學出版社 2015 年版)。按，曹端，字正夫，號月川，河南澠池人。事蹟具《明史·儒林傳》。

〔二〕【張伯行】（1651～1725），字孝先，河南儀封人。著有《正誼堂文集》。

〔三〕【整理與研究】曹端撰《曹端集》（中華書局 2003 年版）。

189. 薛文清集二十四卷〔一〕

明薛瑄〔二〕（1389 或 1392 或 1393～1464）撰。瑄有《讀書錄》，已著錄。

是集為其門人關西張鼎所編。初，瑄集未有刊本，瑄孫刑部員外郎祺以稿付常州同知謝庭桂，雕版未竟而罷。弘治己酉監察御史楊亨得其稿於毗陵朱氏，鼎又從亨得之。字句舛訛，多非其舊，因重為校正，凡三易稿而成書。共得詩文一千七百篇，釐為二十四卷。

鼎自為序，引朱子贊程子「布帛之文，菽粟之味」二語為比〔三〕，殆無愧詞。考自北宋以來，儒者率不留意於文章，如邵子《擊壤集》之類，道學家謂之正宗，詩家究謂之別派。相沿至莊昶之流，遂以「太極圈兒大，先生帽子高，送我兩包陳福建，還他一匹好南京」等句〔四〕，命為風雅嫡派。雖高自位置，遞相提倡，究不足以厭服人心。劉克莊集有《吳恕齋文集序》曰：「近世貴理學而賤詩賦，間有篇詠，率是語錄、講義之押韻者耳。」〔五〕則宋人已自厭之矣。

明代醇儒，瑄為第一。而其文章雅正，具有典型，絕不以俚詞破格。其詩如《玩一齋》之類，亦間涉理路，而大致沖澹高秀，吐言夭拔，往往有陶、韋之風。蓋有德有言，瑄足當之，然後知徒以明理載道為詞，常談、鄙語無不可以入文者，究為以大言文固陋，非篤論也。（《四庫全書總目》卷一百七十）

【注釋】

〔一〕【書名】庫書題作《敬軒文集》。

〔二〕【作者研究】寧志榮撰《薛瑄傳》（北嶽文藝出版社 2017 年版）。按，薛瑄，字德溫，號敬軒，山西河津人。事蹟具《明史》卷二八二。

〔三〕【考證】王重民先生云：「鼎序稱得前集於監察御史暢亨，《提要》誤作楊亨。」（《中國善本書提要》第 563 頁）今按，殿本《總目》不誤。

〔四〕【張鼎序】布帛之文，菽粟之味，朱子嘗以是而贊程子矣。布帛可以常衣，菽粟可以常食。聖賢著述立言，亦猶是也。捨此，則奇怪隱僻，不經於世，若左氏浮誇，莊周荒唐是已。君子所不與焉。先師敬軒薛先生有見於此，故其著述立言，淺近平易，使人易知，豈奇怪隱僻、不經於世者所可擬哉！（下略）

〔五〕【評論】《丹鉛餘錄》卷十六：「莊定山早有詩名，詩集刻於生前，淺學者相
　　　與效其『大極圈兒大，先生帽子高』，以為奇絕。又有絕可笑者，如『贈我一
　　　壺陶靖節，還他兩首邵堯夫』，本不是佳語，有滑稽者改作外官答京宦苞苴詩
　　　云：『贈我兩包陳福建，還他一匹好南京。』聞者捧腹。然定山晚年詩入細，
　　　有可並唐人者。」

〔六〕【押韻語錄】《癸辛雜識續集》卷下：「劉後村嘗為吳恕齋作文集序云：『近世
　　　貴理學而賤詩賦，間有篇詠，率是語錄講義之押韻者耳。』」司馬按，《四庫
　　　全書總目》此處暗引周密之言，而諱言出處。

190. 于忠肅集十三卷〔一〕

　　明于謙（1398～1457）撰。謙字廷益，錢塘（今浙江杭州）人。永樂辛丑（1422）
進士。授御史，歷官兵部尚書。英宗復辟，為徐有貞、石亨等誣陷棄市。成化
初追復原官。弘治初贈特進光祿大夫、柱國、太傅，諡肅愍。萬曆中改諡忠
肅。事蹟具《明史》本傳。

　　倪岳作謙神道碑〔二〕稱：「謙平生著述甚多，僅存《節庵詩文稿》、奏議
各若干卷，禍變之餘，蓋千百之什一（云云）。」是其歿後遺稿已多散佚，世所
刊行者乃出後人掇拾而成，故其本往往互有同異。《明史‧藝文志》載謙奏議
十卷，文集二十卷。又嘉靖中河南刊本詩文共八卷，而無疏議。此本前為奏
議十卷，分北伐、南征、雜行三類，與《藝文志》合。後次以詩一卷，雜文一
卷，附錄一卷，與《藝文志》迥異，與嘉靖刊本亦迥異，蓋又重經編次，非其
舊本也。〔三〕

　　謙遭逢厄運，稱抱孤忠，憂國忘家，計安宗社。其大節炳垂竹帛，本不
藉文字以傳。然集所載奏疏，明白洞達，切中事機，較史傳首尾完整，尤足覘
其經世之略。至其詩風格遒上，興象深遠，雖志存開濟，未嘗於吟詠求工，而
品格乃轉出文士上，亦足見其才之無施不可矣。又案王世貞《名卿續記》及
李之藻序謙集，皆謂謙嘗再疏請復儲。今集中實無此疏，《明史》亦不著其事。
惟倪岳神道碑稱景帝不豫，謙同廷臣上章，乞復皇儲。是當時所上乃廷臣公
疏，非謙一人，故集中不載其稿。世貞等專屬之謙，殆亦考之未審歟？（《四庫
全書總目》卷一百七十）

【注釋】

〔一〕【書名】于謙諡忠肅，故以名其集。

〔二〕【史源】《忠肅集》卷末。

〔三〕【底本】王重民先生云：「《四庫全書》即據此本著錄，特刪去《附錄》耳。」
（《中國善本書提要》第563頁）

191. 白沙集九卷

明陳獻章〔一〕（1428～1500）撰。獻章字公甫，新會（今屬廣東）人。正統丁卯（1447）舉人。以薦授翰林院檢討。追謚文恭。事蹟具《明史·儒林傳》。

是集為其門人湛若水校定，萬曆間何熊祥重刊之〔二〕。凡文四卷，詩五卷，行狀、誌、表附於後。

史稱：「獻章之學，以靜為主。其教學者，但令端坐澄心，於靜中養出端倪。」頗近於禪，至今毀譽參半。其詩文偶然有合，或高妙不可思議；偶然率意，或粗野不可響邇，至今毀譽亦參半。王世貞集中有《書白沙集後》曰：「公甫詩不入法，文不入體，又皆不入題，而其妙處有超出法與體與題之外者。」〔三〕可謂兼盡其短長。蓋以高明絕異之姿，而又加以靜悟之力，如宗門老衲，空諸障翳，心境虛明，隨處圓通，辨才無礙。有時俚詞鄙語，衝口而談，有時妙義微言，應機而發。其見於文章者，亦仍如其學問而已。**雖未可謂之正宗，要未可謂非豪傑之士也。**〔四〕（《四庫全書總目》卷一百七十）

【注釋】

〔一〕【作者研究】黃明同撰《陳獻章評傳》（南京大學出版社2006年版）。今按，陳獻章，字公甫，新會人。獻章之學，以靜為主。其教學者，但令端坐澄心，於靜中養出端倪。或勸之著述，不答。嘗自言曰：「吾年二十七，始從吳聘君學，於古聖賢之書無所不講，然未知入處。比歸白沙，專求用力之方，亦卒未有得。於是捨繁求約，靜坐久之，然後見吾心之體隱然呈露，日用應酬隨吾所欲，如馬之卸勒也。」其學灑然獨得，論者謂有鳶飛魚躍之樂。而蘭溪姜麟至以為「活孟子」云。（《明史·儒林傳》）

〔二〕【版本】此書有《四部叢刊》影明嘉靖本。張元濟跋詳記版本源流。（《張元濟古籍書目序跋彙編》第971～972頁）

〔三〕【史源】《書陳白沙集後》見王世貞《讀書後》卷四。

〔四〕【史源】朱彝尊《靜志居詩話》卷七：「白沙雖宗《擊壤》，源出柴桑。」（第182頁）

192. 石田詩選十卷

明沈周〔一〕（1427～1509）撰。周有《石田雜記》，已著錄。

此集不標體制，不譜年月，但分天文、時令等三十一類，蓋方宋人分類杜詩之例。據慈谿張昞跋，蓋其友光祿寺署丞華汝德所編也。〔二〕

顧元慶《夷白齋詩話》載，都穆學詩於周，嘗作《節婦詩》，有「青燈淚眼枯」句，周以「禮，寡婦不夜哭」，議「燈」字未穩。是周於詩律不為不細。然周以畫名一代，詩非其所留意。又晚年畫境彌高，頹然天放，方圓自造，惟意所如。詩亦揮灑淋漓，自寫天趣。蓋不以字句取工，徒以棲心邱壑，名利兩忘，風月往還，煙雲供養。其胸次本無塵累，故所作亦不雕不琢，自然拔俗，寄興於町畦之外，可以意會而不可加之以繩削。其於詩也，亦可謂「教外別傳」矣。都穆《南濠詩話》稱其《詠錢》《詠門神》《詠簾》《詠混堂》《詠楊花》《詠落花》諸聯，皆未免索之於句下。蓋穆於詩所得不深，故所見止是也。

集前有吳寬序，稱其詩餘發為圖繪，妙逼古人。核實而論，周固以畫之餘事溢而為詩，非以詩之餘事溢而為畫。寬序其詩，故主詩而賓畫耳。又有李東陽後序。東陽與周不相識，時已為大學士，與周勢分懸隔。以吳寬嘗以寫本示之，重其為人，故越三十年後又補為作之。然二序皆為全集而作，華汝德刊此選本時，仍而錄之，非序此本者也。〔三〕（《四庫全書總目》卷一百七十）

【注釋】

〔一〕【作者研究】陳正宏撰《沈周年譜》（復旦大學出版社 1993 年版），何麗娜撰《沈周研究》（中國財政經濟出版社 2017 年版）。按，沈周是明中期吳中在野知識分子的傑出代表。作為「吳中第一高士」，他既具有保守性，又表現出明代新型知識分子的種種特點，是一個內涵極豐富的個案。作為吳中文化圈的關鍵性人物，沈周的影響力是多方面的。

〔二〕【考證】王重民先生云：「《四庫全書》蓋據正德本著錄，分天文、時令等三十一類。」（《中國善本書提要》第 569 頁）

〔三〕【吳寬序、李東陽後序】均不見於四庫本《石田詩選》。

193. 懷麓堂集一百卷

明李東陽〔一〕（1447～1516）撰。東陽有《東祀錄》，已著錄。

東陽依阿劉瑾，人品事業均無足深論。其文章則究為明代一大宗。自李夢陽、何景明崛起弘、正之間，倡復古學，於是文必秦、漢，詩必盛唐，其才

學足以籠罩一世，天下亦響然從之，茶陵之光焰幾熄。逮北地、信陽之派轉相摹擬，流弊漸深。論者乃稍稍復理東陽之傳〔二〕，以相撐拄。蓋明洪、永以後，文以平正典雅為宗，其究漸流於庸膚。庸膚之極，不得不變而求新。正、嘉以後，文以沉博偉麗為宗，其究漸流於虛憍。虛憍之極，不得不返而務實。二百餘年，兩派互相勝負，蓋皆理勢之必然。平心而論，何、李如齊桓、晉文，功烈震天下，而霸氣終存。東陽如衰周弱魯，力不足禦強橫，而典章文物尚有先王之遺風。殫後來雄偉奇傑之才，終不能擠而廢之，亦有由矣。

　　其集舊版已毀，此本為國朝康熙壬戌(1682)茶陵州學正廖方達所校刻〔三〕，凡詩稿二十卷，文稿三十卷，詩後稿十卷，文後稿三十卷。又雜稿十卷，曰《南行稿》，曰《北上錄》，曰《經筵講讀》，曰《東祀錄》，曰《集句錄》，曰《哭子錄》，曰《求退錄》，凡七種，其詩後稿本十卷，張鴻烈跋作二十卷，筆誤也。前有正德丙子（1516）楊一清序及東陽自序。然自序為擬古樂府作，不為全集作，後人移弁全集耳。〔四〕（《四庫全書總目》卷一百七十）

【注釋】

〔一〕**【作者研究】**錢正民撰《李東陽年譜》（復旦大學出版社 1995 年版），尚永亮、薛泉合撰《李東陽評傳》（湖南人民出版社 2006 年版），姜衡湘編《李東陽研究文選》（湖南人民出版社 2009 年版）。

〔二〕**【考證】**司馬按，此處「論者」指錢謙益。其《初學集》卷八十三《題懷麓堂詩鈔》一文云：「明詩凡有三變，由弱病而為狂病，由狂病而為鬼病，惟西涯文足以蕩治之。」西涯為李氏之號。

〔三〕**【考證】**王重民先生云：「《四庫全書》據康熙間刻本，凡百卷；然內容實與此本相同。」（《中國善本書提要》第 570 頁）

〔四〕**【史源】**楊一清序見於四庫本卷首，而李東陽自序則被刪除。今按，楊一清（1454～1530），字應寧，號邃庵。雲南安寧人。

194. **篁墩集九十三卷**

　　明程敏政〔一〕（1445～1499）撰。敏政有《宋遺民錄》，已著錄。

　　是集為敏政所自訂。據《千頃堂書目》尚有外集十二卷，別集二卷，《行素稿》一卷，拾遺一卷，雜著一卷。今皆不在此編中，疑其本別行也。

　　敏政學問淹通，著作具有根柢，非遊談無根者比。特以生於朱子之鄉，又自稱為程子之裔，故於漢儒、宋儒判如冰炭，於蜀黨、洛黨亦爭若寇讎。

門戶之見既深，徇其私心，遂往往傷於偏駁。如《奏考正祀典》，欲黜鄭康成祀於其鄉，作《蘇氏檮杌》，以鍛鍊蘇軾，復伊川九世之仇，至今為通人所詬厲。

其文格亦頗頹唐，不出當時風氣。詩歌多至數千篇，尤多率易，求其警策者殊稀。然明之中葉，士大夫侈談性命，其病日流於空疏，敏政獨以雄才博學挺出一時，集中徵引故實，恃其淹博，不加詳檢，舛誤者固多。其考證精當者，亦時有可取，要為一時之碩學，未可盡以蕪雜廢也。

其集名曰「篁墩」者，考新安有黃墩，為晉新安太守黃積所居，子孫世宅於此，故以黃為名。自羅願《新安志》《朱子文集》所載皆同。敏政乃稱黃本「篁」字，因黃巢而改，遂稱曰篁墩，為之作記，且以自號。其說杜撰無稽，然名從主人，實為古義，今亦仍其舊稱焉。（《四庫全書總目》卷一百七十一）

【注釋】

〔一〕【作者研究】《程篁墩年譜》載於《篁墩文集別集》卷末。劉彭冰撰《程敏政年譜》（安徽大學 2003 年碩士論文）。按，程敏政，字克勤，號篁墩，安徽休寧人。事蹟具《明史》卷二八六。

195. 莊定山集十卷

明莊昶〔一〕（1436～1498）撰。昶字孔暘，江浦（今屬江蘇南京市）人。成化丙戌（1466）進士。官至南京禮部郎中。事蹟具《明史》本傳。

昶官檢討時，以不奉詔作《鰲山》詩，與章懋、黃仲昭同謫，淪落者垂三十年，世頗推其氣節。惟癖於講學，故其文多闡《太極圖》之義，其詩亦全作《擊壤集》之體，又頗為世所嗤點。然如《病眼》詩「殘書楚漢燈前疊，草閣江山霧裏詩」句〔二〕，楊慎亦嘗稱之。其他如「山隨病起青逾峻，菊到秋深瘦亦香」〔三〕，「土屋背牆烘野日，午溪隨步領和風」〔四〕，「碧樹可驚遊子夢，黃花偏愛老人頭」〔五〕，「酒盞漫傾剛月上，釣絲才揚恰風和」〔六〕諸句，亦未嘗不語含興象。

蓋其學以主靜為宗，故息慮澄觀，天機偶到，往往妙合自然，不可以文章格律論，要亦文章之一種，譬諸釣叟田翁，不可繩以禮貌，而野逸之態，乃有時可入畫圖。錄之以備別格，亦論唐詩者，存《寒山子集》之意也。（《四庫全書總目》卷一百七十一）

【注釋】

〔一〕【莊昶】字孔暘，江浦（今屬江蘇）人。卜居定山二十餘年，學者稱定山先生。事蹟具《明史》卷一七九。

〔二〕【史源】《定山集》卷四。

〔三〕【史源】《定山集》卷四《瘧起偶作》。

〔四〕【史源】《定山集》卷四《陪南川浴香淋泉》。

〔五〕【史源】《定山集》卷四《留秦用中》。

〔六〕【史源】《定山集》卷四《川上和光嶽》。

196. 未軒文集十二卷

明黃仲昭〔一〕（1435～1508）撰。仲昭有《八閩通志》，已著錄。

是集為其門人劉節所編，凡文六卷，詩五卷，詞一卷〔二〕，而以碑文墓誌銘附之。仲昭官編修時，與章懋、莊昶並以疏爭元宵煙火事。廷杖謫官，當時有「翰林三君子」之目，後懋與昶並以聚徒講學為事，而仲昭獨刻意紀述。《八閩通志》《延平府志》《邵武府志》《南平縣志》《興化府志》皆所編錄，故楓山、定山之名滿於天下，仲昭幾為所掩。然三人氣節相同，居官清介相同，文章質實亦略相同，未可以仲昭篤志勵行，作語錄，遂分優劣於其間也。林瀚作仲昭墓誌，稱其作為文章，渾厚典重，無艱深聱磈之語。鄭岳《莆陽文獻傳》亦稱其有《未軒集》若干卷，文詞典雅。今觀其集，雖尚沿當日平實之格，而人品既高，自無鄙語，頡頏於作者之間，正不以坦易為嫌矣。（《四庫全書總目》卷一百七十一）

【注釋】

〔一〕【黃仲昭】名潛，以字行，號退岩居士，福建莆田人。日事著述，學者稱未軒先生。事蹟具《明史》卷一七九。《未軒文集補遺跋》云：「先世祖明理學名臣，未軒公自少有志聖賢之學，為文章平實有理致，一以朱子為宗，而尤精於史法。無意仕進，引疾家居，著書自樂。」

〔二〕【考證】王重民先生云：「明嘉靖間刻本凡詩五卷，文七卷。《提要》云：『文六卷，詞一卷。』考詞與賦、歌、箴、贊等編為第八，館臣所據當即此本，獨於詞表而出之，何也？」（《中國善本書提要》第 572 頁）

197. 震澤集三十卷〔一〕

明王鏊〔二〕（1430 或 1450～1524）撰。鏊有《史餘》，已著錄。

鏊以制義名一代。雖鄉塾童稚，才能誦讀八比，即無不知有王守溪者。然其古文亦湛深，經術典雅遒潔，有唐、宋遺風。蓋有明盛時，雖為時文者亦必研索六籍，泛覽百氏，以培其根柢，而窮其波瀾。鏊困頓名場，老乃得遇，其澤於古者已深，故時文工而古文亦工也。史稱鏊上言欲倣前代制科，如博學鴻詞之類，以收異才，六年一舉尤異者，授以清要之職。有官者加秩，數年之後，士類濯磨，必以通經學古為高，脫去謏聞之陋，時不能用。又稱鏊取士尚經術，險詭者一切屏去，弘、正間文體為一變，則鏊之所學可知矣。

集中《尊號議》《昭穆對》，大旨與張璁、桂萼相合，故霍韜為其集序，極為推挹，至比於孔門之游、夏，未免朋黨之私。然其謂鏊早學於蘇，晚學於韓，折衷於程朱，則固公論也。〔三〕其《河源考》一篇，能不信篤什所言，似為有見。而雜引佛典、道書以駁崑崙之說，則考證殊為疏舛。此由明代幅員至嘉峪關而止，軺車不到之地，徒執故籍以推測之，其影響揣摩固亦不足怪矣。〔四〕（《四庫全書總目》卷一百七十一）

【注釋】

〔一〕【書名】學者稱王鏊為震澤先生，故以名其集。又有《震澤長語》二卷。

〔二〕【作者研究】劉俊偉撰《王鏊年譜》（浙江大學出版社 2013 年版），楊維忠撰《王鏊傳》（蘇州大學出版社 2014 年版）。按，王鏊字濟元，吳人。鏊博學有識鑒，文章爾雅，議論明暢。少善制舉義，後數典鄉試，程文魁一代。取士尚經術，險詭者一切屏去。弘、正間，文體為一變。（《明史》卷一八一）

〔三〕【霍韜序】先生早學於蘇，晚學於韓，折衷於程、朱，是故觀怒懼箴，知公於心學力矣。觀慈湖記，知公於異端辯矣。觀昭穆對觀尊親議，知公於天倫明矣。觀教太子，知公慎天下大本矣。觀講學，觀親政，觀邊事議，知公康濟之懷矣。觀歷代官制，知公考古矣，通之識矣。觀諸序記，觀諸柬書，觀諸碑銘觀諸詩歌，知公黜浮崇古之大略矣。或曰：「公在孔門如何？」謂匡子曰：「公若及孔門，宜列游、夏之間。」

〔四〕【整理與研究】王鏊撰《王鏊集》（上海古籍出版社 2013 年版）。

198. 虛齋集五卷

明蔡清〔一〕（1453～1508）撰。清有《易經蒙引》，已著錄。

《明史·藝文志》載清《虛齋文集》五卷，與此本合。蓋正德間葛志貞所輯，林俊〔二〕為之序。其後梨棗漫漶，清族孫廷魁復為重刊，而益以補遺附錄，分為八卷。然所增不過手簡墨蹟，本無關輕重，而史乘傳贊之作，一概附入，尤多冗濫，固不若原本之持擇有要矣。

清學以窮理為主，篤守朱子之說。其《讀蜀阜存稿私記》中謂「朱、陸俱祖孔、孟，而門戶不同，然陸學未盡符於大中至正之矩，不免為偏安之業」，其宗旨所在可以概見〔三〕。然其《易經蒙引》於朱子之解，意有未安者，亦多所駁正，不為苟合。是其識解通達，與諸儒之黨同伐異者有殊，故其文章亦淳厚樸直，言皆有物。雖不以藻采見長，而布帛菽粟之言，殊非雕文刻鏤者所可幾也。《明史》本傳稱，清在吏部，因王恕訪以時事，清上二札，一請振紀綱，一薦劉大夏等三十餘人，恕皆納用。今檢其札乃不見集中，即蔡廷魁增緝之本亦復不載。蓋清不欲居功，已諱而削其稿矣。其斯為醇儒之用心歟？

（《四庫全書總目》卷一百七十一）

【注釋】

〔一〕【作者研究】宋野草撰《蔡清易學思想研究》（中國社會科學出版社 2015 年版）。按，蔡清字介夫，號虛齋，福建晉江人。

〔二〕【林俊】（1452～1527），字待用，號見素，福建莆田人。著有《見素集》《西徵集》。

〔三〕【讀蜀阜存稿私記】《明儒學案》卷四十六。

199. 容春堂前集二十卷後集十四卷續集十八卷別集九卷

明邵寶〔一〕（1440～1523，或 1460～1527）撰。寶有《左觿》，已著錄。

寶舉鄉試，出李東陽之門，故其詩文矩度皆宗法東陽。東陽於其詩文亦極推獎，當寶以侍郎予告歸，東陽作《信難》一篇以贈，稱其集出入經史，蒐羅傳記，該括情事，摹寫景物，以極其所欲言，而無冗字長語、辛苦不怡之色，若欲進於古之人，且以歐陽修之知蘇軾為比。其心之相契如此。然東陽所見只有前集，其後集、續集、別集，則寶後所續編，東陽弗及睹也。

今統觀四集，其文邊幅少狹，而高簡有法，要無愧於醇正之目。《明史·儒林傳》稱其「學以洛、閩為的，嘗曰：『吾願為真士大夫，不願為假道學。』

其文典重和雅，以李東陽為宗，而原本經術，粹然一出於正」，殆非虛美。其詩清和澹泊，尤能抒寫性靈。顧元慶《夷白齋詩話》〔二〕極稱其《乞歸終養上疏不允》一篇，謂其感動激發，最為海內傳誦，蓋其真摯不可及云。（《四庫全書總目》卷一百七十一）

【注釋】

〔一〕【邵寶】字國賢，號二泉，學者稱二泉先生，贈太子太保，諡文莊，江蘇無錫人。

〔二〕【夷白齋詩話】明顧元慶撰。是編論詩多隔膜之語，所錄明詩多猥瑣。（《四庫全書總目》卷一百九十七）

200. 懷星堂集三十卷

明祝允明〔一〕（1460～1526 或 1461～1527）撰。允明有《蘇材小纂》，已著錄。

《明史‧藝文志》載《祝氏集略》三十卷，《懷星堂集》三十卷，小集七卷。本傳稱其詩文集六十卷。〔二〕朱彝尊《靜志居詩話》載《祝氏集略》外，又有金縷、醉紅、窺簾、暢哉、擲果、拂弦、玉期等集。〔三〕今行於世者惟《祝氏集略》及此集，凡詩八卷、雜文二十二卷。

允明與同郡唐寅並以任誕為世指目。寅以畫名，允明以書名，文章均其餘事。寅詩頹唐淺率，老益潦倒，袁袠所輯《六如居士集》，王世貞《藝苑巵言》以「乞兒唱蓮花落」詆之〔四〕。顧璘《國寶新編》稱允明學務師古，吐詞命意，迥絕俗界，效齊梁月露之體，高者凌徐、庾，下亦不失皮、陸。其推挹誠為過當。然允明詩取材頗富，造語頗妍，下擷晚唐，上薄六代，往往得其一體。其文亦蕭灑自如，不甚倚門傍戶，雖無江山萬里之巨觀，而一邱一壑，時復有致。才人之作，亦不妨存備一格矣。〔五〕（《四庫全書總目》卷一百七十一）

【注釋】

〔一〕【作者研究】陳麥青撰《祝允明年譜》（原為 1986 年復旦大學碩士論文，復旦大學出版社 1996 年版）。

〔二〕【考證】王重民先生云：「明嘉靖間刻本《祝氏集略》三十卷，按是集為應天巡撫張景賢據祝氏家藏遺稿付梓，又經允明二子親自校閱，宜以此本為最善。至其稱為『集略』者……奈《四庫全書》著錄《懷星堂集》三十卷，《提要》以兩集適合《明史》所稱『詩文集六十卷』之數，判為兩書，餘則頗疑此兩

集應相同，蓋後之翻刻《集略》者，易其名為《懷星堂集》耳。」（《中國善本書提要》第 579 頁）

〔三〕【史源】見朱彝尊《靜志居詩話》卷九「祝允明」條（第 241 頁）。

〔四〕【史源】語見王世貞《弇州四部稿》卷一百四十八《藝苑巵言五》。

〔五〕【整理與研究】薛維源點校《祝允明集》（上海古籍出版社 2016 年版），徐慧撰《祝允明文學思想研究》（河南大學出版社 2015 年版）。

201. 空同集六十六卷〔一〕

明李夢陽〔二〕（1473～1530）撰。夢陽有《空同子》，已著錄。

夢陽為戶部郎中時，疏劾劉瑾，遘禍幾危，氣節本震動一世。又倡言復古，使天下毋讀唐以後書，持論甚高，足以竦當代之耳目，故學者翕然從之，文體一變。厥後摹擬剽賊，日就窠臼，論者追原本始，歸獄夢陽，其受詬厲亦最深。

考明自洪武以來，運當開國，多昌明博大之音。成化以後，安享太平，多臺閣雍容之作。愈久愈弊，陳陳相因，遂至噂緩冗沓，千篇一律。夢陽振起痿痺，使天下復知有古書，不可謂之無功。而盛氣矜心，矯枉過直。《因樹屋書影》載其「黃河水繞漢宮牆」一詩，以落句有郭汾陽字，涉用唐事，恐貽口實，遂刪除其稿，不入集中。其堅立門戶至於如此。同時若何景明、薛蕙，皆夢陽倡和之人。景明論詩諸書既齗齗往復，蕙亦有「俊逸終憐何大復，粗豪不解李空同」句，則氣類之中已有異議，不待後來之排擊矣。

平心而論，其詩才力富健，實足以籠罩一時，而古體必漢魏，近體必盛唐，句擬字摹，食古不化，亦往往有之，所謂「武庫之兵，利鈍雜陳」者也。其文則故作聱牙，以艱深文其淺易，明人與其詩並重，未免怵於盛名。今並錄而存之，俾瑕瑜不掩，且以著風會轉變之由與門戶紛競之始焉。〔三〕（《四庫全書總目》卷一百七十一）

【注釋】

〔一〕【版本】王重民先生云：「此本為校輯群書而成，較嘉靖間各本為獨備，故《四庫全書》即據以著錄。」（《中國善本書提要》第 579 頁）明刻本、鄧雲霄校刻本六十六卷。詩集三十三卷，光緒間長沙張氏湘雨樓刻本。今按，周紅怡、郝潤華《〈空同集〉明刊本與文淵閣《四庫全書》本之差異》認為，收入文淵

閣《四庫全書》中的《空同集》所依據的底本是明萬曆三十年至三十一年鄧
雲霄、潘之恒校刻本，此本甚佳，但因「違礙」原因，館臣對其中文字如「胡」
「虜」「夷」「狄」等字句有所改篡。《四庫全書》本中有改字、改句、刪字句、
增詩句 4 種情況，且改動之處較多。該本中也有保留而不改的情形。四庫館
臣還利用明刊善本對底本進行了認真校勘。因此在利用《四庫全書》時不僅
要謹慎對待其中所改文字，還要正確、客觀地看待《四庫全書》本身所具有
的文獻價值。（載《陝西師範大學學報》2018 年第 1 期）

〔二〕【作者研究】梁贊宏撰《李夢陽年譜》（原為 1987 年復旦大學碩士論文，章
培恒先生指導），楊永康《李夢陽年譜》（新華出版社 2001 年版），薛正昌撰
《李夢陽全傳》（長春出版社 1999 年版），郝潤華、師海軍主編《20 世紀以
來李夢陽研究》（人民出版社 2011 年版），泥馬度《夢回漢唐：李夢陽傳》
（作家出版社 2014 年版）。

〔三〕【整理與研究】郝潤華教授撰《李夢陽集校箋》（中華書局 2020 年版）。郝教
授《平心而論：〈四庫提要〉批評李夢陽的視角與態度》一文認為，《四庫全
書總目》中有關李夢陽的評語有一百餘條，涉及對其文壇領袖地位及其影響、
人品氣節、文學創作才華與成就的評價等方面，從側面反映出四庫館派的主
體文學批評觀，體現了四庫館派對明代復古文學的總體批評觀，也反映出他
們對文學發展與演變規律的宏觀把握。（載《首都師範大學學報》2019 年第
1 期）

202. 劉清惠集十二卷〔一〕

明劉麟（1474～1561）撰。麟字元瑞，一字子振，江西安仁人，後流寓長
興，子孫遂隸籍焉。弘治丙辰（1496）進士。官至工部尚書。事蹟具《明史》
本傳。

初，麟觀政工部時，即與同年陸昆抗疏爭諫官下獄事。及為紹興府知府，
又以忤劉瑾褫職。後官尚書，卒以爭蘇松織造為宦官所擠而罷，蓋始終介介
自立者。其自紹興歸也，依其姻家吳琉於長興，與孫一元〔二〕、文徵明等往來
倡和，世傳徵明《神樓圖》即為麟作也。

是集凡詩二卷，奏疏、雜文九卷，附錄一卷，麟曾孫慇陛所編。萬曆丙
午（1606）湖州知府無錫陳幼學刊之長興，朱鳳翔為序〔三〕，稱其文出入秦漢，
詩則駸駸韋、杜，固未免太過。至稱其「標格高入雲霄，胸中無一毫芥蒂，

故所發皆盎然天趣，讀之足消鄙吝」，則得其實矣。是亦文章關乎人品之驗也。(《四庫全書總目》卷一百七十一)

【注釋】

〔一〕【書名】劉麟諡清惠，故以名其集。

〔二〕【孫一元】(1484～1520)，字太初，號太白山人。有《太白山人漫稿》傳世。

〔三〕【朱鳳翔序】文則疏宕，簡直出入秦、漢，詩則駸駸韋、杜。蓋公之標格高入雲霄，胸中無一毫芥帶，故所發皆盎然天趣，讀之足消鄙吝，恍若濯魄冰壺，澄心玉井者。想公之在朝，耿耿大節，如忤逆瑾瑾、首倡節慎庫等事，足垂不朽。守越甫五十日，而百姓歌思尸祝之。王學士華為去思記，比之劉寵，至今稽山有二劉祠。公歿且五十餘年，而其剛介絕塵之姿，孤高軼世之品，凜凜猶有生氣。

今按，《知紹興府劉侯去思碑記》附載《劉清惠集》卷末。

203. 王文成全書三十八卷

明王守仁〔一〕(1472～1528) 撰。守仁有《陽明鄉約法》，已著錄。

是書首編語錄三卷，為《傳習錄》，附以《朱子晚年定論》，乃守仁在時其門人徐愛所輯，而錢德洪刪訂之者。次文錄五卷，皆雜文、別錄。十卷為奏疏、公移之類。外集七卷，為詩及雜文。續編六卷，則文錄所遺、搜輯續刊者，皆守仁歿後，德洪所編次。後附以年譜五卷，《世德記》二卷，亦德洪與王畿等所纂集也。其初本各自為書，隆慶壬申 (1572) 御史新建謝廷傑巡按浙江，始合梓以傳。仿《朱子全書》之例以名之，蓋當時以學術宗守仁，故其推尊之如此。

守仁勳業氣節，卓然見諸施行，而為文博大昌達，詩亦秀逸有致，不獨事功可稱，其文章自足傳世也。〔二〕

此書明末版佚〔三〕，多於選輯別本以行者。然皆闕略，不及是編之詳備焉。(《四庫全書總目》卷一百七十一)

【注釋】

〔一〕【作者研究】張祥浩撰《王守仁評傳》(南京大學出版社 1997 年版)，周月亮撰《王陽明大傳》(中華工商聯合出版社 1999 年版)，岡田武彥《王陽明大傳》(重慶出版社 2018 年版)，束景南撰《陽明大傳：「心」的救贖之路》(復旦大學出版社 2020 年版)。

〔二〕【整理與研究】吳光等編校《王陽明全集》（上海古籍出版社 1992 年版）。沈
善洪等撰《王陽明哲學研究》（浙江人民出版社 1981 年版），陳來撰《有無之
境——王陽明哲學的精神》（人民出版社 1991 年版）。

〔三〕【版本】明刻本、湖南翻刻本、杭州局重刻本、《四部叢刊》影印明崇禎間施
氏刻集要本。

204. 對山集十卷

明康海〔一〕（1475～1540）撰。海有《武功縣志》，已著錄。

其詩文集自明以來凡四刻：一為張太微所選，一為王世懋所選，互有去
取；國朝康熙中，其里人馬氏始裒其全集刻之江寧（今江蘇南京）；此本乃乾隆
辛巳（1761）其里人編修孫景烈以所藏張太微本，又加刊削而刻之。

海以救李夢陽故失身劉瑾，瑾敗坐廢，遂放浪自恣，徵歌選妓，於文章
不復精思，詩尤頹縱。王世懋序稱其五七言古律多率意之作，又慕少陵，直
擄胸臆。或同時人名號爵里，韻至便押，不麗於雅。〔二〕朱孟震序述李維楨之
言，亦稱張太微本，珷玞燕石，閒列錯陳〔三〕。故馬氏所增刊，頗傷蕪雜。景
烈此本雖晚出，而去取謹嚴，於詩汰之尤力，較諸本特為完善，已足盡海所
長矣。明人論海集者，是非不一，要以俞汝成「文過於詩」語為不易之評。其
《擬廷臣論寧夏事狀》及《鑄錢論》諸篇尤頗切時弊。崔銑、呂楠皆以司馬遷
比之，誠為太過，然其逸氣往來，翛然自異，固在李夢陽等割剝秦、漢者上
也。（《四庫全書總目》卷一百七十一）

【注釋】

〔一〕【作者研究】金寧芬撰《康海研究》（崇文書局 2004 年版）。按，康海號對山，
故以名其集。

〔二〕【王世懋序】見四庫本卷首。

〔三〕【朱孟震序】不見於四庫本。

205. 大復集三十八卷

明何景明〔一〕（1483～1521）撰。景明有《雍大記》，已著錄。

是集凡賦三卷，詩二十六卷，文九卷，傳志、行狀之屬附錄於末。王廷
相、康海、唐龍、王世貞各為之序。

正、嘉之間，景明與李夢陽俱倡為復古之學，天下翕然從之，文體一變。然二人天分各殊，取徑稍異，故集中與夢陽論詩諸書，反覆詰難，齗齗然兩不相下。平心而論，摹擬蹊徑，二人之所短略同，至夢陽雄邁之氣，與景明諧雅之音，亦各有所長，正不妨離之雙美，不必更分左右祖也。

景明於七言古體，深崇「四傑」轉韻之格，見所作《明月篇序》中〔二〕。王士禎《論詩絕句》有曰：「接跡風人《明月篇》，何郎妙悟本從天。王楊盧駱當時體，莫逐刀圭誤後賢。」乃頗不以景明為然。其實七言肇自漢氏，率乏長篇。魏文帝《燕歌行》以後始自為音節，鮑照《行路難》始別成變調，繼而作者實不多逢。至永明以還，蟬聯換韻，宛轉抑揚，規模始就。故初唐以至長慶，多從其格。即杜甫諸歌行，魚龍百變，不可端倪，而《洗兵馬》《高都護》《驄馬行》等篇，亦不廢此一體。士禎所論，以防浮豔塗飾之弊則可；必以景明之論足誤後人，則不免於懲羹而吹虀矣。〔三〕（《四庫全書總目》卷一百七十一）

【注釋】

〔一〕【作者研究】劉海涵撰《何大復先生年譜》（民國間《龍潭精舍叢刻》本），姚學賢撰《何景明詩傳》（河南大學出版社 1993 年版），韓文根撰《何景明傳》（人民出版社 2017 年版）。按，何景明，字仲默，號大復山人，河南信陽人。事蹟具《明史‧文苑傳》。

〔二〕【明月篇序】僕讀杜子七言詩歌，愛其陳事切實，布辭沉著，鄙心竊效之，以為長篇聖於子美矣。既而讀漢魏以來歌詩，及唐初四子者之所為，而反復之，則知漢魏固承《三百篇》之後，流風猶可徵焉。而四子者，雖工富麗，去古遠甚，至其音節，往往可歌，乃知子美辭固沉著，而調失流轉，雖成一家語，實則詩歌之變體也。夫詩本性情之發者也，其切而易見者，莫如夫婦之間，是以《三百篇》首乎雎鳩，六義首乎風，而漢魏作者，義關君臣朋友，辭必託諸夫婦，以宣鬱而達情焉，其旨遠矣。由是觀之，子美之詩，博涉世故，出於夫婦者，常少致，兼雅頌，而風人之義或缺，此其調反在四子之下，與暇日為此篇，意調若彷彿四子，而才質猥弱，思致庸陋，故摛詞蕪素，無復統飭，姑錄之以俟審聲者裁割焉。（《大復集》卷十四）

〔三〕【版本】河南重刻本、乾隆間何氏重刻、咸豐間重刻本。

206. **升菴集八十一卷**

明楊慎（1488～1559）撰。慎有《檀弓叢訓》，已著錄。

此集為萬曆中四川巡撫張士佩所訂，凡賦及雜文十一卷，詩二十九卷，又雜記四十一卷，蓋士佩取慎《丹鉛錄》《譚苑》《醒醐》諸書，刪除重複，分類編次，附其詩文之後者也。

慎以博洽冠一時，其詩含吐六朝，於明代獨立門戶〔一〕。文雖不及其詩，然猶存古法，賢於何、李諸家窒塞艱澀、不可句讀者。蓋多見古書，薰蒸沉浸，吐屬自無鄙語，譬諸世祿之家，天然無寒儉之氣矣。至於論說考證，往往恃其強識，不及檢核原書，致多疏舛。又恃氣求勝，每說有窒礙，輒造古書以實之，遂為陳耀文等所詬病，致糾紛而不可解。考《因樹屋書影》有曰：「《丹鉛諸錄》出，而陳晦伯《正楊》繼之，胡元瑞《筆叢》又繼之。當時如周方叔、謝在杭、畢湖目諸君子集中，與用修為難者，不止一人。然其中雖極辨難，有究是一義者，亦有互相發明者。予已匯為一書，顏曰《翼楊》（云云）。」其語頗為左袒，然亦未始非平心解鬥之論也。

諸書本別本各行，士佩離析其文，分類排纂合而為一，較易檢尋，而所分諸目，較《丹鉛總錄》亦尚有條理，故仍錄之集中，備互考焉。〔二〕（《四庫全書總目》卷一百七十二）

【注釋】

〔一〕【升菴詩序】南峴王先生示余升菴楊先生詩一卷。其窮極詞章之綺靡，可以見其卓絕之才。其牢籠載籍之菁華，可以見其弘博之學。此其意將欲追軋古人，而不屑與近代相上下。蓋余疇昔所願見，乃今得之先生矣。（《考功集》卷十）

〔二〕【版本】全集八十卷，明萬曆間張士佩刻本，乾隆六十年（1795）養拙山房重刻本。明陳大科重刻《升菴文集》四十六卷。外集，明萬曆間楊有仁刻本，道光二十四年（1844）新都重刻本。遺集，明萬曆間湯日昭刻本，道光二十四年（1844）新都重刻本。

【整理與研究】郭豔紅《楊慎〈升菴集〉箋校與研究》（鄭州大學年碩士論文）認為，嘉靖間的三個刻本其稿本均為楊慎手稿，屬於一個體系，雖然都不能算作真正的總集，但是為萬曆間八十一卷本《升菴文集》的刊刻提供了重要的文獻基礎。萬曆間八十一卷《升菴文集》出現了四種本子，分別為萬曆十年蔡汝賢刻本、萬曆二十四年莊誠刻本、萬曆二十九年王蕭刻本、萬曆年間陳大科刻本。這四個本子同出蔡汝賢刻本，一脈相承，也屬於一個體系。在八十一卷《升菴文集》被多次刻印後，萬曆年間秀水閱覽齋卜世昌刊刻了《升菴楊太史合編》二十四卷本，意在存升菴著述單刻，並補全集之遺。清代《升

菴集》的編刻，多是在萬曆諸刻本尤其是陳大科《升菴全集》的基礎上進行翻刻，或纂輯《升菴全集》《升菴外集》《升菴遺跡》將其匯刻，以廣流傳。

207. 考功集十卷

明薛蕙〔一〕（1489～1541）撰。蕙有《西原遺書》，已著錄。〔二〕

正嘉之際，文體初新，北地、信陽聲華方盛。蕙詩獨以清削婉約，介乎其間。古體上挹晉、宋，近體旁涉錢、郎。覈其遺編，雖亦擬議多而變化少，然當其自得，覺筆墨之外別有微情，非生吞漢魏、活剝盛唐者比。其《戲成》五絕句，取何景明之俊逸，而病李夢陽之粗豪，所尚略可見矣。

又蕙與湛若水俱為嚴嵩同年，嵩權極盛之時，若水年已垂耄，不免為嵩作《鈐山堂集序》，反覆推頌，頗為盛德之累。蕙初亦愛嵩文采，頗相酬答。迨其柄國以後，即薄其為人，不相聞問。凡舊時倡和，亦悉削其稿，故全集十卷無一字與嵩相關。人品之高，迥出流輩。其詩格蔚然孤秀，實有自來。是其所樹立，又不在區區文字間也。（《四庫全書總目》卷一百七十二）

【注釋】

〔一〕【薛蕙】字君采，號西原，晚號大寧居士，安徽亳州人。事蹟具《明史》本傳。

〔二〕【版本】李山嶺《薛蕙詩文集版本流變考》認為，薛蕙詩文集有多種刻（抄）本傳世，其中李宗樞刻《薛西原集》二卷是編年詩選本，《遊嵩集》是喬宇、薛蕙遊嵩倡和詩合集，王廷刻《西原先生遺書》收薛蕙晚年與朋友往還講學之書。《薛考功集》十卷本，有刻本、抄本、四庫本等，為一版本系統。《薛吏部詩》殘卷，為稀見本，其中不少詩作不見於他本。薛邦瑞刻《西原全集》，以十卷本為底本，彙集多本，在明代諸本中最為晚出。（《安徽廣播電視大學學報》2018 年第 4 期）

208. 甫田集三十五卷附錄一卷

明文徵明〔一〕（1470～1559）撰。徵明初名壁，以字行，更字徵仲，號衡山，長洲（今屬江蘇蘇州）人。以歲貢薦授翰林院待詔。事蹟具《明史·文苑傳》。

是集凡詩十五卷，文二十卷，附錄行略一卷，其仲子嘉所述也。

徵明與沈周皆以書畫名，亦並能詩。周詩揮灑淋漓，但自寫其天趣，如雲容水態，不可限以方圓。徵明詩則雅飭之中，時饒逸韻。朱彝尊《靜志居詩

話》記其告何良俊之言曰：「吾少年學詩從陸放翁入，故格調卑弱，不若諸君皆唐音也。」〔二〕此所謂如魚飲水，冷暖自知，皎然不誣其本志。然周天懷坦易，其畫雄深而蒼莽，詩格如之。徵明秉志雅潔，其畫細潤而蕭灑，詩格亦如之，要亦各肖其性情，不盡由於所仿效也。

朱彝尊《明詩綜》錄徵明詩十五首，其《池上》一詩得諸墨蹟，為本集所不載，且稱其集外流傳者甚多，惜無廣搜為續集者〔三〕。然縑素流傳，半真半贗，與其如吳鎮〔四〕、倪瓚諸集多收偽本，固不如據其家集，猶不失本來面目矣。（《四庫全書總目》卷一百七十二）

【注釋】

〔一〕【作者研究】周道振、張月尊合撰《文徵明年譜》（百家出版社 1998 年版）。按，文徵明，長洲人。初名璧，以字行，更字徵仲，別號衡山。徵明幼不慧，稍長，穎異挺發。學文於吳寬，學書於李應楨，學畫於沈周，皆父友也。又與祝允明、唐寅、徐禎卿輩相切劘，名日益著。其為人和而介。四方乞詩文書畫者，接踵於道，而富貴人不易得片楮，尤不肯與王府及中人，曰：「此法所禁也。」周、徽諸王以寶玩為贈，不啟封而還之。外國使者道吳門，望裏蕭拜，以不獲見為恨。文筆遍天下，門下士贗作者頗多，徵明亦不禁。（《明史》卷二八七）

〔二〕【史源】《靜志居詩話》：「先生人品第一，書畫詩次之。胥臺袁氏《十懷詩》其一云：『內翰小子師，卓行古人傑。辭金抗幼齡，解組修晚節。丹青紛雲煙，篇翰爛虹蜺。瑚璉世所珍，昭代表三絕。』可謂片言中倫矣。先生嘗語何孔目元朗云：『我少年學詩，從陸放翁入，故格調卑弱，不若諸君皆唐音也。』然則文之佳惡，先生得失自知，豈與左虛子輩妄自誇詡者比哉！」

〔三〕【史源】《靜志居詩話》：「今《甫田集》詩十五卷，集外流傳者尚多。蓋先生作書最勤，兼畫必留題。予嘗見所寫朱竹，即以朱書題詩其上，惜無好事者廣搜為續集也。曩從父維木公治別業於碧漪坊北池荷岸柳，有軒三楹，懸先生手書於壁，即《池上》一詩，少時諷誦，至今猶未遺忘，因附錄之，視集中所載尤出塵埃之表，拾遺珠於滄海。天下之寶，當與天下共之矣。」

〔四〕【吳鎮】（1280～1354），字仲圭，號梅花道人，浙江嘉興人。詩書畫皆精，時人號為三絕。與黃公望、倪瓚、王蒙有元代畫苑四大家之稱。

209. 泰泉集十卷〔一〕

明黃佐〔二〕（1490～1566）撰。佐有《泰泉鄉禮》，已著錄。

此集乃佐官南京國子監祭酒時手自編定，其門人李時行刊版於嘉興者也。

佐少以奇雋知名，及官翰林，明習掌故，博綜今古。生平著述至二百六十餘卷，在明人之中學問最有根柢。文章銜華佩實，亦足以雄視一時。嶺南自南園五子以後，風雅中墜，至佐始力為提倡，如梁有譽、黎民表等，皆其弟子。廣中文學復盛，論者謂佐有功焉。其詩吐屬沖和，頗見研練。於時茶陵之焰將熸，北地之鋒方銳，獨能力存古格，可謂不失雅音。惟其《春夜大醉言志詩》有云：「倦游卻憶少年事，笑擁如花歌落梅。」自注以為「欲盡理還之喻。」〔三〕是將以嘲風弄月之詞，而牽合於理學，殊為無謂。王世貞《藝苑卮言》謂此乃佐為儒官講學，恐人得而持之〔四〕，故有此語，當得其情。白璧微瑕，惟在《閒情》一賦。是亦昭明太子深惜於靖節者矣。（《四庫全書總目》卷一百七十二）

【注釋】

〔一〕【書名】黃佐號泰泉，故以號名集。

〔二〕【黃佐】字才伯，香山人。尋省親歸，便道謁王守仁，與論知行合一之旨，數相辨難，守仁亦稱其直諒。母憂除服，起少詹事。佐學以程、朱為宗，惟理氣之說，獨持一論。平生撰述至二百六十餘卷。所著樂典，自謂泄造化之秘。（《明史・文苑傳》）

〔三〕【史源】錢謙益《列朝詩集小傳》第 383 頁亦引此事。

〔四〕【史源】王世貞《弇州四部稿》卷一百五十：「黃才伯詩亦有佳語，如『青山知我吏情澹，明月照人歸夢長』，又『長空贈我以明月，海內知心惟酒杯』，『門前馬躍簫鼓動，柵上雞啼天地開』，『倦遊卻憶少年事，笑擁如花歌落梅』。雖格不甚古，而逸宕可取。然至末句乃自注云：『欲盡理還之喻。』蓋此公作美官講學，恐人得而持之也，可發詞林一笑。」

210. 西村詩集二卷補遺一卷〔一〕

明朱樸撰。樸字元素，海鹽（今屬浙江嘉興市）人。當正德、嘉靖間，與文徵明、孫一元相唱酬。

是集為其孫綵所編，分上下二卷。下卷附以集句〔二〕、詩餘，又別輯補遺一卷。其近體格調清越，超然出群〔三〕。古詩差遜，然亦不墜俗氛，以不為王世貞等所獎譽，故名不甚著。當然太倉、歷下壇坫爭雄之日，士大夫奔走不遑，七子之數，輾轉屢增。一時山人墨客，亦莫不望景趨風，乞齒牙之餘論，冀一顧以增聲價。蓋詩道之盛，未有盛於是時者；詩道之濫，亦未有濫於是時者。樸獨閉戶苦吟，不假借噓枯吹生之力，其人品已高，其詩品苕苕物表，固亦理之自然矣。（《四庫全書總目》卷一百七十二）

【注釋】

〔一〕【考證】文淵閣本卷首提要與此同，僅在「詩道之盛」前少一「蓋」字。

〔二〕【史源】《樸居柱史》：「秋來何處堪消日，多在青松白石間。一臥滄江驚歲晚，獨騎驄馬入深山。人生有酒須當醉，世上浮名好是閒。此地由來可乘興，白雲長在水潺潺。」

〔三〕【史源】《弔岳武穆王》：「淮陰死謗功成日，武穆罹奸志未酬。骨肉虎狼甘就戮，煙塵龍袞可忘仇。泉香古甃銀瓶冷，樹老新祠碧殿秋。猶有行人拜遺像，宋家陵墓總荒邱。」

211. 愚谷集十卷

明李舜臣撰。舜臣字茂欽〔一〕，號愚谷，又號未邨居士，山東樂安人。嘉靖癸未（1523）進士。官至太僕寺卿。

是集詩四卷，曰《部署稿》，曰《金陵稿》，曰《江西稿》，曰《歸田稿》。文六卷，前有王世貞、孔天胤二序。

詩格雅飭，而頗窘於邊幅，所長所短，皆在於斯。文皆古質，而稍覺有意謹嚴，或鑱削太過，故王世貞嘗有體制纖小之譏。然於時北地、信陽之學盛行於世，方以鉤棘塗飾相高，而舜臣獨以樸直存古法。其序記多名論，而《西橋逸事狀》一篇觸張璁、桂萼之鋒，直書不諱。文出之日，天下咋舌，抑亦剛正之士矣。據集所載諸序，所著有《易卦辱言》《詩序考》《毛詩出比》《禮經讀》《春秋左傳考例》《穀梁三例》《左傳讀》《古文考》《三經考》《籀文考》《六經直音》諸書〔二〕。今皆未見，然亦足見其文有根柢也。（《四庫全書總目》卷一百七十二）

【注釋】

〔一〕【考證】錢謙益《列朝詩集小傳》作「懋欽」。

〔二〕【讀書方法】錢謙益云:「懋欽壹意經術,《易》《詩》《書》《三禮》《左傳》,分日讀之,每六日一易。」(《列朝詩集小傳》第 382 頁)

212. 遵巖集二十五卷

明王慎中〔一〕(1509～1559)撰。慎中字道思,晉江(今屬福建泉州市)人。嘉靖丙戌(1526)進士。官至河南布政使參政。事蹟具《明史‧文苑傳》。

正、嘉之際,北地、信陽聲華借甚,教天下無讀唐以後書。然七子之學得於詩者較深,得於文者頗淺,故其詩能自成家,而古文則鉤章棘句,剽襲秦、漢之面貌,遂成偽體。史稱慎中為文,初亦高談秦、漢,謂東京以下無可取。已而悟歐、曾作文之法,乃盡焚舊作,一意師仿,尤得力於曾鞏。唐順之初不服其說,久乃變而從之。壯年廢棄,益肆力於文,演迤詳贍,卓然成家,與順之齊名,天下稱之曰「王、唐」。李攀龍、王世貞力排之,卒不能掩也。〔二〕

其詩則初為藻豔之格,歸田以後,又雜入講學之語,頹然自放,亦與順之相似。朱彝尊《明詩綜》乃謂其五言文理精密,嗣響顏、謝,而論者輒言文勝於詩,未為知音〔三〕。今考集中五言如《遊西山普光寺》《睡起登金山》《遊大明湖》諸篇,固皆邃穆簡遠。七言如「每夜猿聲如舍裏,四時山色在城中」,「萬井遙分初日下,群山微見遠煙中」,「琴聲初歇月掛樹,蓮唱微聞風滿川」,亦頗有風調。然綜其全集之詩,與文相較,則淺深高下,自不能掩。文勝之論,殆不盡誣。彝尊之論,不揣本而齊其末矣。

慎中集舊有《玩芳堂摘稿》《遵巖家居》諸刻,率雜以少作。是本乃隆慶辛未(1571)慎中子同康及婿莊國禎稍為芟削重鋟,較為精整惟簡端洪朝選序,稱詩文四十卷,此本止二十五卷。目錄卷數亦多改補,未喻其故,或刻成之後又為簡汰歟?〔四〕(《四庫全書總目》卷一百七十二)

【注釋】

〔一〕【作者研究】林虹撰《王慎中研究》(福建師範大學 2009 年博士論文,中國文聯出版社 2015 年版)。按《明史》卷二八七:「王慎中,字道思。晉江人。慎中為文,初主秦、漢,謂東京下無可取。已悟歐、曾作文之法,乃盡焚舊作,一意師仿,尤得力於曾鞏。順之初不服,久亦變而從之。壯年廢棄,益

肆力古文，演迤詳贍，卓然成家，與順之齊名，天下稱之曰王唐，又曰晉江、毗陵。家居，問業者踵至。年五十一而終。李攀龍、王世貞後起，力排之，卒不能掩。攀龍，慎中提學山東時所賞拔者也。慎中初號遵巖居士，後號南江。」今按，何喬遠序稱，王慎中初號南江，更號遵巖，名盛而兩號並稱。陳衍說：「吾鄉之號稱能文於當世者，至明始有一王遵巖……」

〔二〕【考證】錢謙益《列朝詩集小傳》第 374 頁評論與此類似。

〔三〕【史源】朱彝尊《靜志居詩話》卷十二「王慎中」條：「劉淵材憾曾子固不能詩。余嘗見宋人所輯《唐宋八家詩韻》，則子固與焉，不得謂非詩家矣。評明人詩者不及王道思。然道思五古文理精密，足以嗣響顏、謝，而論者輒言文勝於詩，非知音識曲者也。」

〔四〕【版本】潘景鄭《明隆慶本王遵巖集》云：「王慎中文章與荊川齊名；然遺集流傳，遠不逮荊川之家戶傳誦，蓋其集自明以後未有傳本，而明本存世，益稀如星鳳，宜後人舉勿能詳也。《四庫》著錄《遵巖集》二十五卷，疑已經刪略，而非原本如是。十年前，偶於霜厓吳師所，見此書足本四十一卷，為其子同康及婿莊國禎所刊。刊成於隆慶辛未，前有隆慶洪朝選、邵廉兩序，末有嘉靖丙寅劉溱後序。自卷一之十三為詩詞，十四之四十一為文集，以是知《提要》所據二十五卷本者已經簡汰，猶在此刻之後矣。」（《著硯樓讀書記》第 496 頁）

213. 陸子餘集八卷

明陸粲〔一〕撰。粲有《左傳附注》，已著錄。是集凡文七卷，詩一卷。

粲早入詞館，負盛名。泊官工科，以劾張璁、桂萼偃蹇終身，然亦緣是息意邱園，研心經史，學問具有根柢。又為王鏊門人。《明史》粲本傳稱其少謁鏊，鏊異之，曰：「此子必以文名天下。」其授受亦有端緒。徐時行序稱其出入左氏、司馬遷，無論魏晉，彭年序以為專法馬、班，雄深雅健，東漢諸家所不及〔二〕，推獎頗為太過。至黃宗羲《明文海》云：「貞山文秀美平順，不起波瀾，得之王文恪居多，乃歐陽氏之支流。」則平心之論，當之無愧色矣。

其《憶父詩》一首，《明詩綜》云七歲所作〔三〕。然風格老成，不應至是，疑或有所誇飾。至於《擔夫謠》之類，有香山《新樂府》遺音，《贈別王直夫二首》之類，亦綽有風格，尤未可以篇什無多，遂謂「曾子固不能詩」也。

（《四庫全書總目》卷一百七十二）

【注釋】

〔一〕【陸粲】字子余，長洲（今屬江蘇蘇州）人。事蹟具《明史》卷二○六。

〔二〕【二序】不見於四庫本。

〔三〕【史源】《明詩綜》卷四十五「憶家君」：「白髮人千里，朱門月半扉。燕山雲
　　　去遠，澤國雁來稀。無夜不成夢，有書空道歸。遙憐北風勁，尋便寄寒衣。
　　　（杜若撫云：先生七歲時作。）」

214. 皇甫司勳集六十卷

　　明皇甫汸〔一〕（1498～1583）撰。汸有《百泉子緒論》，已著錄。

　　其詩文有政學，還山、奉使、寓黃、家居、南都、禪棲、潯州、括州、南
中、山居、副京、來鳧、司勳、北征、南署、赴京、浩歌亭、安雅齋諸集，晚
年手自刪削，定為賦一卷，詩三十二卷，雜文二十七卷，冠以《集原》一篇。
其諸集之名，仍分注各卷之末。朱彝尊《靜志居詩話》稱汸集六十卷〔二〕，即
此本也。

　　《集原》自述其詩始為關洛之音，一變為楚音，又一變為江左之音，又
一變為燕趙之音，又一變為蜀音，縷舉其師友淵源甚詳。今統觀所作，古體
源出三謝，近體源出中唐，雖乏深湛之思，而雅飭雍容，風標自異，在明中葉
不失為第二流人。馮時可《雨航雜錄》〔三〕云：「皇甫百泉與王弇州名相埒，
時人謂百泉如齊、魯，變可至道；弇州如秦、楚，強遂稱王。」〔四〕王士禎《香
祖筆記》以時可所評為確論云〔五〕。（《四庫全書總目》卷一百七十二）

【注釋】

〔一〕【皇甫汸】字子循，長洲人。《明史·文苑傳》附見其兄涍傳中。沖、涍、汸、
　　　濂兄弟，並好學工詩，稱「皇甫四傑」。今按：徐伊帆撰《皇甫汸隱逸詩研究》
　　　（浙江大學 2019 年碩士論文）。

〔二〕【史源】見《靜志居詩話》卷十三「皇甫汸」條（第 374 頁）。

〔三〕【雨航雜錄】明馮時可撰。是書上卷多論學、論文，下卷多記物產，而間涉
　　　雜事。隆、萬之間，士大夫好為高論，故語錄、說部往往泧漾自恣，不軌於
　　　正。時可獨持論篤實，言多中理。（《四庫全書總目》卷一二二）

〔四〕【史源】《雨航雜錄》卷下：「皇甫汸……以早廢，所詠詩甚富。其詩名與王
　　　元美相齊，吳下能詩者，朝子循而夕元美。或問其優劣，周道甫曰：『子循如
　　　齊魯，變可至道；元美若秦楚，強遂稱王。』」

〔五〕【史源】《香祖筆記》卷十引馮元成《雨航雜錄》云：「皇甫百泉與王弇州名
　　相埒，時人謂百泉如齊魯，弇可知道，弇州如秦楚，強遂稱王。」此二語最
　　是確論。

215. 荊川集十二卷

　　明唐順之〔一〕（1507～1560）撰。順之有《廣右戰功錄》，已著錄。

　　順之學問淵博，留心經濟，自天文、地理、樂律、兵法以至句股、壬奇之
術，無不精研，深欲以功名見於世，雖晚年再出當禦倭之任，不能大有所樹立，
其究也仍以文章傳。然考索既深，議論具有根柢，終非井田、封建之遊談。〔二〕

　　其文章法度具見《文編》一書，所錄上自秦漢以來，而大抵從唐、宋門
庭沿溯以入。故於秦、漢之文，不似李夢陽之割剝字句，描摹面貌，於唐、宋
之文，亦不似茅坤之比擬間架，掉弄機鋒。在有明中葉，屹然為一大宗。至其
末年，遁而講學，文格稍變。集中如與王慎中書云：「近來將四十年前伎倆頭
頭放捨，四十年前見解種種抹殺，始得見些影子（云云）。」〔三〕則薰蒸語錄，
與之俱化，分別觀之可矣。〔四〕

　　其集為無錫安如石所編，王慎中為之序〔五〕。蓋二人早年論文不合，及其
老也，客氣漸盡，乃互相傾挹云。〔六〕（《四庫全書總目》卷一百七十二）

【注釋】

〔一〕【作者研究】唐肯撰《明唐荊川先生年譜》（1939 年武進唐氏鉛印本），吳金
　　娥撰《唐荊川先生研究》（臺北文津出版社 1986 年版），張慧瓊撰《唐順之研
　　究》（鳳凰出版社 2016 年版）。

〔二〕【評論】《四庫提要》云：「順之學問淵博……終非井田、封建之遊談。」劉咸
　　炘云：「此論亦膚而未當，井田、封建何必為遊談，紀氏惡宋儒，故有此語。
　　荊川以心學說經，其言重本，紀氏未知，若知之，當大肆詆斥耳。」（《劉咸
　　炘學術論集・子學編》第 529～533 頁）

〔三〕【史源】《荊川集》卷五《答王遵巖書》。

〔四〕【評論】劉咸炘云：「荊川以文名，評其文者殊少。黃黎洲《學案》云：『初喜
　　空同，〔詩文篇篇成誦，〕下筆即刻畫之。王道思見而歎曰：「文章自有正法
　　眼藏，奈何襲其皮毛哉！」自此幡然取道歐、曾，得史遷之神理，久之從廣
　　大胸中隨地湧出，無意為文，而文自至。較之道思，尚是有意欲為好文者也。』
　　此語有見。《四庫提要》則曰：『其文章法度具見《文編》一書……分別觀之

可矣。』此說淺而未盡，荊川止學唐、宋，本末未嘗法秦、漢。」（《劉咸炘學術論集·子學編》第 528～529 頁）

今按，唐順之與茅坤、王慎中、歸有光等同為唐宋派。其論文宗旨則在《董中峰文集序》中，所謂「漢以前之文未嘗無法，而未嘗有法，法寓於無法之中，故其為法也，密而不可窺。唐與近代之文不能無法，而能毫釐不失乎法，以有法為法，故其為法也，嚴而不可犯。密則則疑於無所謂法，嚴則疑於有法而可窺。然而文之必有法出乎自然而不可易者，則不容異也。」（《明文海》卷二百四十五）

〔五〕【王慎中序】吾於二人，讀其書，觀其言，尚而友之，而庶幾知其人。於今所見，而及與之為友，又得一人焉，毘陵唐應德也。君於學，蓋所謂得其精華；於其言，可謂有文而必行於遠者也。其文具在，學者苟讀焉而思，思焉而有以得之，則知其心之所通，於季札孰為淺深，言之所成，於子游孰為先後，有不可得而辨者矣。

〔六〕【版本與研究】清初刻本、康熙壬辰家刻本、光緒間武進盛氏重刻康熙本、江寧局本、《四部叢刊》影印明萬曆間重刻本。

216. 滄溟集三十卷附錄一卷

明李攀龍〔一〕（1514～1570）撰。攀龍有《詩學事類》，已著錄。

是集凡詩十四卷，文十六卷，附錄志傳表誄之文一卷。

明代文章，自前後七子而大變。前七子以李夢陽為冠，何景明附翼之；後七子以攀龍為冠，王世貞應和之。後攀龍先逝，而世貞名位日昌，聲氣日廣，著述日富，壇坫遂躋攀龍上。然尊北地、排長沙，續前七子之焰者，攀龍實首倡也。殷士儋作攀龍墓誌，稱文自西漢以來，詩自天寶以下，若為其毫素污者，輒不忍為。故所作一字一句，摹擬古人。驟然讀之，斑駁陸離，如見秦漢間人。高華偉麗，如見開元、天寶間人也。〔二〕至萬曆間，公安袁宏道兄弟始以贋古詆之。天啟中，臨川艾南英〔三〕排之尤力。

今觀其集，《古樂府》割剝字句，誠不免剽竊之譏；諸體詩亦亮節較多，微情差少；雜文更有意詰屈其詞，塗飾其字，誠不免如諸家所譏。然攀龍資地本高，記誦亦博，其才力富健，凌轢一時，實有不可磨滅者。汰其膚廓，擷其英華，固亦豪傑之士。譽者過情，毀者亦太甚矣。〔四〕（《四庫全書總目》卷一百七十二）

【注釋】

〔一〕【作者研究】趙善嘉撰《李攀龍年譜》（原為 1987 年復旦大學碩士論文，章
　　　培恒先生指導），許建昆撰《李攀龍文學研究》（臺北文史哲出版社 1987 年
　　　版），石麟撰《李攀龍與「後七子」》（山東文藝出版社 2004 年版），李伯齊編
　　　《李攀龍研究資料彙編》（山東文藝出版社 2007 年版），蔣鵬舉撰《復古與
　　　求真：李攀龍研究》（中國社會科學出版社 2008 年版）。

〔二〕【評論】錢謙益云：「《易》云擬議以成其變化，不云擬議以成其臭腐也。」
　　　（《列朝詩集小傳》第 428 頁）

〔三〕【艾南英】（1583～1646），字千子，江西東鄉人。

〔四〕【版本與研究】明刻本、道光間重刻本。

217. 弇州山人四部稿一百七十四卷續稿二百七卷〔一〕

　　明王世貞〔二〕（1526～1590）撰。世貞有《弇山堂別集》，已著錄。

　　此乃所著別集，其曰「四部」者，賦部、詩部、文部、說部也。正稿說部
凡七種，曰《札記內篇》，曰《札記外篇》，曰《左逸》，曰《短長》，曰《藝苑
卮言》，曰《卮言附錄》，曰《宛委餘篇》，皆世貞為鄖陽巡撫時所自刊。續稿
但有賦、詩、文三部，而無說部，則世貞致仕之後，手裒晚歲之作以授其少子
士駿，至崇禎中其孫始刊之。

　　考自古文集之富，未有過於世貞者。其摹秦仿漢，與七子門徑相同，而
博綜典籍，諳習掌故，則後七子不及，前七子亦不及，無論廣、續諸子也。惟
其早年自命太高，求名太急，虛憍恃氣，持論遂至一偏。又負其淵博，或不暇
檢點，貽議者口實。故其盛也，特尊之者遍天下；及其衰也，攻擊之者亦遍天
下。平心而論，自李夢陽之說出，而學者剽竊班、馬、李、杜；自世貞之集
出，學者遂剽竊世貞。故艾南英《天傭子集》有曰：「後生小子不必讀書，不
必作文，但架上有前後《四部稿》，每遇應酬，頃刻裁割，便可成篇，驟讀之，
無不濃麗鮮華，絢爛奪目，細案之，一腐套耳（云云）。」其指陳流弊，可謂切
矣。然世貞才學富贍，規模終大，譬諸五都列肆，百貨具陳，真偽駢羅，良楛
淆雜。而名材瑰寶，亦未嘗不錯出其中。知末流之失，可矣；以末流之失而盡
廢世貞之集，則非通論也。〔三〕（《四庫全書總目》卷一百七十二）

【注釋】

〔一〕【書名】庫書題作《弇州四部稿》。

〔二〕【作者研究】錢大昕撰《弇州山人年譜》（在《嘉定錢大昕全集》第肆冊中），
王世貞後裔王瑞國亦著有年譜，但內容均極為簡略。相對於王世貞在明代中
期文壇上的地位和影響，前人編寫的這兩卷年譜，已遠遠不能適應當今對王
世貞乃至於對明代文學研究的需要。鄭利華教授撰《王世貞年譜》（復旦大學
出版社 1993 年版）。1993 年徐朔方先生著《晚明曲家年譜》三十九家，其中
也有王世貞。鄭利華教授撰《王世貞研究》（學林出版社 2002 年版），孫衛國
教授撰《王世貞史學研究》（人民文學出版社 2006 年版），周穎撰《王世貞年
譜長編》（上海三聯書店 2016 年版）。

〔三〕【整理與研究】許建平教授主編的《王世貞全集》目前已經推出多種，如《弇
山堂別集》（上海古籍出版社 2017 年版），魏宏遠撰《王世貞文學與文獻研
究》（上海古籍出版社 2017 年版）。

218. 讀書後八卷

明王世貞（1526～1590）撰。

此書本止四卷，為世貞《四部稿》及續稿所未載，遂至散佚。其姪士騄
得殘本於賣餳者，乃錄而刊之，名曰附集。後吳江許恭又採《四部稿》中書後
之文為一卷，續稿中《讀佛經》之文為一卷，《讀道經》之文為二卷，並為八
卷，重刻之。而陳繼儒為之序〔一〕，稱其如呂氏《讀書記》、晁氏《讀書志》。
案：晁公武《讀書志》，每書皆詳其卷數，撰人以及源流本末。世貞此書則九
十五篇之中，為跋尾者四十二，為史論者五十三，而四十二篇之中，又皆議
論之文，無一考證之語。與晁氏書南轅北轍，繼儒殆未見《郡齋讀書志》，而
偶聞其名，妄以意揣度之，謂亦如此書之跋尾耳。

《書影》記世貞初不喜蘇文，晚乃嗜之，臨沒之時，第頭尚有蘇文一部。
今觀是編，往往與蘇軾辨難，而其文反覆條暢，亦皆類軾，無復摹秦仿漢之
習。又其跋李東陽樂府與歸有光集、陳獻章集，均心平氣和，與其生平持論
不同。而《東陽樂府跋》中自稱：「余作《藝苑卮言》時，年未四十，方與于
鱗輩是古非今，此長彼短，未為定論。至於戲學《世說》，比擬形似，既不切
當，又傷儇薄。行世已久，不能復秘，姑隨事改正，勿令多誤後人而已（云云）。」
然則此書為晚年進境，以少許勝多許矣。

其第五卷為《四部稿》中題跋二十五篇，其中如《讀亢倉子》不知為王
士元所作，則未考孟浩然集序，《讀三墳》以為劉炫作，則未考《隋書·經籍

志》,《讀元命苞》一篇,所言乃衛元嵩之《元包》,尤為荒謬,則猶早年盛氣,不及檢校之作。許恭撝續此編,毋乃非世貞意歟?以原刻所有,姑並存之。至是編雜論古書,而究為雜著,非目錄之比,無類可附,今仍著錄集部焉。(《四庫全書總目》卷一百七十二)

【注釋】

〔一〕【陳繼儒序】《讀書後》者,王元美先生晚年所撰《四部稿續稿》所未載也,初刻《續稿》時,其間多所放失,偶有賣餳者束殘書置擔頭,取視之,則先生詩文數卷,及《讀書後》在焉。(下略)

219. 備忘集十卷

　明海瑞〔一〕(1514～1587) 撰。瑞有《元祐黨人碑考》,已著錄。

　案:《明史·藝文志》載海瑞文集七卷,國朝廣東鹽運使故城賈棠與邱濬集合刻者,止六卷。是編載瑞所行條式申參之文,較為全備,乃康熙中瑞六代孫廷芳重編。原跋云共一十二卷,分為十冊。今考此本冊數與跋相合,然每冊止一卷,實止十卷,較原跋尚闕二卷,未喻其故也。

　瑞生平學問以剛為主,故自號剛峰。其入都會試時,即上《平黎疏》。為戶部主事時,上《治安疏》,戇直無隱,觸世宗怒,下詔獄。然世宗覆閱其疏,亦感動太息,至擬之於比干。後巡撫應天,銳意興革,裁抑豪強,惟以利民除害為事,而矯枉過直,或不免一偏。如集中《畢戰問井地論》,力以井田為可行,謂天下治安必由於此〔二〕。蓋但睹明代隱匿兼併之弊,激為此說,而不自知其不可通。然其孤忠介節,實人所難能,故平日雖不以文名,而所作勁氣直達,侃侃而談,有凜然不可犯之概。當嘉、隆間,士風頹苶之際,切墨引繩,振頑醒瞶,亦救時之藥石,滌穢解結,非大黃、芒硝,不能取效,未可以其峻利疑也。〔三〕(《四庫全書總目》卷一百七十二)

【注釋】

〔一〕【作者研究】李錦全撰《海瑞評傳》(南京大學出版社 1998 年版)。

〔二〕【史源】《備忘集》卷八《使畢戰問井地》:「不井田,而能致天下之治者,無是理也。」

〔三〕【整理與研究】朱逸輝、勞定貴等校注《海忠介公全集(校注本)》(海南出版社 1998 年版)。

220. 宗子相集十五卷

　　明宗臣〔一〕（1525～1560）撰。臣字子相，揚州興化人。嘉靖庚戌（1550）進士。除刑部主事，移吏部文選司，進稽勳司員外郎。以賻楊繼盛忤嚴嵩，出為福建參議，遷提學副使，卒於官，年僅三十有六。《明史・文苑傳》附載《李攀龍傳》中。蓋攀龍、徐中行、吳國倫〔二〕、梁有譽及臣有「前五子」之稱也。〔三〕

　　朱彝尊《明詩綜》稱臣所著有《方城集》〔四〕，而此本實題《宗子相集》，其卷目與《明史・藝文志》相合。王世貞志臣墓，稱其寢瘵疾亟，門人稍次生平著述凡十餘卷梓之，則其集乃臣未沒時所訂定也。

　　臣嘗與吳國倫論詩，不勝，歸而精思累日月，卒能卓然成家，為「嘉靖七子」之一。其詩跌宕俊逸，頗能取法青蓮，而意境未深，間傷淺俗。《靜志居詩話》謂使其不遇王、李，充之不難與昌穀、蘇門伯仲。自入七子之社，漸染習氣，日以窘弱，最可惋惜。〔五〕所言誠切中其病。然天才婉秀，吐屬風流，究無剽剟填砌之習，本質猶未盡漓也。惟《竹間》諸篇，體近纖仄，未免汩沒於時趨耳。至其西門、西征諸記，指陳時弊，反覆詳明。蓋臣官閩中時，禦倭具有方略，故言之親切如是，是又不可以文字論矣。〔六〕（《四庫全書總目》卷一百七十二）

【注釋】

〔一〕【作者研究】顧國華撰《宗臣研究》（揚州大學 2011 年博士論文）。

〔二〕【吳國倫】（1524～1593），字明卿，號川樓，湖北陽新人。《明史》卷二八七有傳。

〔三〕【史源】錢謙益《列朝詩集小傳》:「名五子，實六子也。」

〔四〕【史源】見《明詩綜》卷五十一。

〔五〕【史源】見《靜志居詩話》卷十三「宗臣」條（第 388 頁），引文與原文不盡相同。

〔六〕【版本】王重民先生云:「明嘉靖間刻本，蓋此刻為歿時的最初印本。《四庫》著錄十五卷之本，則後人依詩文編類分卷，非所刻有多於此也。」（《中國善本書提要》第 625 頁）顧國華《宗臣研究》第二章認為，宗臣作品現有 16 種版本，初刻本已佚，就正齋重刻本是目前見到的最早版本。嘉靖十五卷刻本影響最大，它是諸多版本的底本。四庫本之底本則是萬曆宗書重校本。此外，他還發現了一個新版本——《宗子相集》萬曆十四卷本。

221. 震川文集三十卷別集十卷

明歸有光〔一〕（1507～1571）撰。有光有《易經淵旨》，已著錄。

是編為其曾孫莊〔二〕所訂。首經解，終祭文，凡二十四體。別集首論策，終古今體詩，凡十有一體。

初，太倉王世貞傳北地、信陽之說，以秦、漢之文倡率，天下無不靡然從風，相與剽剟古人，求附壇坫。有光獨抱唐、宋諸家遺集，與二三弟子講授於荒江老屋之間，毅然與之抗衡，至詆世貞為「庸妄鉅子」。世貞初亦牴牾，迨於晚年，乃始心折，故其題有光遺像贊曰：「風行水上，渙為文章。風定波息，與水相忘。千載惟公，繼韓、歐陽。余豈異趣，久而自傷。」〔三〕蓋所持者正，雖以世貞之高名盛氣，終無以奪之。自明季以來，學者知由韓、柳、歐、蘇沿洄以溯秦漢者，有光實有力焉，不但以制藝雄一代也。

文集舊本有二〔四〕：一為其族弟道傳所刻，凡二十卷，為常熟本；一為其子子祜、子寧所刻，凡三十二卷，為崑山本〔五〕。去取多不相同。莊以家藏抄本互相校勘，又補入未刻之文，匯為全集，刻於國朝康熙間。前有王崇簡、徐乾學二序，莊自作凡例，極言舊刻本之訛，詆斥不遺餘力。然考汪琬《堯峰文集》有與莊書二篇，又反覆論其改竄之非，至著為《歸文辯誣》以攻之〔六〕，是莊所輯亦未為盡善。〔七〕然舊本文多漏略，得莊掇拾散佚，差為完備，既別無善本，姑從而錄之。有光詩格殊不見長，汪琬乃為作箋注，王士禎頗以為譏。今未見傳本，殆當時眾論不與，即格不行歟？〔八〕（《四庫全書總目》卷一百七十二）

【注釋】

〔一〕【作者研究】張傳元等撰《明歸震川有光先生年譜》（臺北商務印書館 1980 年《新編中國名人年譜集成》本），劉駿撰《歸有光年譜》（原為 1998 年復旦大學碩士論文），沈新林撰《歸有光評傳·年譜》（安徽文藝出版社 2000 年版）。

〔二〕【歸莊】（1613～1673），字玄恭，號恒軒，有光曾孫，江蘇崑山人。今人輯有《歸莊集》。

〔三〕【史源】《明史》卷二百八十七：「有光為古文，原本經術，好太史公書，得其神理。時王世貞主盟文壇，有光力相牴排，目為妄庸鉅子，世貞大憾。其後亦心折有光，為之贊曰：『千載有公，繼韓歐陽。余豈異趣，久而自傷。』其推重如此。」

〔四〕【錢謙益《震川文集序》】往余篤好震川先生之文。與先生之孫世昌訪求遺集，參讀是正，始有成編。（下略）

〔五〕【史源】錢謙益云：「熙甫歿，其子子寧輯其遺文，妄加改竄。賈人童氏夢熙甫趣之曰：『亟成之，少稽緩，塗乙盡矣。』刻既成，賈人為文祭熙甫，具言所夢，今載集後。」（《列朝詩集小傳》第 559～560 頁）今按，王欣夫先生云：「至當時書賈，實有童子鳴其人，能詩，多交文學士，震川亦曾作序贈之。」（《蛾術軒篋存善本書錄》第 1023 頁）

〔六〕【史源】《堯峰文抄》卷三十三《與歸玄恭書》：「僕私淑太僕有年，寧得罪於足下，不欲得罪於太僕。語曰：有爭氣者勿與辨。新刻中疑義甚多，自今以往，不敢更攖足下之怒，當準考亭《楚辭辯證》《韓文考異》例，別為一書，孤行於世耳。」

〔七〕【評論】王欣夫先生云：「案堯峰所攻者有三……今玄恭遺集有答書二通，於《何氏墓碑》自認偶失檢點，而余二條皆予駁斥，但詞氣激烈，殊覺過當。《提要》未究兩造之詞，而遽斥玄恭所拌為未盡善，此論未公。」（《蛾術軒篋存善本書錄》第 1023 頁）

〔八〕【整理與研究】嘉慶中刊大全集五十八卷，商務印書館 1935 年出版《震川先生全集》，彭國忠教授主編《歸有光全集》（上海人民出版社 2015 年版）。

222. 少室山房類稿一百二十卷〔一〕

明胡應麟〔二〕（1551～1602）撰。應麟有《筆叢》，已著錄。

應麟藉王世貞以得名，與李維楨、屠隆、魏允中、趙用賢稱「末五子」。所作《詩藪》類皆附合世貞《藝苑卮言》，後之詆七子者，遂並應麟而斥之〔三〕。考七子之派，肇自正德，而衰於萬曆之季，橫踞海內，百有餘年。其中一二主盟者，雖為天下所攻擊，體無完膚，而其集終不可磨滅。非惟天姿絕異，籠罩諸家，亦由其學問淹通，足以濟其桀驁，故根柢深固，雖敗而不至亡也。末俗承流，空疏不學，不能如王、李剽刻秦漢，乃從而剽刻王、李，黃金白雪，萬口一音，一時依附門牆，假借聲價，亦得號為名士。時移事易，轉瞬為覆瓿之用，固其所矣。應麟雖仰承餘派，沿襲頹波，而記誦淹通，實在隆、萬諸家上，故所作蕪雜之內尚具菁華。錄此一家，亦足以為讀書者勸也。

是編前有王世貞所撰《石羊生傳》〔四〕，稱應麟有寓燕、還越、計偕、岩棲、臥遊、抱膝、三洞、兩都、蘭陰、畸園諸集，凡二十餘卷。朱彝尊《明詩

綜》所載，別有邯鄲、華陽、養屙、婁江、白榆、湖上、青霞等集，而無三洞、畸園之名。蓋應麟在日，諸集皆隨作隨刻，別本單行。世貞、彝尊各據所見，故名有異同。此集為萬曆戊午（1618）金華通判歙縣江湛然所刊〔五〕，乃其合編之本也。〔六〕（《四庫全書總目》卷一百七十二）

【注釋】

〔一〕【書名】四庫本題作《少室山房集》。文淵閣本卷首提要同。

〔二〕【作者研究】王嘉川撰《胡應麟年譜簡編》（上海交通大學出版社 2017 年版）。

〔三〕【史源】錢謙益《列朝詩集小傳》：「著《詩藪》二十卷，自邃古迄昭代，下上揚榷，大抵奉元美《卮言》為律令，而敷衍其說，《卮言》所入則主之，所出則奴之。其大指謂千古之詩，莫盛於有明李、何、李、王四家，四家之中，撈籠千古，總萃百家，則又莫盛於弇州。」（第 447 頁）

〔四〕【史源】詳見四庫本卷首。

〔五〕【版本】另有《續金華叢書》本。

〔六〕【整理與研究】王明輝撰《胡應麟詩學研究》（學苑出版社 2006 年版），呂斌撰《胡應麟文獻學研究》（中國社會科學出版社 2006 年版）。

223. 穀城山館詩集二十卷

明于慎行〔一〕（1545～1607）撰。慎行有《讀史漫錄》，已著錄。

慎行於李攀龍為鄉人，而不沿歷城之學。其《論古樂府》曰：「唐人不為古樂府，是知古樂府也。〔然〕不效其體，而（特）〔時〕假其名，以達所欲言。近世一二名家，至乃逐句形模，以追遺響，則唐人所吐棄矣。」〔二〕其論五言古詩曰：「魏晉之於五言，豈非神化，學之則迂矣。何者？意象空洞，樸而不敢雕；軌塗整嚴，制而不敢騁。少則難變，多則易窮。〔若〕原本性靈，極命物態，洪纖明滅，畢究精蘊，唐詎無五言古詩哉？」〔三〕其生平宗旨可以概見。然其詩典雅和平，自饒清韻，又不似竟陵、公安之學，務反前規，橫開旁徑，逞聰明而傆〔四〕古法，其矯枉而不過直，抑尤難也。〔五〕（《四庫全書總目》卷一百七十二）

【注釋】

〔一〕【作者研究】范知歐撰《于慎行研究》（人民出版社 2017 年版）。按：于慎行，字可遠，更字無垢，山東東阿人。隆慶戊辰（1568）進士。官至禮部尚書。

事蹟具《明史》本傳。著有《穀城山館文集》四十二卷，列入別集類存目，
《四庫全書總目》卷一七九對此評價不高：「此集乃所作雜文也。明中葉以
後，文格日卑。學淺者蹈故守常，才高者破律壞度。慎行之文，雖不涉弔詭
之習，至於精心結構，灝氣流行，終未能與唐順之、王慎中、歸有光等並據
壇坫。故錄其詩集，而文集則附存目焉。」

〔二〕【史源】《穀城山館集》卷一。

〔三〕【史源】《穀城山館集》卷二。今按，「詎」，錢謙益引作「果」。

〔四〕【偭】背；違背。《楚辭·離騷》：「固時俗之工巧兮，偭規矩而改錯。」

〔五〕【評論】錢謙益《列朝詩集小傳》與此條提要議論大致相近：「公於詩文，春
容弘麗，一時推大手筆。其《論古樂府》曰：『唐人不為古樂府，是知古樂府
也。辭聲相雜，既無從辨，音節未會，又難於歌，故不為爾。然不效其體，
而時假其名，以達所欲出，非慕古而託焉者乎。近世一二名家，至乃逐句形
模，以追遺響，則唐人所吐棄矣。余嘗為郊廟鐃歌，可數十首，已而視之，
頗涉兒戲，亦復不自了然，遂焚棄之。取其音節稍近者，仿其一二，謂之本
調，至近體歌行，如唐人所假者，不曰樂府，則詩之而已矣。夫唐人能為而
不為，今人能為而遂為之，予奈何不能為而為也。』其論五言古詩曰：『魏晉
之於五言，豈非神化，學之則迂矣。何者？意象空洞，樸而不敢雕，軌塗整
嚴，制而不敢騁。少則難變，多則易窮。古所謂鸚鵡語，不過數聲爾。原本
性靈，極命物態，洪纖明滅，畢究精蘊。唐果無五言古詩哉？余既知其解矣，
而不能捨魏晉者，取其可以藏拙，且適所便，非能遂似之也。海內賞真之士，
有以吾言為是者，詩雖不觀，可矣。』公生當慶、歷之世，又為歷下之鄉人，
其所論著，皆箴歷下之膏肓，對病而發藥。」（547～548頁）

224. 涇皋藏稿二十二卷〔一〕

　　明顧憲成（1550～1612）撰。憲成有《小心齋札記》，已著錄。

　　明末，東林聲氣傾動四方，君子小人互相搏擊，置君國而爭門戶，馴至
於宗社淪胥，猶蔓延詬爭而未已。《春秋》責備賢者，推原禍本，不能不遺
恨於清流，憲成其始事者也。考憲成與高攀龍，初不過一二人相聚講學，以
砥礪節概為事。迨其後標榜日甚，攀附漸多，遂致流品混淆，上者或不免於
好名，其下者遂至依託門牆，假借羽翼，用以快恩仇而爭進取，非特不得比
於宋之道學，並不得希蹤於漢之黨錮。故論者謂攻東林者多小人，而東林不

必皆君子，亦公評也。足見聚徒立說，其流弊不可勝窮，非儒者闇修之正軌
矣。

　　惟憲成持身端潔，恬於名利，且立朝大節多有可觀。其論說亦頗醇正，
未嘗挾私見以亂是非，尚非後來依草附木者比。故姑錄其集，並論其末流之
失，以示炯戒焉。〔二〕（《四庫全書總目》卷一百七十二）

【注釋】

〔一〕【校勘】卷首提要行文與此稍有不同。

〔二〕【版本】潘景鄭《明本涇皋藏稿》云：「顧端文公《涇皋藏稿》，通行本以曾孫
　　　貞觀所刊《遺書》為最善。此二十二卷本，猶是明刻原本……端文為東林黨
　　　首，砥礪節行，其立朝政績，卓然可觀；至其文章，雖不甚高古，而壹出於
　　　至誠，無粉飾雕琢之病，讀其書凜然若不可犯，浩浩乎正氣，亙天地日月而
　　　不變者矣。《提要》以《春秋》責備賢者，推原禍本，不能不遺恨於清流，而
　　　歸咎始事於公。愚謂公所撻伐，權閹誤國者也。抉恩讎而爭進取者，雖依託
　　　門牆，而非公所與附者也。謂東林之招禍則可，謂公之始禍，是非正論耳。」
　　　（《著硯樓讀書記》第508頁）今按，曾孫貞觀刊《顧端文公遺書》凡三十七
　　　卷，儒家類存目二有提要云：「首即《小心齋札記》十八卷，次《證性編》六
　　　卷，次《東林會約》一卷，次《東林商語》二卷，次《虞山商語》三卷，次
　　　《經正堂商語》一卷，次《志矩堂商語》一卷，次《仁文商語》一卷，次《南
　　　嶽商語》一卷，次《當下繹》一卷，次《還經錄》一卷，次《自反錄》一卷。
　　　末附《年譜》四卷，則其孫樞所編，而貞觀訂補者。外別有《以俟錄》《涇皋
　　　藏稿》《大學重訂》《大學質言》《大學通考》五書，在初刻十種內者，與未刻
　　　之《桑梓錄》，皆不列於是編，以卷帙頗繁尚待續刻故也。」（《四庫全書總目》
　　　卷九十六）

225. 小辨齋偶存八卷附事定錄三卷

　　明顧允成（1554～1607）撰。允成字季時，無錫人，憲成弟也。萬曆丙戌（1586）
進士。官禮部主事，謫光州（今河南光山）州判。事蹟具《明史》本傳。

　　允成於癸未（1583）舉會試，丙戌（1586）始殿試，以對策攻嬖幸，抑置末
第。今集中以是篇為冠。次為救海瑞疏〔一〕，次為爭三王並封疏〔二〕，次為代
翟從先論救李材〔三〕及《擬上惟此四字編》二疏。思孝作允成墓誌，稱其以
論救趙南星謫官，而集無此疏，疑傳寫佚也。次札記，次說義，則允成自光州

歸田後，與憲成講學東林所作。次為書簡、雜文，次為《吾與吟》，則所作詩，凡七十首。末附《事定錄》三卷〔四〕，為沉思孝所為墓誌銘、高存之所為行狀及憲成所為行述。

允成文皆論詩講學之語，書簡居十之九，直抒胸臆，不事修飾。詩為《擊壤集》派，亦不入格〔五〕。然大節凜然，其對策奏疏，皆真氣流溢，發於忠愛之誠，其不朽千古者，固在此不在彼也。（《四庫全書總目》卷一百七十二）

【注釋】

〔一〕【懇除邪險疏】臣往者見南直隸提學御史房寰本，論右都御史海瑞大奸極惡，欺世盜名，侮聖自賢，損君辱國，姍笑戲罵，無所不至。雖然辭可文也，難掩其實；人可欺也，難枉其天。瑞之口可掩，而天下人之口不可盡掩也。當其時，朝野聞之，無不切齒抱憤。臣等欲請尚方之劍久矣。未幾，陛下因吏部之覆留瑞供職，臣等謂皇上之明如此，寰之獨無人心如彼，亦必終有悔悟之時，猶可少緩其罪，乃寰不知皇上優容之過也，近乃論瑞如前。臣等見之，益不勝駭愕，不意人間有不識廉恥二字如寰者。臣等義不甘與寰同朝，敢先為陛下別白瑞及寰人品之概，而後正寰一一欺罔之罪。（下略）（《小辨齋偶存》卷二）

〔二〕【恭請冊立皇太子疏】見《小辨齋偶存》卷二。

〔三〕【為李見羅中丞訟冤疏】代翟從先作，見《小辨齋偶存》卷二。

〔四〕【考證】《事定錄》三卷，四庫本無。此書有八千卷樓抄本，不知是否收入《事定錄》，待考。

〔五〕【詩為《擊壤集》派】如《只對青山不著書》：「只對青山不著書，鳶飛魚躍見天機。嗒然隱几吾忘我，夢覺人間是與非。」又如《酒色財氣四吟》：「酒不迷人人自迷，一巵一巵復一巵。可憐麴蘗消人志，病多休道藥難醫。」「色不迷人人自迷，朝雲暮雨狐綏綏。形神暗逐蛾眉耗，病多休道藥難醫。」「財不迷人人自迷，錙銖計較遺阿誰。床頭金肥貌日瘦，病多休道藥難醫。」「氣不迷人人自迷，焚如炎火馭莫追。一朝之忿忘其身，病多休道藥難醫。」

226. 高子遺書十二卷附錄一卷

明高攀龍〔一〕（1562～1626）撰。攀龍有《周易易簡說》，已著錄。

攀龍出趙南星之門，淵源有自。其學以格物為先，兼取朱、陸兩家之長，操履篤實，粹然一出於正。初自輯其語錄、文章為《就正錄》，後其門人嘉善

陳龍正編為此集〔二〕。凡分十二類：一曰語，二曰札記，三曰經說辨贊，四曰備儀，五曰語錄，六曰詩，七曰疏揭問，八曰書，九曰序，十曰碑傳記譜訓，十一曰誌表狀祭文，十二曰題跋雜書。附錄誌狀、年譜一卷。

其講學之語，類多切近篤實，闡發周密。詩意沖澹，文格清遒，亦均無明末纖詭之習，蓋攀龍雖亦聚徒講學，不免漸染於風尚。然嚴氣正性，卓然自立，實非標榜門戶之流。故立朝大節，不愧古人，發為文章，亦不事詞藻，而品格自高，此真之所以異與偽歟？（《四庫全書總目》卷一百七十二）

【注釋】

〔一〕【作者研究】步近智、張安奇撰《顧憲成・高攀龍評傳》（南京大學出版社 1998
　　　年版），周熾成撰《復性收攝：高攀龍思想研究》（人民出版社 2007 年版）。
　　　按：高攀龍，字雲從，江蘇無錫人。事蹟具《明史》本傳。

〔二〕【版本】此本出於崇禎間陳龍正刊本，另外還有康熙、同治、光緒刊本。

227. 馮少墟集二十二卷

明馮從吾〔一〕（1557～1627）撰。從吾有《元儒考略》，已著錄。

其集初刻止於萬曆壬子（1612）。此本乃其次子嘉年益以癸丑（1613）以後至天啟辛酉（1621）作，類序重刻。自卷一至卷十二皆語錄，卷十三至卷十八皆詩文，卷十九至卷二十為族譜家乘，卷二十一至卷二十二為關學編，蓋生平著作匯於此集。

其中講學之作主於明理，論事之作主於達意，不復以辭采為工。然有物之言，篤實切明，雖字句間涉俚俗，固不以荒陋譏也。

惟其與朱童蒙爭論首善書院講學一疏，稱：「宋之不競，以禁講學故，非以講學故也。先臣守仁，當兵事倥傯，不廢講學，卒成大功，此臣之所以不恤毀譽而為此也。」又郭允厚、郭興治等劾鄒元標〔二〕，從吾又上疏力爭，稱：「京師講學，昔已有之（云云）。」其說頗為固執。夫士大夫自甲科通籍，於聖賢大義不患不知，顧實踐何如耳，不在乎聚而講也。維古極盛之治，有皋、夔、稷、契，亦越小康之世，有房、杜、王、魏、韓、范、富、歐陽，亦何嘗招百司執事，環坐而談心性哉！無故而舍其職司，呼朋引類。使其中為君子者，授人以攻擊之間。為小人者，藉此為攀附之途。黨禍之興未必非賢者開門而揖盜也。

至於謂宋之不競由禁講學，尤為牽合。考宋之黨禁始於寧宗慶元二年（1196）八月，弛於嘉泰二年（1202）二月，中間不過六七年耳。至於寶慶以後，周、程、張、邵並從祀孔子廟庭，紫陽、東萊之流並邀褒贈。理宗得謚為「理」，實由於是。蓋道學大盛者四五十年，而宋乃亡焉。史傳具存，可以覆案，安得以德祐之禍歸咎於慶元之禁乎！從吾初為御史，拒絕閹人，劾罷胡汝寧，禁大計苟且，又上疏諫神宗不親政事，幾遘危禍。後廷議三案，亦持正不阿，卓然不愧為名臣。惟此兩疏，意雖善而未計其流弊，故附糾其失，俾來者無惑焉。〔三〕（《四庫全書總目》卷一百七十二）

【注釋】

〔一〕【作者研究】何睿潔撰《馮從吾評傳》（西北大學出版社 2015 年版）。按：馮從吾，字仲好，長安人。事蹟具《明史》卷二四三。

〔二〕【鄒元標】元標字爾瞻，號南皋，吉水人。萬曆丁丑進士。官至左都御史，謚忠介。事蹟具《明史》本傳。撰有《鄒南皋語義合編》《願學集》等。

〔三〕【整理與研究】劉學智、孫學功點校整理《馮從吾集》（西北大學出版社 2015 年版）。此次點校《正集》以光緒本為底本，以天啟本為校本，同時參校萬曆丁巳浙江本、四庫本、康熙本等其他各本。

228. 劉蕺山集十七卷

明劉宗周〔一〕（1578～1645）撰。宗周有《周易古文抄》，已著錄。

講學之風，至明季而極盛，亦至明季而極弊。姚江一派，自王畿傳周汝登，汝登傳陶望齡、陶奭齡，無不提唱禪機，恣為高論。奭、齡至以因果立說，全失儒家之本旨。宗周雖源出良知，而能以慎獨為宗，以敦行為本，臨沒猶以誠敬誨弟子。其學問特為篤實。東林一派始以務為名高，繼乃釀成朋黨，小人君子，雜糅難分，門戶之禍，延及朝廷，馴至於宗社淪亡，勢猶未已。

宗周雖亦周旋其間，而持躬剛正，憂國如家，不染植黨爭雄之習。立朝之日雖少所陳奏，如除詔獄，汰新餉，招無罪之流亡，恩義拊循以收天下泮渙之人心，還內廷掃除之職，正懦帥失律之誅，諸疏皆切中當時利弊。一阨於魏忠賢，再阨於溫體仁，終阨於馬士英，而薑桂之性介然不改，卒以首陽一餓，日月爭光。在有明末葉，可稱皦皦〔二〕完人，非依草附木之流所可同日語矣。

是集為乾隆壬申（1752）副都御史雷鋐所刊，冠以《人譜》《學言》諸書〔三〕。至第八卷乃為奏疏。然諸書本自別行，且宗周所著亦不止於此。摘錄數種，殊為掛漏。今並刪除，惟以奏疏以下十七卷勒為一編，而他書則仍別著錄焉。〔四〕（《四庫全書總目》卷一百七十二）

【注釋】

〔一〕【作者研究】東方朔教授撰《劉蕺山哲學研究》（上海人民出版社 1997 年版）、《劉宗周評傳》（南京大學出版社 1998 年版），黃錫雲、傅振照合撰《劉宗周研究》（中華書局 2013 年版），余群撰《劉宗周思想究》（上海人民出版社 2020 年版）。

〔二〕【皦皦】光明貌。

〔三〕【版本】道光間蕭山刊本四十卷，題《劉子遺書》。

〔四〕【整理與研究】吳光主編《劉宗周全集》（浙江古籍出版社 2007 年版）。

229. 梅村集四十卷

國朝吳偉業〔一〕（1609～1672）撰。偉業有《綏寇紀略》〔二〕，已著錄。

此集凡詩十八卷，詩餘二卷，文二十卷〔三〕。其少作大抵才華豔發，吐納風流，有藻思綺合、精麗芊眠〔四〕之致。及乎遭逢喪亂，閱歷興亡，激楚蒼涼，風骨彌為遒上。暮年蕭瑟，論者以庾信方之。其中歌行一體，尤所擅長。格律本乎四傑，而情韻為深；敘述類乎香山，而風華為勝。韻協宮商，感均頑豔，一時尤稱絕調。〔五〕其流播詞林，仰邀睿賞〔六〕，非偶然也。至於以其餘技度曲倚聲，亦復接跡屯田，嗣音淮海。王士禎詩稱「白髮填詞吳祭酒」，亦非虛美。惟古文每參以儷偶，既異齊、梁，又非唐、宋，殊乖正格。黃宗羲嘗稱：「《梅村集》中張南垣、柳敬亭二傳，張言其藝而合於道，柳言其參寧南軍事，比之魯仲連之排難解紛，此等處皆失輕重，為倒卻文章家架子。」其糾彈頗當。蓋詞人之作散文，猶道學之作韻語，雖強為學步，本質終存也。然少陵詩冠千古，而無韻之文，率不可讀。人各有能有不能，固不必一一求全矣。〔七〕（《四庫全書總目》卷一百七十三）

【注釋】

〔一〕【作者研究】顧師軾、鈴木虎雄、馬導源均編有梅村年譜。馮其庸、葉君遠等撰《吳梅村年譜》（文化藝術出版社 2007 年版）。葉君遠撰《清代詩壇第一

家：吳梅村研究》（中華書局 2002 年版）。王振羽撰《梅村遺恨：詩人吳偉業傳》（江蘇教育出版社 2006 年版）。

〔二〕【綏寇紀略】國朝吳偉業撰。偉業字駿公，號梅村，太倉人。崇禎辛未進士，授翰林院編修。入國朝，官至國子監祭酒。是編專紀崇禎時流寇，迄於明亡。分為十二篇：曰《澠池渡》、曰《車箱困》、曰《真寧恨》、曰《朱陽潰》、曰《黑水擒》、曰《穀城變》、曰《開縣敗》、曰《汴渠墊》、曰《通城擊》、曰《鹽亭誅》、曰《九江哀》、曰《虞淵沈》。每篇後加以論斷。其《虞淵沈》一篇，皆記明末災異，與篇名不相應。考朱彝尊《曝書亭集》有此書跋云：「梅村以順治壬辰舍館嘉興之萬壽宮，輯《綏寇紀略》。久之，其鄉人發雕。是編僅十二卷而止，《虞淵沈》中下二卷未付棗木傳刻。《明史》開局，求天下野史，盡上史館，於是先生是本出。予鈔入《百六叢書》。歸田之後，為友人借失云云。」意者明末降闖勸進諸臣，子孫尚存，故當時諱而不出歟？此本為康熙甲寅鄒式金所刻，在未開史局之前。故亦闕《虞淵沈》中下二卷。而彝尊所輯《百六叢書》為人借失者，雖稱後十八年從吳興書賈購得，今亦不可復見。此二卷遂佚之矣。彝尊又稱「其書以三字標題，仿蘇鶚《杜陽雜編》、何光遠《鑑戒錄》之例。」考文章全以三字標題，始於繆襲魏鐃歌詞，鶚、光遠遂沿以著書。偉業敘述時事，乃用此例，頗不免小說纖仄之體。其迴護楊嗣昌、左良玉，亦涉恩怨之私，未為公論。然記事尚頗近實。彝尊所謂「聞之於朝，雖不及見者之確切，而終勝草野傳聞，可資國史之采輯」，亦公論也。（《四庫全書總目》卷四十九）

〔三〕【版本】潘景鄭《吳梅村詩集程箋稿本》云：「梅村韻文典麗，允推一代詞宗。遺集初刊為詩文四十卷；又有《家藏稿》五十八卷，經武進董氏精寫刊行，較初刊本為善，涵芬樓即據以景印入《四部叢刊》者。」（《著硯樓讀書記》第 526 頁）

〔四〕【芊眠】光色盛貌，亦喻文采華美。《文選·陸機文賦》：「或藻思綺合，清麗芊眠。」李善注：「芊眠，光色盛貌。」

〔五〕【引用】民國時期的各類文學史如謝无量《中國的文學史》、李維《詩史》、劉大杰《中國文學發展史》等大都引用此段黑體評語。

〔六〕【乾隆御題梅村集】梅村一卷足風流，往復披尋未肯休。秋水精神香雪句，西崑幽思杜陵愁。裁成蜀錦應慚麗，細比春蠶好更抽。寒夜短檠相對處，幾多詩興為君收。

〔七〕【整理與研究】吳翌風撰《吳梅村先生編年詩集》（世界書局 1936 年版），裴
　　　世俊撰《吳梅村詩歌創作探析》（寧夏人民出版社 1994 年版），《吳梅村全集》
　　　（上海古籍出版社 1999 年版）。

230. 學餘堂文集二十八卷詩集五十卷外集二卷

　　國朝施閏章〔一〕（1619～1683）撰。閏章有《矩齋雜記》，已著錄。

　　王士禎選《感舊》《山木》二集，所錄閏章詩最多，又取其五言近體八十
二聯，為摘句圖，見所撰《池北偶談》中。閏章嘗語士禎門人洪昇曰：「爾師
詩如華嚴樓閣，彈指即見；吾詩如作室者，瓴甓木石，一一就平地築起。」士
禎亦記於《居易錄》〔二〕。

　　平心而論，士禎詩自然高妙，固非閏章所及，而末學沿其餘波，多成虛
響。以講學譬之，王所造如陸，施所造如朱。陸天分獨高，自能超悟，非拘守
繩墨者所及。朱則篤實操修，由積學而漸進。然陸學惟陸能為之，楊簡以下
一傳而為禪矣。朱學數傳以後，尚有典型，則虛悟、實修之別也。閏章所論或
亦微有所諷，寓規於頌歟？

　　其《蠖齋詩話》有曰：「山谷言，近世少年，不肯深治經史，徒取給於
詩，故致遠則泥。此最為詩人針砭。詩如其人，不可不慎。浮華者浪子，叫
號者粗人，窘瘠者淺，癡肥者俗。風雲月露，鋪張滿眼，識者見之，直一葉
空紙耳。故曰君子以言有物。」觀其持論，其宗旨可見矣。古文亦摹仿歐、
曾，不失矩度，然視其詩品則少亞。魏禧為作集序，乃置其詩而盛許其文〔三〕，
非篤論也。

　　外集二卷，一為《硯林拾遺》，乃奉使廣東時記所見端溪石品；一為《試
院冰淵》，則歷年典試序文及條約。今附存之。又有別集四卷，其二卷為《蠖
齋詩話》〔四〕，二卷為《矩齋雜記》〔五〕。《詩話》別擇未精，瑕瑜參半。《雜記》
頗涉神怪，尤為小說家言。今析出別存其目，茲不具錄焉。（《四庫全書總目》卷
一百七十三）

【注釋】

〔一〕【施閏章】字尚白，號愚山，安徽宣城人。施念曾撰《施愚山先生年譜》四
　　　卷，對其詩文作了編年。楊向奎先生編有《施閏章愚山學案》（詳見《清儒學
　　　案新編》第三卷第 340～384 頁）。

〔二〕【史源】《漁洋詩話》卷中。今按，瓴甓，即磚塊。

〔三〕【魏禧序】士大夫之能詩古文者，數百年以來，於今為盛。予最愛吳門汪戶部、宣城施愚山先生之文。其他卓犖奇偉，指不勝屈，今天下文患才多，二家獨劃除一切浮腐之言，而左規右矩，與古人不失尺寸，此其所以難能也。歲己未，施先生自京師以書來，郵其詩及傳記諸作，屬予論定而序之……然先生文意樸氣靜，初讀之，若未嘗有所驚動於人，細尋繹之，則意味深長，詳復而不厭，文章瓌偉之士，退然不敢踐其藩籬，間為議論，若不得已而出，而終不欲馳騁張皇，自傷其體法。蓋才多之文，先生非不能為，而不為之，而未嘗不可以想見其才，此則愚山氏之文，而非他人之為文者也。先生詩，古節雅音，得風人之性情，海內士久服習而論定之，無待予不知言者之揚厲已。

〔四〕【蠖齋詩話】國朝施閏章撰。是編乃所著詩話也。閏章詩深婉蘊藉，世推作手，而詩話乃多可議。如顏真卿判楊志堅妻，全翶嫁韋應物女，李紳題放生池，胡釘鉸感夢能詩，廖有方葬胡秀珺，韓愈、孟郊友善，韓愈等獎進後輩，淳化中老妓詩，老嫗改薩天錫詩，石介慶曆盛德頌，艮嶽詩讖，李後主題金樓子，劉長卿題詩不署姓，凡一十三條，皆直錄舊文，以為己語，殊不可解。至《劉貢父語話》稱李商隱所詠《錦瑟》乃令狐楚青衣之名，說至無稽，而閏章取之。「松際露微月，清光猶為君」，乃常建《宿王昌齡隱居》詩，而誤作王維《灞橋》。無名氏法帖二詩，下題「閒閒」二字，其為金趙秉文作無疑，而以為唐人，亦多失考。殆偶然札記，不甚經意之作耶？（《四庫全書總目》卷一百九十七）

〔五〕【矩齋雜記】國朝施閏章撰。是書多記見聞雜事，兼涉神怪。舊載閏章《外集》中，蓋《河東集》後附《龍城錄》之例。然終為不類，今析出別著錄焉。（《四庫全書總目》卷一百四十四）

231. **精華錄十卷**

國朝王士禛〔一〕（1634～1711）撰。士禛有《古歡錄》，已著錄。

其志初刻有《落箋堂集》，皆少作也。又有《阮亭詩》及《過江》《入吳》《白門》前後諸集，後刪並為《漁洋前集》，而諸集皆佚。嗣有《漁洋續集》《蠶尾集》《續集》《後集》《南海集》《雍益集》諸刻。是編又刪掇諸集合為一帙。相傳士禛所手定。其子啟汧跋語，稱「門人曹禾、盛符升，仿任淵《山谷精華錄》之例，抄為此錄」者，蓋託詞也。

士禛談詩，大抵源出嚴羽，以神韻為宗。其在揚州作《論詩絕句》三十〔二〕首，前（二十八）〔三十〕首皆品藻古人，末二首為士禛自述〔二〕。其一曰：「曾聽巴渝里社詞，三閭哀怨此中遺。詩情合在空舲峽，冷雁哀猿和竹枝。」平生大指具在是矣。當康熙中，其聲望奔走天下，凡刊刻詩集，無不稱漁洋山人評點者，無不冠以漁洋山人序者。下至委巷小說，如《聊齋誌異》之類，士禛偶批數語於行間，亦大書王阮亭先生鑒定一行，弁於卷首，刊諸梨棗以為榮。惟吳橋竊目為「清秀李于鱗」（見《談龍錄》）〔三〕，汪琬亦戒人勿效其喜用僻事新字（見士禛自作《居易錄》），而趙執信作《談龍錄》排詆尤甚。〔四〕

平心而論，當我朝開國之初，人皆厭明代王、李之膚廓，鍾、譚之纖仄，於是談詩者競尚宋、元。既而宋詩質直，流為有韻之語錄；元詩縟豔，流為對句之小詞。於是士禛等以清新俊逸之才，范水模山，批風抹月，倡天下以「不著一字，盡得風流」之說，天下遂翕然應之。然所稱者盛唐，而古體惟宗王、孟，上及於謝朓而止，較以《十九首》之「驚心動魄，一字千金」，則有天工、人巧之分矣。近體多近錢、郎，上及乎李頎而止，律以杜甫之忠厚纏綿，沉鬱頓挫，則有浮聲切響之異矣。故國朝之有士禛，亦如宋有蘇軾，元有虞集，明有高啟。而尊之者必躋諸古人之上〔五〕，激而反唇，異論遂漸生焉。此傳其說者之過，非士禛之過也。是錄具存，其造詣淺深，可以覆案，一切黨同伐異之見，置之不議可矣。〔六〕（《四庫全書總目》卷一百七十三）

【注釋】

〔一〕【作者研究】王士禛自編《漁洋山人自撰年譜》二卷，金榮編《漁洋山人年譜》（《漁洋山人精華錄箋注》附錄），伊丕聰撰《王漁洋先生年譜》（山東大學出版社 1989 年版），孫言誠點校《王士禛年譜》（中華書局 1992 年版），蔣寅撰《王漁洋事蹟徵略》（人民文學出版社 2001 年版），裴世俊《王士禛傳論》（中國戲劇出版社 2001 年版），李長征撰《神韻秋柳：王士禛傳》（作家出版社 2010 年版）。孔繁信等編《王漁洋研究論集》（山東文藝出版社 1991 年版）。

〔二〕【史源】《精華錄》卷五《戲仿元遺山論詩絕句三十二首》。

〔三〕【史源】《談龍錄》：小謝有《消夏錄》，其自敘頗詆阮翁，阮翁深恨之。然小謝特長於機辨，不說學，其持論彷彿金若採耳，不足為阮翁病，然則阮翁奚為恨之？曰：阮翁素狹修齡，亦目之為清秀李于鱗，阮翁未之知也。

〔四〕【趙執信《談龍錄》自序】余幼在家塾，竊慕為詩，而無從得指授。弱冠入京師，聞先達名公緒論，心怦怦焉，每有所不能愜。既而得常熟馮定遠先生遺書，心愛好之，學之不復至於他人。新城王阮亭司寇，余妻黨舅氏也，方以詩震動天下，天下士莫不趨風，余獨不執弟子之禮。聞古詩別有律調，往請問，司寇靳焉。余宛轉竊得之，司寇大驚異，更睹所為詩，遂厚相知賞，為之延譽。然余終不背馮氏，且以其學繩人，人多不堪，間亦與司寇有同異。既家居，久之，或構諸司寇，浸見疏薄。司寇名位日盛，其後進門下士若族子侄有藉予為詬者，以京師日亡友之言為口實。余自惟三十年來，以疏直招尤，固也，不足與辨。然厚誣亡友，又慮流傳過當，或致為師門之辱。私計半生知見，頗與師說相發明。向也匿情避謗，不敢出，今則可矣，乃為是錄，以所藉口者冠諸篇，且以名焉。

今按，此序作於康熙四十八年（1709）。

〔五〕【評論】江陰門人曹禾為撰《漁洋續集》序，反駁對漁洋學宋的批評。略曰：「俗學不知擬議，安知變化？抱殘守缺，挾恐見破之私意……紛紛籍籍，詆曰學宋。不知先生之學非一代之學，先生之詩非一代之詩，其學何所不貫，其詩亦何所不有，彼蚍蜉之撼大樹，亦笑其不自量而已矣。」（蔣寅《王漁洋事蹟徵略》第 269 頁）歙縣門人汪洪度於鼎寄書曰：「生少從諸遺老遊，竊聞其緒論，以為詩之以仙稱者，古今得四人焉，曰陳思（曹植），曰青蓮（李白），曰眉山（蘇軾），曰新城（王士禛）。」（《居易錄》卷二十三）

〔六〕【整理與研究】《王士禛全集》（齊魯書社 2007 年版）。按《纂修四庫全書檔案》載：「臣等查王士正集內有《贈一靈道人》絕句一首，查一靈道人即係屈大均……其詩均不應存，應行挖改抽換，以昭畫一。」（第 2067 頁）

232. 堯峰文抄五十卷

國朝汪琬（1624～1691）撰。琬字苕文，號鈍翁，晚居堯峰，因以自號，長洲（今江蘇蘇州）人。順治乙未（1655）進士。由戶部主事升刑部郎中，降補北城兵馬司指揮，再升戶部主事。康熙己未（1679）如試博學鴻詞，授翰林院編修。〔一〕

初，琬自裒其文為《鈍翁類稿》六十二卷，《續稿》五十六卷，晚年又手自刪汰，定為此編。其門人侯官林佶為手寫而刊之。〔二〕

古文一脈，自明代膚濫於七子，纖佻於三袁，至啟、禎而極敝。國初風氣還淳，一時學者，始復講唐宋以來之矩矱，而琬與寧都魏禧、商邱侯方域稱為最工，宋犖嘗合刻其文以行世。然禧才雜縱橫，未歸於純粹。方域體兼華藻，稍涉於浮誇。惟琬學術既深，軌轍復正。其言大抵原本「六經」，與二家迥別，其氣體浩瀚，疏通暢達，頗近南宋諸家，蹊徑亦略不同。盧陵、南豐固未易言，要之，接跡唐、歸，無愧色也。〔三〕

琬性狷急，動見人過，交遊罕善其終者。又好詆訶，見文章必摘其瑕類，故恒不滿人，亦恒不滿於人。與王士禎為同年，後舉博學鴻詞時，乃與士禎相忤。其詩有「區區誓墓心，豈為一懷祖」句，以王述比士禎。士禎載之於《居易錄》中〔四〕。又與閻若璩議禮相訐，若璩載之《潛丘札記》中〔五〕，皆為世口實。然從來勢相軋者，必其力相敵。不相敵，則弱者不敢，強者不屑，不至於互相排擊，否則必有先敗者，亦不能久相支拄。士禎詞章名一世，不與他人角，而所與角者惟趙執信及琬。若璩博洽亦名一世，不與他人角，而所與角者惟顧炎武及琬，則琬之文章學問，可略見矣。〔六〕（《四庫全書總目》卷一百七十三）

【注釋】

〔一〕【作者研究】清汪筠編《鈍翁年譜》（見《鈍翁前後類稿》附錄）。來新夏先生認為：「全譜體制不整，似為一未完稿。」因此，此譜須改作或增補。

〔二〕【版本】林佶寫刊，密行尤精善。近有《四部叢刊》本。（《簡目標注》第864頁）

〔三〕【評論】《陸隴其年譜》：「先生謂其（魏禧）文確成一家，言直可與歐、蘇相上下。」「閱《鈍翁類稿》。先生謂其文規模韓、歐，自負不淺，然亦不脫文人習氣。其經解亦淺，惟講三禮者最精確，蓋其得力處也。又推重震川，自以為接其派，殆亦得之。」

〔四〕【史源】《居易錄》卷一：「吳中高士謝山靈，共指文星傍帝庭。今夜堯峰高處望，不知何處少微星（苕文偶言文星甚明）。」苕文見之，遂大怒，答以四詩，有：「車服倘緣稽古力，便應飛札報諸生。太史錯占天上象，歲星元異少微星。從此不稱前進士，故人親授隱君銜（云云）。」又有詩云：「區區誓墓心，豈因一懷祖。」為予發也。予刻續稿久，刪前詩，適見鈍翁續集，具載見答諸作，憶前事，乃錄而存之，以識予過，且示子孫以戲謔為戒云。

今按，唐人進士及第後尚未授官稱為「前進士」，還要參加吏部「博學宏
詞」或「拔萃」的考選，取中後才授予官職。

〔五〕【史源】《潛丘劄記》卷四：汪氏琬臨歿，刪其稿為《堯峰文抄》，戴晟西洮購
以示我，讀之，頗有幽冥之中負此良友之感，蓋為余所駁正者，悉刊以從我，
有駁正而未及聞於彼者，承訛仍故，將來恐疑誤後生不小。一為喪服或問一
條，一為答或人論祥禫第二書是也。

〔六〕【整理與研究】李聖華撰《汪琬全集箋校》（人民文學出版社 2010 年版）。

233. 曝書亭集八十卷附錄一卷

國朝朱彝尊（1629～1709）撰。彝尊有《日下舊聞》，已著錄。

此集凡賦一卷，詩二十二卷，皆編年為次，始於順治乙酉（1645），迄於康
熙己丑（1709），凡六十五年之作，其紀年皆用《爾雅》歲陽、歲陰之名，從古
例也。詞七卷，曰《江湖載酒集》，曰《茶煙閣體物集》，曰《蕃錦集》。雜文
五十卷，分二十六體。附錄《葉兒樂府》一卷，則所作小令也〔一〕。

彝尊未入翰林時，嘗編其行稿為《竹垞文類》。王士禎為作序，極稱其《永
嘉詩》中《南亭西射堂》《孤嶼》《瞿溪》諸篇。然是時僅規橅王、孟，未盡所
長。至其中歲以還，則學問愈博，風骨愈壯，長篇險韻，出奇無窮。趙執信
《談龍錄》論國朝之詩，以彝尊及王士禎為大家，謂王之才高而學足以副之，
朱之學博而才足以運之。及論其失，則曰：「朱貪多，王愛好。」〔二〕亦公論
也。惟暮年老筆縱橫，天真爛漫，惟意所造，頗乏翦裁。然晚景頹唐，杜陵不
免，亦不能苛論彝尊矣。至所作古文，率皆淵雅，良由茹涵既富，故根柢盤
深。其題跋諸作，訂訛辨異。本本元元，實跨黃伯思、樓鑰之上。蓋以詩而
論，與王士禎分途各騖，未定孰先。以文而論，則《漁洋文略》固不免瞠乎後
耳。惟原本有《風懷二百韻》詩及《靜志居琴趣〔三〕》長短句，皆流宕豔冶，
不止陶潛之賦《閒情》。夫綺語難除，詞人常態。然韓偓〔四〕《香奩集》別有
篇帙，不入《內翰集》中，良以文章各有體裁，編錄亦各有義例。溷而一之，
則自穢其書。今並刊除，庶不乖風雅之正焉。〔五〕（《四庫全書總目》卷一百七十三）

【注釋】

〔一〕【醉太平】野狐涎笑口，蜜蜂尾甜頭。人生何苦鬥機謀，得抽身便抽。散文
章，敵不過時髦手。鈍舌根，念不出摩登咒。窮骨相，封不到富民候。老先
生去休。

〔二〕【朱貪多王愛好】《談龍錄》：「余門人桐城方扶南（世舉）嘗問曰：『阮翁其
大家乎？』曰：『然。』『孰匹之？』余曰：『其朱竹垞乎！王才美於朱，而學
足以濟之；朱學博於王，而才足以舉之。是真敵國矣。他人高自位置，強顏
耳。』曰：『然則兩先生殆無可議乎？』余曰：『朱貪多，王愛好。』」

〔三〕【琴趣】詞的別名。詞原可配樂歌唱，其音動聽，故有此雅稱。曰「某某詞」
者，亦可稱之為「某某琴趣」。歐陽修詞集名《醉翁琴趣》，黃庭堅詞集名《山
谷琴趣》，晁無咎詞集曰《晁氏琴趣》。《靜志居琴趣》即朱彝尊的詞集名。今
按，宋本《山谷琴趣外篇》，有《四部叢刊三編》本。

〔四〕【韓偓】（842 或 844～約 923），字致堯，自號玉樵山人。唐京兆萬年（今陝
西西安）人。原集已佚，後人輯有《玉樵山人集》。

〔五〕【整理與研究】王欣夫輯有《曝書亭集外文》一卷（見《蛾術軒篋存善本書
錄》第 1373～1375 頁）。朱則傑教授撰《朱彝尊研究》（浙江古籍出版社 1993
年版），張宗友撰《朱彝尊年譜》（鳳凰出版社 2014 年版），《曝書亭全集》
（吉林文史出版社 2009 年版）。

234. 愚庵小集十卷〔一〕

國朝朱鶴齡（1606～1683）撰。鶴齡有《尚書埤傳》，已著錄。

此集凡賦一卷，諸體詩五卷，雜著文九卷，末附「傳家質言」十三則〔二〕。
鶴齡始專力於詞賦，自顧炎武勖以本原之學，始研思經義，於漢唐注疏皆能
爬梳抉摘，獨出心裁。故所作文章亦悉能典雅醇實，不蹈剽竊摹擬之習。其
邶、鄘、衛三國，《禹貢》三江、震澤、太湖、嶓冢、漢源諸辨，多有裨於考
證。嘗箋注杜甫、李商隱詩集，故所作韻語頗出入二家之間，而寄興清遠，能
不自掩其神韻。

與錢謙益為同郡，初亦以其詞場宿老，頗與倡酬。既而見其首鼠兩端，
居心反覆，薄其為人，遂與之絕。所作《〔書〕元裕之集後》一篇稱：「裕之舉
金進士，歷官左司員外郎。及金亡不仕，隱居秀容，詩文無一語指斥者。裕之
於元既足踐其土，口茹其毛，即無反噬之理，非獨免咎，亦誼當然。乃今之訕
辭詆語，曾不少避，若欲掩其失身之事，以誑國人者，非徒誖也，其愚亦甚
（云云）。」其言蓋隱指謙益輩而發，尤可謂能知大義者矣。〔三〕（《四庫全書總目》
卷一百七十三）

【注釋】

〔一〕【考證】《清人詩文集總目提要》第 55 頁作十五卷，康熙十年（1671）刻本。

〔二〕【史料】《愚庵小集》卷十三：「魏凝叔曰：『陽明之學，與考亭誠有異同，然皆原本於尊德性道問學之旨，後儒當從異處證其同處。必掊擊陽明以伸考亭，則過矣。且考亭之教，如日中天，何待詆陽明始伸之耶？』讀此作，實獲我心。」

《愚庵小集·附錄傳家質言》：「余平生著述，經學居多，以朱子掊擊《小序》太過，乃集諸家說，疏通序義，為《毛詩古義》（闕）卷。以蔡氏釋《書》未精，撰《尚書埤傳》十五卷，又補二卷。以胡氏傳《春秋》多偏見鑿說，乃合唐、宋以來諸儒之解，撰《春秋集說》二十二卷。又以杜氏注《左傳》未盡合，俗儒又以林注亂之，撰《讀左日抄》十二卷，又補二卷。《易》理至宋儒始明，然《左傳》《國語》所載占法皆言象也，《本義》精矣，而多未備，乃主《注疏》程《傳》，兼通象學，博引諸家，名《周易廣義》。未幾，得脾疾，書遂不成，僅成《廣義略》四卷。又以《禮記》注從無善本，徐魯庵集注稍勝，陳匯澤《集說》惜撥遺注疏，終非古學，又中間考訂多疏，欲主黃東發《日抄》體，更取衛湜《集解》諸書，以及《大全》諸說，廣為編輯，非數年不成，而群書未具，又兩目昏眵，不能執簡，姑俟之後賢而已。」

〔三〕【史源】《纂修四庫全書檔案》載：「朱鶴齡《愚庵小集》，紀昀所指《書元裕之集後》一篇，意在痛詆錢謙益，持論未為失當。誠如聖諭，若於推許錢謙益者既經飭禁，而於詆訾錢謙益者復事苛求，未為允協。惟朱鶴齡未與錢謙益絕交之先，往來詩文，有《贈某先生詩》等作，又《箋注李義山詩注序》內紅豆莊主人皆指錢謙益，應一律刪削。其全集仍應擬存。」（第 2066 頁）今按，《皇朝文獻通考》卷二百三十一：「至與錢謙益同郡，而薄其為人，集中不惟無一語及之，且於所作《元裕之集後》一篇，借裕之以責謙益，尤能持守大義，可謂錚錚矯矯者已。」與《四庫全書總目》如出一轍。

235. 西河文集一百七十九卷

國朝毛奇齡（1623～1713）撰。

奇齡著述之富，甲於近代。沒後，其門人子侄編為《西河合集》，分經集、史集、文集、雜著四部，凡四百餘卷。其《史問》以奇齡有遺命，不付剞劂，語見《經問》第五卷「景泰帝」條下，餘亦不盡行於世。此本為康熙庚子（1720）

其門人蔣樞所編，但分經集、文集二部。經集自《仲氏易》以下凡五十種，已別著錄。文集凡二百三十四卷，而策問一卷，表一卷，集課記一卷，《續哀江南賦》一卷，《擬廣博詞》《連珠詞》一卷，皆有錄無書。其中如《王文成傳本》二卷，《制科雜錄》一卷，《後觀石錄》一卷，《越語肯綮錄》一卷，《何御史孝子祠主復位錄》一卷，《湘湖水利志》三卷，《蕭山縣志刊誤》三卷，《杭志三詰三誤辨》一卷，《天問補注》一卷，《勝朝彤史〔一〕拾遺記》六卷，《武宗外紀》一卷，《後鑒錄》七卷，《韻學要指》十一卷，《詩話》八卷，《詞話》二卷，外附《徐都講詩》一卷，本各自為書，今亦分載於各部。其當編於集部者，實文一百一十九卷，詩五十三卷，詞七卷，統計一百七十九卷。

奇齡之文，縱橫博辨，傲睨一世，與其經說相表裏〔二〕，不古不今，自成一格，不可以繩尺求之。然議論多所發明，亦不可廢。其詩又次於文，不免傷於猥雜，而要亦我用我法，不屑隨人步趨者，以餘事觀之可矣。（《四庫全書總目》卷一百七十三）

【注釋】

〔一〕【彤史】宮廷女官名。

〔二〕【史料】《西河集》卷二十《與李恕谷論周禮書》：「《尚書冤詞·序說》中，林靚疑《周禮》，來札欲易此語，似以《周禮》非聖經有礙耳。夫三禮名經，固自無辭，若謂聖經，則自不可。今天下攻《周禮》者眾，總只『周公之書』四字害之。周秦以前，並無周公作《周禮》《儀禮》一語見於群書，亦並無周秦以前群書，若孔、孟、老、荀、列、墨、管、韓諸百家及《禮記》《大學》《中庸》《坊記》《表記》《孝經》所引經有《儀禮》《周禮》一字一句，則周公不作此書明矣。《周禮》非周公作，何害？《大學》《中庸》不知何人作，其為經自在也，必欲爭《周禮》為周公作，《大學》孔子作，則無據之言。人將無據以爭之，事大壞矣。天下是非，原有一定，《周禮》惟非周公作，非聖經，然周人所言《周禮》，即周之禮也。其中雖有與春秋諸禮不甚相合，然亦周禮也。如公羊言禮，全與左氏策書不相合，然亦周人之書也。況《周禮》全亡，所藉此一書稍為周備，可為言禮考據，若又排擊之，則無書矣。如此說《周禮》，方是妥當。若謂周公作，則雖始於鄭氏，而祖之而表章之者，王安石也，人將以安石目之矣。近姚立方作《偽周禮論注》四本，桐鄉錢君館於其家多日，及來謁，言語疏率，瞠目者久之，囁囁嚅嚅而退，然立方所著亦不示我，但索其卷首總論觀之，直紹述宋儒所言，以為劉歆作。予稍就其

卷首及宋儒所言者略辨之，惜其書不全見，不能全辨，然亦見大概矣。若《儀禮》非周公作，且於三禮中倍加訛謬，則予喪禮中所駁士禮者甚夥，皆無理，不足道此，更非《周禮》比也。凡辨必有據，方為無弊。僕所辨，亦無他人可語可商量，然幼時尚有父兄師友偶相闡發，今已絕矣。僕記先仲兄嘗言先王典禮俱無成書，韓宣子見《易象》《春秋》便目為《周禮》，此果《周禮》乎？」

《西河集》卷一百二十二《辨聖學非道學文》：「向在史館，同館官張烈倡言：『陽明非道學。』而予頗爭之，謂道學異，學不宜有陽明，然陽明故儒也。時徐司寇聞予言，問：『道學是異學，何耶？』予告之，徐大驚，急語其弟監修公暨史館總裁，削道學名，敕《明史》不立道學傳，只立儒林傳，而以陽明隸勳爵，出儒林外，於是道學之名則從此削去，為之一快。當是時，予辨陽明學，總裁啟奏，賴皇上聖明，直諭：『守仁之學，過高有之，未嘗與聖學有異同也。』於是眾論始定。即史官尤侗作陽明傳，其後《史斷》亦敢坦坦以共學適道，取學道二字歸之陽明。特聖學何在，則終無實指之者。」

236. 陳檢討四六二十卷

國朝陳維崧〔一〕（1625～1682）撰，程師恭注。維崧有《兩晉南北史集珍》，已著錄。

國朝以四六名者，初有維崧及吳綺，次則章藻功《思綺堂集》亦頗見稱於世。〔二〕然綺才地稍弱於維崧，藻功欲以新巧勝二家，又遁為別調。譬諸明代之詩：維崧導源於庾信，氣脈雄厚，如李夢陽之學杜；綺追步於李商隱，風格雅秀，如何景明之近中唐；藻功刻意雕鐫，純為宋格，則三袁、鍾、譚之流亞。平心而論，要當以維崧為冠。徒以傳誦者太廣，草擬者太眾，論者遂以膚廓為疑，如明代之詬北地，實則才力富健，風骨渾成，在諸家之中，獨不失六朝四傑之舊格，要不能以撏扯玉溪，歸咎於三十六體也。

師恭此注成於康熙癸酉（1693）。王士禎《古夫于亭雜錄》曰：「昔人云：『一人知己，可以不恨。』故友陽羨陳其年，諸生時老於場屋，小試亦多不利。己未博學鴻詞之舉，以詩賦入翰林，不數年病卒京師。及歿，而其鄉人蔣京少景祁刻其遺集，無隻字遺失。皖人程叔才師恭又注釋其四六文字，以行於世。此世人不能得之子孫者，而一以桑梓後進，一以平生未面之人，而收拾護惜其文章如此（云云）。」〔三〕其推獎師恭頗至。

　　然師恭所注，往往失其本旨。如《銅雀瓦賦》「彈棋愛子」句，自用曹丕巾角彈棋事，而但引《藝經》注彈棋，引陸機《弔魏武帝文》注「愛子」。「傅粉佳兒」句自用曹植傅粉對邯鄲淳事，而引《魏志》武帝欲以何晏為子及文帝疑晏傅粉事，皆似是而非。又如《述祖德賦》「況彼鯉庭」句，自用楊汝士「桃李新陰在鯉庭」事，而但引《論語》伯魚事，《儋園賦》「雙丁詎擬」句，自用梁武帝《賜到漑》詩「漢世重雙丁」語，而但引《文士傳》丁儀兄弟事，皆知其一不知其二。至於《毛貞女墮樓詩序》「空空實下天之狀」句，自用李斯奏秦始皇「鑿之空空，如下天狀」語，而補注引《劍俠傳》「妙手空空兒」，尤為乖謬。如是之類，不一而足。且任淵、史容注黃庭堅集，於作詩本事及年月俱一一詳覈，故為善本。師恭去維崧最近，文中事實緣起可以考知，如《璇璣玉衡賦序》之「烏空楚幕，鵑去巴江」句，因聖祖召試博學鴻詞在己未歲，正平定湖廣、四川之後，故維崧云云，師恭不注其故，則突入此語，是何文義哉！特以四六之文，非注難明，而師恭捃摭故實，尚有足資考證者，故並存之，以備參稽焉。（《四庫全書總目》卷一百七十三）

【注釋】

〔一〕【作者研究】陸勇強撰《陳維崧年譜》（中國社會科學出版社 2006 年版），原為 1987 年復旦大學碩士論文，章培恒先生指導；周絢隆撰《陳維崧年譜》（人民出版社 2012 年版）。

〔二〕【史料】國初以四六名者，推綺及宜興陳維崧二人，均原出徐、庾。維崧泛濫於初唐四傑，以雄博見長，綺則出入於樊南諸集，以秀逸擅勝。章藻功《與友人論四六書》曰：「吳園次班香宋豔，接僅短兵；陳其年陸海潘江，未猶強弩」。其論頗公。然異曲同工，未易定其甲乙。其詩才華富豔，瓣香在玉溪、樊川之間。詩餘亦頗擅名，有「紅豆詞人」之號，以所作有「把酒囑東風，種出雙紅豆」句也。所作院本如《嘯秋風》《繡平原》之類，當時多被管絃，以各有別本單行，故僅以散曲九闋綴之集末。統而觀之，鴻篇巨製，固未足抗跡古人，而跌宕風流，亦可謂一時才士矣。（《四庫全書總目》卷一七三《林蕙堂集》提要）為四六之文者，陳維崧一派以博麗為宗，其弊也膚廓。吳綺一派以秀潤為宗，其弊也甜熟。章藻功一派以工切細巧為宗，其弊也刻鏤纖小。齊燾欲矯三家之失，故所作以氣格排奡，色澤斑駁為宗，以自拔於蹊徑，而斧痕則尚未渾化也。（《四庫全書總目》卷一八五《玉芝堂集》提要）

〔三〕【史源】《古夫于亭雜錄》卷五：「昔人云：『一人知己，可以不憾。』乃亦有偃蹇於生前，而振耀於身後者。故友陽羨陳其年（維崧），諸生時老於場屋，厥後小試亦多不利。己未博學宏辭之舉，以詩賦入翰林，為檢討，不數年病卒京師。及歿，而其鄉人蔣京少（景祁）刻其遺集，無隻字軼失。皖人程叔才（師恭）又注釋其四六文字，以行於世。此世人不能得之於子孫者，而一以桑梓後進，一以平生未嘗覿面之人，而收拾護惜其文章如此，亦奇矣哉！」

237. **西陂類稿**〔一〕**三十九卷**

國朝宋犖〔二〕（1634～1713）撰。犖有《滄浪小志》，已著錄。

是書凡詩二十二卷，詞一卷，雜文八卷，奏疏六卷。其詩之目，曰《古竹圃稿》，曰《嘉禾堂稿》，曰《柳湖草》，曰《將母樓稿》，曰《古竹圃續稿》，曰《都官草》，曰《雙江唱和集》，曰《回中集》，曰《西山倡和詩》，曰《續都官草》，曰《海上雜詩》，《曰漫堂草》，曰《漫堂倡和詩》，曰《嘯雪集》，曰《廬山詩》，曰《述鹿軒詩》，曰《滄浪亭詩》，曰《迎鑾集》，曰《紅橋集》，曰《迎鑾二集》，曰《清德堂詩》，曰《迎鑾三集》，曰《藤陰倡和集》，曰《樂春閣詩》，曰《聯句集》，凡二十有五。其初本各自為集，晚年致仕居西陂，乃手自訂定，匯為茲帙。惟初刻《錦津山人詩集》刪除不載。蓋以早年所作格調稍殊，故別為一編，不欲使之相混也。

犖雖以任子入官，不由科目，而淹通典籍，練習掌故。詩文亦為當代所推，名亞於新城王士禛。其官蘇州巡撫時，長洲邵長蘅選士禛及犖詩為《王宋二家集》，一時頗以獻媚大吏為疑。趙執信尤持異論，併士禛而掎軋之。

平心而論，犖詩大抵縱橫奔放，刻意生新，其源淵出於蘇軾。王士禛《池北偶談》記其嘗繪軾像，而己侍立其側，後謁選果得黃州（今湖北新洲）通判，為軾舊遊地。又施元之《蘇詩注》久無傳本，犖在蘇州重價購得殘帙，為校讎補綴，刊版以行，其宗法可以概見。故其詩雖不及士禛之超逸，而清剛雋上，亦拔戟自成一隊。其序記、奏議等作，亦皆流暢條達，有眉山軌度。士禛寄犖詩有曰：「尚書北闕霜侵鬢，開府江南雪滿頭。當日朱顏兩年少，王揚州與宋黃州。」〔三〕言二人少為卑官，即已齊名，不自長蘅合刻始，所以釋趙執信之議也。然則士禛亦未嘗不引為同調矣。〔四〕（《四庫全書總目》卷一百七十三）

【注釋】

〔一〕【陳廷敬序】吾友商邱先生，所為詠歌風雅之文，曰某稿某集者，數之，凡三十有四，而書奏序記辭令之文稱是焉，於是綜其條貫，列其敘位，次其時月，別其遊處，臚其向所名者，匯為全編，名《西陂類稿》。西陂者，舊廬也。是時先生居西陂。

今按，康熙五十年（1711）刊五十卷本。

〔二〕【作者研究】宋犖自撰《漫堂年譜》四卷（《西陂類稿》卷四十七至卷五十）。《清史稿》卷二七四有傳。其生卒年從來新夏先生說（見《近三百年人物年譜知見錄》第 54 頁）。

〔三〕【史源】《西陂類稿》卷十七。

〔四〕【整理與研究】劉萬華輯校《宋犖全集附宋氏家集》（浙江古籍出版社 2018 年版）。劉萬華撰《宋犖文學考論》（浙江古籍出版社 2014 年版）。

238. 湛園集八卷

國朝姜宸英〔一〕（1628～1699）撰。宸英有《江防總論》，已著錄。

初編其文為《湛園未定稿》〔二〕，秦松齡、韓菼皆為序，後武進趙同敦摘為《西溟文抄》。此本為黃叔琳〔三〕所重編，凡八卷。〔四〕

宸英少習古文，年七十始得第，績學勤苦，用力頗深。集中有與《洪虞鄰書》，論兩浙十家古文事，謂兩浙自洪、永以來，三百餘年，不過王子充、宋景濂、方希直、王陽明三四人，其餘謝方石、茅鹿門、徐文長等，尚具體而未醇，不應浙東西一水之間，一時至十人之多，不欲以身廁九人之列。蓋能不涉標榜之習，以求一時之名者。其文閎肆雅健，往往有北宋人意，亦有以也。

是集前二卷皆應酬之作，去取之間未必得宸英本意，然梗概亦略具於斯矣。集末《札記》二卷，據鄭羽逵所作宸英小傳，本自單行，今亦別著於錄，不入是集焉。〔五〕（《四庫全書總目》卷一百七十三）

【注釋】

〔一〕【作者研究】陳雪軍撰《姜宸英年譜》（浙江大學出版社 2011 年版）。按：姜宸英，字西溟，號湛園。浙江慈谿人。

〔二〕【湛園未定稿】國朝姜宸英撰。此本為其未入書局以前所自定，不及大興黃氏本之完備，以別行已久，姑附存其目。（《四庫全書總目》卷一八四）

〔三〕【黃叔琳】（1672～1756），字昆圃，號研北，安徽新安人。顧鎮《黃侍郎公年
譜》載《清代徽人年譜合刊》上冊（黃山書社 2006 年版）。

〔四〕【史源】《黃侍郎公年譜》乾隆十一年（1746）條：春三月，序姜西溟文集。
西溟名宸英，為同館後進，公雅重其古文詞，嘗哀其全集，抄錄善本，為序
而藏之。（《清代徽人年譜合刊》上冊第 44 頁）

〔五〕【整理與研究】雍琦整理《姜宸英全集》（浙江古籍出版社 2016 年版），杜廣
學輯校《姜宸英集》（人民文學出版社 2019 年版）。

239. 榕村集四十卷

國朝李光地〔一〕（1642～1718）撰。光地有《周易觀象》，已著錄。

是集為乾隆丙辰（1736）其孫清植所校刊，其門人李紱為序。惟詩下注「自
選」字，則餘皆清植排纂也。凡《觀瀾錄》一卷，《經書筆記》《讀書筆錄》共
一卷，《春秋大義》《春秋隨筆》共一卷，《尚書句讀》一卷，《周官筆記》一
卷，《初夏錄》二卷，《尊朱要旨》《要旨續記》共一卷，《象數拾遺》《景行摘
篇》又《附記》共一卷，文二十五卷，詩五卷，賦一卷，所注諸書及語錄刊本
別行者不與焉。

其不以詩文冠集，而冠以札記者，光地所長在於理學、經術，文章非所
究心。然即以文章而論，亦大抵宏深肅括，不雕琢而自工。蓋有物之言，固與
鏗悅悅目者異矣。數十年來，屹然為儒林巨擘，實以學問勝，不以詞華勝也。
〔二〕（《四庫全書總目》卷一百七十三）

【注釋】

〔一〕【作者研究】李清植編《李文貞公年譜》二卷，李清馥編《榕村譜錄合考》二
卷，後者較詳。楊向奎先生《清儒學案新編》第一卷內有《李光地安溪學案》。
楊國楨撰《李光地研究》（廈門大學出版社 1990 年版），許蘇民教授撰《李光
地傳論》（廈門大學出版社 1992 年版），李宇思撰《李光地傳》（廈門大學出
版社 2016 年版）。

〔二〕【整理與研究】李光地《榕村全書》（福建人民出版社 2013 年版），其中第十
冊為《文貞公年譜》《榕村譜錄合考》《李光地傳記資料選編》《四庫全書總目
輯錄》。

240. 三魚堂文集十二卷外集六卷附錄一卷

國朝陸隴其〔一〕（1630～1692）撰。隴其有《古文尚書考》，已著錄。

是集為其門人侯銓所編。凡雜著四卷〔二〕，書一卷，尺牘一卷，序二卷，記一卷，墓表、志、銘、壙記、傳共一卷。外集六卷，則裒其奏議、條陳、表策、申請、公移，而終之以詩，隴其行狀之類亦並附焉。目錄之末有其從子禮徵跋，言隴其平生不屑為詩、古文詞，尤以濫刻文集為戒，故易簀時篋中無遺稿。至康熙辛巳（1701）禮徵乃旁搜廣輯，匯成是集，而屬銓分類編次，蓋隴其沒後九年此集乃出也。其文既非隴其所手定，則其中或有未定之稿，與夫偶然涉筆不欲自存者，均未可知。

然隴其學問深醇，操履醇正，即率爾操觚之作，其不合於道者固已鮮矣。惟是隴其一生，非徒以講明心性為一室之坐談，其兩為縣尹，一為諫官，政績亦卓卓可紀，及體用兼優之學，而銓等乃以奏議公、牘確然見諸行事者，別為外集。夫詩歌非隴其所長，列之外集可也。至於聖賢之道，本末同原，心法、治法，理歸一貫。《周禮》皆述職官，《尚書》皆陳政事，周公、孔子初不以是為粗跡。即黃榦編朱子詩文，亦未嘗薄視論政之文，揮而外之。銓乃徒知以《太極論》〔三〕冠篇，欲使隴其接跡周子，而以其循績別為外集，尊空言而薄實政，是豈隴其之旨乎？以此本久行於世，故姑仍原刻錄之，而附糾其編次之陋如右。〔四〕（《四庫全書總目》卷一百七十三）

【注釋】

〔一〕【監察御史陸君墓誌銘】陸氏自宣公以來，世以文獻為吳越間族望。宋季有諱正者，世稱靖獻先生。入元，再徵不起。靖獻之曾孫宗季，明永樂末以賢良闕至京，奏對，仁宗稱旨，屬疾辭職，賜鈔幣還。正統中，傾其家以活饑者，有詔旌門曰尚義。子珪出粟沽人尤多，景泰中賜爵迪功郎。迪功之孫溥任豐城尉，嘗督運，夜過採石，舟漏，仰天跪而祝曰：「此舟中粒米非法，願葬江魚之腹。」漏旋止。及旦，視其罅，有三魚裹水荇塞之，人咸以為神。豐城之子東築堂泖口，顏曰三魚。君著書仍三魚堂之名者，志世德也。（陳廷敬《午亭文編》卷四十四）

〔二〕【史料】《三魚堂文集》卷二有《學術辨》上中下三篇。上篇言陽尊程朱而陰纂之者，莫甚於明之中葉，王氏之學遍天下，而風俗隨之，故明之亡不亡於寇盜、朋黨，而亡於學術，所以釀成寇盜、朋黨之禍也。中篇言陽明謂無善無惡，蓋亦指知覺為性……高、顧以靜坐為主，則本原之地亦不能出陽明之

範圍。下篇言陽明之學，亦有大賢君子出於其間。其天資美者又恒視其勝負之數以為人之高下，固不得因其學而棄其人，又豈可因其人而遂不敢議其學哉？（《陸隴其年譜》第 246 頁）

　　　今按，楊向奎先生認為：「將明亡歸罪於陽明，未免稍過，但王學末流空疏無用，而聖人滿街，只是狂禪，於事無補，於國無益。」（《清儒學案新編》第一卷第 647 頁）

〔三〕【史源】見《三魚堂文集》卷一。《太極論》提出了兩種太極，即天地之太極和人心之太極，略云：「論太極者，不在乎明天地之太極，而在乎明人身之太極。明人身之太極，則天地之太極在是矣。」楊向奎先生認為：「他之所謂太極即理，太極為一，分而為五常，發而為五事，布而為五倫云云，說起來亦即理一而分殊，不過換換名詞而已。」（《清儒學案新編》第一卷第 647 頁）

〔四〕【評論】《陸隴其年譜》：「此論（指《太極論》）最有功於後學。」（第 246 頁）

　　　司馬按，陸隴其當時號為「本朝理學儒臣第一」，深得康熙褒獎，其最大成就不在經濟而在學術。《陸稼書先生年譜例言》曰：「先生大節在闢邪說以崇正學，程朱之道賴以復明，此有關於學術人心之最大者。」其門人侯銓將《太極論》冠於卷首，正是突出了陸氏的歷史貢獻與學術地位。《四庫全書總目》貶斥程朱之學，故意以「尊空言而薄實政」相責，實在有誤讀、誤導之嫌疑。

241. 因園集十三卷〔一〕

　　　國朝趙執信（1662～1744）撰。執信字伸符，號秋谷，晚號飴山老人，益都（今屬山東淄博）人。雍正中分益都置博山縣，今為博山人。康熙己未（1679）進士，官至左春坊左贊善〔二〕。

　　　其詩集流傳頗夥，諸本往往不同。此本曾經落水，紙墨渝敝。末有乾隆辛酉（1801）執信門人丁際隆跋稱：「是秋，重謁秋谷先生於因園，時先生病目彌甚，不作詩者六年矣，從仲君羹梅得先生手定詩稿，分十三集，錄副，未及校而羹梅遂索原本以去。歲寒無事，乃校一過。曩見手書《濟南竹枝》及《宿法慶寺》二律，皆不在，蓋所刪多矣（云云）。」〔三〕羹梅者，常熟仲是保之字，為執信門人之冠，最為篤契，則是集為執信晚年定本，手授之者矣。十三集者，一曰《並門集》，二曰《閒齋集》，三曰《還山集》，四曰《觀海集》，五曰《鼓枻集》，六曰《涓流集》，七曰《葑溪集》，八曰《紅葉山樓集》，九曰《浮

家集》，十曰《金鵝館集》，十一曰《回帆集》，十二曰《懷舊集》，十三曰《礦庵集》。集各一卷，以存其舊，不復以篇頁多寡為分也。〔四〕

執信娶王士禎之甥女，初相契重，相傳以求作《觀海集序》，士禎屢失其期，遂漸相詬厲，仇隙終身。今觀《還山集》中尚有酬士禎詩二首，又為士禎作《西城別墅十三詠》。至《鼓枻集》中《渡江》一首，已有「只應羨詩老，持節問岷源」句，注曰：「謂阮翁。」又《悼吳孝廉》一首有「漁洋未識名先著」句，其詞氣已不和平。自是以還，遂互相排擊。則謂二人之釁生於作《觀海集》時，其說當信。迨其後沿波逐流，遞相祖述，堅持門戶，入主出奴，嘵嘵然迄無定說。

平心而論，王以神韻縹緲為宗，趙以思路劖刻為主。王之規模闊於趙，而流弊傷於膚廓；趙之才力銳於王，而末派病於纖小。使兩家互救其短，乃可以各見所長。正不必論甘而忌辛，好丹而非素也。〔五〕（《四庫全書總目》卷一百七十三）

【注釋】

〔一〕**【因園】** 為趙執信私家園林。其集中頗有吟詠其園者，如卷三有《因園雜興四首》，卷八有《題因園聽泉樹》，卷十三有《山徑為塵土所埋擬疏出之》。

〔二〕**【作者研究】** 李森文編有《趙執信年譜》（齊魯書社 1988 年版），張瑛撰《趙執信評傳》（河南教育出版社 1990 年版）。今按，康熙二十八年（1689）七月，趙執信於生公園演《長生殿》，時皇后大喪，京官百日不許作樂，因此被罷官。都人有口號云：「秋谷才華迥絕儔，少年科第盡風流。可惜一場《長生殿》，斷送功名到白頭。」

〔三〕**【原跋】** 今年秋，重謁趙秋谷先生於因園，而夫子病目彌甚，不作詩者六年矣，從仲君羹梅得夫子手定詩稿，分十三集，假歸錄副，未及校而羹梅遽索原本以去。歲寒無事，乃校一過。曩見夫子手書《濟南竹枝》及《宿法慶寺》二律，皆不在，蓋所刪多矣。

〔四〕**【版本】** 趙執信的詩集，原有四個版本：乾隆六年（1741）丁際龍抄本、乾隆十七年（1752）趙氏刻本、《四部備要》本。今按，四庫本刪去了 173 首詩。

〔五〕**【整理與研究】** 趙蔚芝等標點《趙執信全集》（齊魯書社 1993 年版），趙蔚芝等撰《趙執信詩集箋注》（黃河出版社 2002 年版）。

242. 敬業堂集五十卷〔一〕

國朝查慎行〔二〕（1650～1727）撰。慎行有《周易玩辭集解》，已著錄。

是編裒其生平之詩，隨所遊歷，各為一集。凡《慎旃集》三卷，《遄歸集》《西江集》共一卷，《逾淮集》一卷，《假館集》二卷，《人海集》《春帆集》《獨吟集》各一卷，《竿木集》《題壁集》共一卷，《橘社集》《勸酬集》《溢城集》《雲霧窟集》各一卷，《客船集》《並轡集》共一卷，《冗寄集》一卷，《白蘋集》《秋鳴集》共一卷，《敝裘集》《酒人集》共一卷，《遊梁集》《皖上集》《中江集》各一卷，《得樹樓集》《近遊集》共一卷，《賓雲集》一卷，《炎天冰雪集》《垂橐集》共一卷，《杖家集》《過夏集》各一卷，《偷存集》《翻經集》共一卷，《赴召集》《隨輦集》《直廬集》《考牧集》《甘雨集》《西阡集》《迎鑾集》《還朝集》《道院集》各一卷，《槐移集》二卷，《棗東集》《長告集》《待放集》《計日集》《齒會集》《步陳集》《吾過集》各一卷，《夏課集》《望歲集》共一卷，《粵遊集》二卷，附載《餘波詞》二卷。自古喜立「集」名，以楊萬里為最多。慎行此集隨筆立名，殆數倍之其中有以二十四首為一集者，殊傷煩碎，然亦徵其無時無地不以詩為事矣。

集首載王士禎原序，稱游黃宗羲比其詩於陸游，士禎則謂：「奇創之才，慎行遜游；綿至之思，游遜慎行。」又稱其五、七言古體有陳師道、元好問之風。今觀慎行近體實出劍南，但游善寫景，慎行善抒情，游善隸事，慎行善運意，故長短互形。士禎所評良允。至於後山古體悉出苦思，而不以變化為長，遺山古體具有健氣，而不以靈敏見巧，與慎行殊不相似。**覈其淵源，大抵得諸蘇軾為多。觀其積一生之力補注蘇詩，其得力之處可見矣。**明人喜稱唐詩，自國朝康熙初年，窠臼漸深，往往厭而學宋，然粗直之病亦生焉。得宋人之長，而不染其弊，數十年來，固當為慎行屈一指也。〔三〕（《四庫全書總目》卷一百七十三）

【注釋】

〔一〕【書名】《四庫全書》題作《敬業堂詩集》。

〔二〕【作者研究】查慎行，字悔餘，號他山，晚築初白庵以居，學者稱初白先生，浙江海寧人。慎行受業黃宗羲，故能不惑於圖書之學。其外曾孫陳敬璋編有《查他山先生年譜》。

〔三〕【整理與研究】范道濟點校《查慎行全集》（中華書局 2018 年版），張金明撰《查慎行詩歌新論》（河北人民出版社 2016 年版）。

243. 望溪集八卷

國朝方苞（1668～1749）撰。苞所作《周官集注》，已著錄。

其古文雜著，生平不自收拾，稿多散失。告歸後，門弟子始為裒集成編。大抵隨得隨刊，故前後頗不以年月為詮次。

苞於經學研究較深，集中說經之文最多。大抵指事類情，有所闡發。其古文則以法度為主。嘗謂周、秦以前文之義法無一不備，唐、宋以後步趨繩尺，而猶不能無過差。是以所作，上規《史》《漢》，下仿韓、歐，不肯少軼於規矩之法。雖大體雅潔，而變化太少，終不能絕去町畦，自闢門戶。然其所論古人渠度與為文之道，頗能沉潛反覆，而得其用意之所以然。雖蹊逕未除，而源流極正。〔一〕近時為八家之文者，以苞為不失舊軌焉。（《四庫全書總目》卷一百七十三）

【注釋】

〔一〕【評論】錢大昕《跋方望溪文》云：「望溪以古文自命，意不可一世……金壇王若霖嘗言：『靈皋以古文為時文，以時文為古文。』論者以為深中望溪之病。」（《潛研堂文集》卷三十一）錢大昕《與友人書》亦云：「惜乎其未喻乎古文之義法爾。夫古文之體，奇正、濃淡、詳略，本無定法。要其為文之旨有四，曰明道、曰經世、曰闡幽、曰正俗。有是四者，而後以法律約之，夫然後可以羽翼經史，而傳統之天下後世……蓋方所謂古文義法者，特世俗選本之古文，未嘗博觀而求其法也。法且不知，而義於何有？昔劉原父譏歐陽公不讀書，原父博聞，誠勝於歐陽，然其言未免太過。若方氏乃真不讀書之甚者，予以為方所得者，古文之糟粕，非古文之神理也。」（同上書卷三十三）今按，竹汀攻擊望溪可謂不遺餘力矣。

244. 樊榭山房集二十卷

國朝厲鶚（1692～1752）撰。鶚有《遼史拾遺》，已著錄。

是集因所居取唐皮日休句〔一〕，題曰樊榭山房，是以為名。生平博洽群書，尤熟於宋事。嘗撰《宋詩紀事》一百卷、《南宋院畫錄》八卷、《東城雜記》二卷，又與同社作《南宋雜事詩》七卷，皆考證詳明，足以傳後。其詩則吐屬嫻雅，有修潔自喜之致，絕不染南宋江湖末派。雖才力富健，尚未能與朱彝尊等抗行，而恬吟密詠，綽有餘思。視國初西泠十子，則翛然遠矣。

前集詩分甲、乙、丙、丁、戊、己、庚、辛八卷，附以詞，分甲、乙二卷，為康熙甲午（1714）至乾隆己未（1739）之作。續集亦詩八卷，而以《北樂府》一卷、小令一卷附焉，則己未（1739）至辛未（1751）作也。〔二〕（《四庫全書總目》卷一百七十三）

【注釋】

〔一〕【樊榭】樊榭何年築，人應白日飛。至今山客說，時駕玉麟歸。乳蒂懸松嫩，芝臺出石微。憑欄虛目斷，不見羽華衣。（《松陵集》卷五）

〔二〕【整理與研究】1992 年上海古籍出版社出版董兆熊注、陳九思標校本。羅仲鼎、俞浣萍點校《厲鶚集》（浙江古籍出版社 2016 年版），此本以《四部叢刊》影印汪氏振綺堂刻本《樊榭山房全集》為底本，在上海古籍版《樊榭山房集》中《續集集外詩文》各一卷的基礎上補錄了部分佚作，還收錄了《南宋雜事詩》中厲鶚所撰一百首及《東城雜記》兩卷，又收集了重要的傳記資料和繆荃孫所撰《厲鶚年譜》。

245. 果堂集十二卷

國朝沈彤（1688～1752）撰。彤博究古籍，精於考據。所著有《周官祿田考》，《三經小疏》，皆已著錄。

是集多訂正經學文字，如《周官頒田異同說》《〔周官〕五溝異同說》《〔周〕井田軍賦說》《釋周官地征》〔一〕等篇，皆援據典核，考證精密。其於《禮經》服制，多所考訂〔二〕，尤足補漢、宋以來注釋家所未備。其《釋骨》一篇，雖為醫家而作，然非究貫蒼雅、兼通靈素者不能也。其論《堯典》星辰不兼五緯，蓋主孔安國《傳》〔三〕。又於「在璇璣玉衡以齊七政」，力闢《史記》斗杓之解〔四〕。雖未必盡為定論然，各尊所聞，亦足見其用意之不苟矣。集雖不尚詞華，而頗足羽翼經傳，其實學有足取者，與文章家又別論矣。〔五〕（《四庫全書總目》卷一百七十三）

【注釋】

〔一〕【史源】前三文見《果堂集》卷一，後一文見該書卷二。

〔二〕【史源】見《果堂集》卷三《儀禮喪服為人後者為本親問》。

〔三〕【古歷不步五星說】帝堯命羲和，曆象日月星辰，其星惟二十八宿，不兼五緯。蓋曆象在授人時，而授人時在日月歲時之正。正日之長短，必以日出入

之早晚；正月之朔望，必以月與日之合望；正時之春夏秋冬，必以日之長短昏旦之中星昏旦。中星者，二十八宿也。正歲必以日之周天月會日之常數及其閏，而五緯於數者並無所用，即後世之用五緯，亦察其行天之順逆，以占災福耳。(《果堂集》卷一)

〔四〕【考證】《史記·天官書》云：北斗七星，所謂「璇璣玉衡，以齊七政」。七政者，日月四時。歲即《虞書》之所正、所協、所定、所成也。又云斗為帝車，運於中央，臨制四鄉，分陰陽，建四時，均五行，移節度，定諸紀，皆繫於斗，此數言即以斗建齊七政之法也。蓋斗立子午宮度之正中，則東半西半之位以分，立寅申巳亥之宮，則春夏秋冬之節以建……故以北斗為璣衡，亦出用建者之傅會耳。夫虞夏之齊四時以日以中星，齊月以月，齊日亦以日，而商周復以斗建相參考者，蓋虞夏於日月主長短朔望，而商周則兼主氣交，虞夏於四時主氣交之中，而商周則兼主氣交之始，要亦適當其時，足以補古歷之所未備也。此東周、西漢所以俱沿其法歟？(《果堂集》卷一)

〔五〕【評論】清代經學家兼長古文者，乾隆時冠雲其一也。《果堂集》卷四有《與方望溪先生書》三通。其一云：「先生素以傳經、治古文高天下，前彤入都，幸得近其人而力學焉。先生謂彤之能，可幾於述者，彤頗自矜勵。」方苞曾鼓勵沈彤，經學家與文章家雖為術不同，但也有相通之處。

246. 諸葛丞相集四卷

國朝朱璘編。璘字青巖，常熟（今屬江蘇）人。官至南陽府知府。

是編首卷所錄諸葛亮遺文一卷，陳壽所上目錄皆不載，蓋摭拾《三國志注》及諸類書而成。其《黃陵廟記》〔一〕，明楊時偉作《諸葛書》，嘗以摭用蘇軾「大江東去」詞語駁辨其偽。今考陸游《入蜀記》作於乾道六年(1170)，記黃牛廟事，引古諺及李白、歐陽修詩、張詠〔二〕贊甚詳，獨一字不及亮《記》。袁說友所刻《成都文類》作於慶元五年(1199)，亦無此文。然則贗託之本出於南宋以後明甚。璘乃仍然載入，絕無考訂。至《心書》五十條，顯然偽託，亦取以苟充卷帙。且《武侯十六策》，其偽與《心書》同。晁氏《讀書志》著錄〔三〕，則猶出宋人之手。既取《心書》又不取是策，何也？二卷以下皆為附錄，所列《八陳圖》及分野諸條，猥雜尤甚。末一卷全為璘及其子瑞圖詩文，是非刻亮集，乃刻璘家集矣。(《四庫全書總目》卷一百七十四)

【注釋】

〔一〕【辨偽】詳見拙文《東坡剽諸葛嗎》，載《文匯報》2005 年 10 月 16 日筆會版。

〔二〕【張詠】（946～1015），字復之，號乖崖。事蹟具《宋史》本傳。著有《乖崖集》十二卷。

〔三〕【史源】《郡齋讀書志》卷十四：《武侯十六策》一卷。右蜀諸葛亮孔明撰。序稱：「謹進便宜十六事，一治國，二君臣，三視聽，四納言，五察疑，六治民，七舉措，八考黜，九治軍，十賞罰，十一喜怒，十二治亂，十三教令，十四斬斷，十五思慮，十六陰察。」陳壽錄孔明書，不載此策，疑依託者。

247. 譚藏用詩集一卷集外詩一卷

舊本題唐譚用之撰。用之字藏用。其履貫、時代不見於史。

《新唐書·藝文志》載有《譚藏用詩》一卷〔一〕，次於劉言史、黃滔〔二〕之前，《全唐詩》亦載用之詩一卷，謂為五代末人。而《宋史·文苑傳》又云：「開寶初，有穎贄、劉從義善為文章，張翼、譚用之善為詩，張之翰善箋啟。」〔三〕則又當為宋初人。厲鶚《宋詩紀事》遂繫之於宋。眾說紛紛，莫能考定。

今此集前題「姑蘇吳岫家藏本悉依宋抄」十一字，後有譚氏子孫札一通稱：「集本元人抄宋版，抄書家珍藏，罕行於世（云云）。」是其書當出於明之中葉，而《全唐詩》所載之七律四十首，則別為集外詩附之於後，蓋亦其子孫所題，以別於本集者。然自宋以來，閱數百年，收藏者從未著錄，而忽得於吳岫家。

又集外諸詩皆本於《唐詩鼓吹》，當時郝天挺所選錄已不為少，乃無一篇出於本集，其故頗不可解。且反覆檢勘，頗多疑竇。如「經歷」官名，不特《唐·百官志》所無，即宋代亦未曾置，至元時始有此職，而集中《夢祝直》詩乃有「忽夢潯州祝經歷」句。其可疑者一也。

又《吳真人奉旨求賢》詩不似唐人語，考元時有道士吳全節被遇成宗、仁英宗、封崇、文宏道真人，見於《元史》，而延祐中嘗命真人王壽衍求訪道行之士，與此所云「奉旨求賢」者情事相近，似當為吳全節作。其可疑者二也。

又集中《贈胡守》詩鋪敘時事極詳,其大略云:「因思閩廣間,壤地有深阻。凶豪據深洞,老幼負戈弩。幸逢天子聖,元帥復神武。詔書一日下,海內盡歌舞。橫算罷舟車,求賢復科舉。」而《金盤山》詩又有「貞元紀年」。案:貞元為德宗年號,距唐末百餘歲,時代大不相及。而證諸《唐書》亦無閩廣作亂之事。惟《元史》載成宗元貞元年(1295),昭、賀、藤、邕、澧、全、衡、柳、吉、贛、南安等處蠻寇竊發,二年,上思州叛賊黃勝許攻剽水口思光寨,其後屢見於本紀,似與閩廣凶豪之語相合,而仁宗皇慶二年(1313),始行科舉,與「求賢復科舉」語亦相近,蓋元代未嘗有此制,仁宗始法古舉行,故謂之「復」。若唐則科舉一代不絕,不可謂之「復」矣。貞元年號,恐當是「元貞」之訛,特元貞盡二年,而此作七年,為不相符耳。其可疑者三也。

又《送趙容》詩云:「武林楊柳舊依依,甲第樓臺有是非。莫道天涯龍已化,但看雲際鶴還飛。」其意似指南宋之亡,若唐末五代時,則錢氏據有臨安,勢方全盛,安得有此語?其可疑者四也。

豈用之遺集散佚殘闕,其子孫剿他人所作,攙雜其間以足卷帙,故牴牾如是歟?(《四庫全書總目》卷一百七十四)

【注釋】

〔一〕【考證】《宋史‧藝文志》亦載有《譚藏用詩》一卷。

〔二〕【黃滔】字文江,五代泉州莆田(今屬福建)人。有《黃御史集》十卷行世。洪邁序其集云:「詞章關乎氣運,於唐尤驗云。唐興三百年,氣運升降其間,而詩文因之。」

〔三〕【史源】《宋史》卷四百三十九。

248. 心史七卷〔一〕

舊本題宋鄭思肖〔二〕(1241～1318)撰。思肖有《題畫詩》《錦錢集》及所著雜文,並附載其父震《菊山清雋集》後,已著於錄。

此書至明季始出。吳縣陸坦、休寧汪駿聲皆為刊行,稱崇禎戊寅(1638)冬,蘇州承天寺狼山中房濬井,得一鐵函,發之,有書緘封,上題「大宋孤臣鄭思肖百拜封」十字,因傳於時。凡《咸淳集》一卷,《大義集》一卷,《中興集》二卷,皆各體詩歌;《久久書》一卷,雜文一卷,略敘一卷,皆記宋亡時雜事;後附自序、自跋、盟言及療病咒一則。

文詞皆塞澀難通，紀事亦多與史不合。如雜文卷中於魏徵避仁宗諱作「證」，而李覯則不避高宗諱，又記蒲壽庚〔三〕作「蒲受耕」。原本果思肖親書，不應錯漏至此。其載二王海上事，謂「少保張世傑奉祥興皇帝奔遁，或傳今駐軍離裏」。衛王溺海，當時國史、野乘所記皆同，思肖尤不宜為此無稽之談。此必明末好異之徒作此以欺世〔四〕，而故為眩亂其詞者。徐乾學《通鑑後編考異》，以為海鹽姚士粦所偽託，其言必有所據也〔五〕。（《四庫全書總目》卷一百七十四）

【注釋】

〔一〕【書名】此書又名《鐵函心史》。

〔二〕【作者研究】楊麓圭撰《鄭思肖研究及其詩箋注》（未見），連江縣鄭思肖文化研究會編《鄭思肖研究》（中國文聯出版社 2008 年版）。按：鄭思肖（1241～1318），字所南，號憶翁，福建連江人。宋末太學生。

〔三〕【蒲壽庚】日人藤田豐八、桑原騭藏都對蒲壽庚作過研究，張政烺先生認為「（蒲）壽庚之為阿拉伯人，可以斷然不疑」。前島信次根據文獻資料和新近出土的文物等進行了新的考證，認為蒲壽庚不是阿拉伯人，而是希臘系的人，也就是波斯人。（李慶先生《日本漢學史》第 189～190 頁）

〔四〕【辨偽】「此必明末好異之徒作此以欺世」，此語下得過於武斷。楊訥先生云：「全書深寄亡國之痛，仍用南宋紀年，對宋亡經過及元統一江南後之時事言之甚詳，可與正史參照，非晚明人所能偽造。」（《中國歷史大辭典‧遼夏金元史卷》第 83 頁）

〔五〕【辨偽】徐乾學之言未必有所據。陳福康教授撰《井中奇書考》（上海文藝出版社 2001 年版）及《井中奇書新考》（上海外語教育出版社 2015 年版），力證《心史》不偽，極確。

249. 陳剩夫集四卷〔一〕

明陳真晟（1410～1473）撰。真晟字晦德，改字剩夫，又自號曰布衣，家本泉州，以父隸鎮海衛戍籍，遂為漳州人。天順中嘗詣闕上書，獻所撰《程朱正學纂要》，兼上書執政，均不見收。又上書當路，獻所撰《正教正考會通》，亦不見省而罷。又作《學校正教文廟配享疏》，擬詣闕再上，未及行而卒。事蹟具《明史‧儒林傳》。

　　是集乃真晟卒後其鄉人林祺所編。康熙己丑（1709），儀封張伯行官福建
巡撫，乃為序而刻之。所獻二書今皆載集中。其《程朱正學纂要》，首為程氏
學制，次為推明朱子兼補之法，次為心學圖說。其圖凡二：一為《六十四卦圓
圖》，圖下大書一「心」字；一為《太極圖》，圖下亦大書「心」字。次為立師
說、補正學、輔皇儲、隆教本、振風教五條。其《正教正考會要》首列朱子
《學校貢舉私議》，次敕諭大略，次程氏學制，次呂氏鄉約，次德業、過違二
條，次立師、考德、考文三條。大意以為天下之事莫大乎此，故次卷載所上當
路書曰：「朱子抱哭其書四百年矣，曾無一人憐而省之者。此魏鶴山、真西山、
許魯齋、吳草廬諸儒不能無大罪也。既讀其書，宗其道，則實吾師也，父也。
豈有視父師之哭而弟子能恝然耶！」又謂宋、元兩朝皆以不用程朱之學，故
上幹天怒，奪其命以與明，持論頗僻。又《題玉堂賞花集後》詆諆執政，謂不
賞其《程朱纂要》，而群聚賞花，後世不免謂之俗相，尤為褊激。林雍作真晟
行實，稱其既無所遇，每四顧彷徨，不能自釋。亦異乎尋孔、顏之樂者矣。
（《四庫全書總目》卷一百七十五）

【注釋】

　　〔一〕此書有《叢書集成初編》本。

250. 仁峰文集二十四卷外集一卷〔一〕

　　明汪循撰。循字進之，休寧（今屬安徽黃山市）人。弘治丙辰（1556）進士。
官至順天府通判。《江南通志》稱其遊莊昶之門，與王守仁數相論辨，蓋亦講
學之流。

　　集中有《答程瞳書》云：「朱子著書立言，皆欲使人明其理，反求於心，
未嘗教人弄故紙糟粕，以資一己功利。後之習其學者，徒知排比章句，而擴
充、變化之無功，辨析詞理，而持守、涵養之不力。專訓詁者，附會穿鑿，
疊笨架屋，汩心思，亂耳目，工文詞者，飾筌蹄，取青紫，龍斷罔利，中立
為奸。朱子之學果如是乎！」其持論亦頗中流弊。然於瞳之囂爭門戶，不一
糾正，則猶未破癥結也。其文第取疏暢，不事剪裁。詩亦不出擊壤一派。

　　是集凡文十七卷，日錄二卷，詩五卷。末附詩話數則。外集一卷，附錄敕
命、行實、墓銘、祭文之類。題嘉靖辛卯（1531）書林劉氏刊行。其子戩跋謂先
刻其強半。蓋尚非全稿，刻本亦頗多脫佚，失於校正云。（《四庫全書總目》卷一百
七十六）

【注釋】

〔一〕此書有康熙年間刻本。

251. 鈐山堂集三十五卷〔一〕

明嚴嵩〔二〕（1480～1567）撰。嵩字惟中，分宜（今屬江西新餘市）人。弘治乙丑（1505）進士。官至大學士。事蹟具《明史·姦臣傳》。

嵩雖怙寵擅權，其詩在流輩之中乃獨為迥出〔三〕。王世貞《樂府變》云：「**孔雀雖有毒，不能掩文章。**」〔四〕亦公論也。然跡其所為，究非他文士有才無行可以節取者比。故吟詠雖工，僅存其目，以明彰癉之義焉。〔五〕（《四庫全書總目》卷一百七十六）

【注釋】

〔一〕【書名】嚴嵩讀書鈐山十年，以名其堂，又名其集。

〔二〕【作者研究】曹國慶撰《嚴嵩評傳》（上海社會科學院出版社 1989 年版），王建成撰《榮辱人生·嚴嵩話本》（中國文史出版社 2003 年版）。

〔三〕【版本】潘景鄭《明嘉靖本鈐山堂集》云：「此嚴嵩《鈐山堂集》四十卷，為全集最足之本，刊成於嘉靖三十年，嵩時年將九十矣……當其罷居鈐山堂時，二十年中，蓋頗致力學業。故集中文辭，亦斐然可誦，文之簡練，出入韓、歐；詩亦清新雋永。」（《著硯樓讀書記》第 497 頁）

〔四〕【樂府變】凡十章，此詩出自《袁江流鈐山岡當廬江小婦行》，詳見《弇州續稿》卷二。

〔五〕【整理與研究】鄢文龍撰《嚴嵩詩集箋注》（廣陵書社 2016 年版）。

252. 西原遺書二卷〔一〕

明薛蕙（1489～1541）撰。蕙有《約言》〔二〕，已著錄。

是編乃戶部侍郎南充王廷所輯，嘉靖癸亥（1563）刻於揚州，皆其與人講學往復書札也。其闡《中庸》中和之說、孟子性善之旨，研析頗至。惟推崇釋道太甚，如云：「空寂者，即吾未發之本心。定慧者，即古聖人之誠明。」又云：「禪學不惟賢於後世之仙學，雖吾後儒之學亦非其倫。」又於論《黃庭》《大洞》諸經，俱自謂得其要妙，皆不免參雜二氏，未能粹然一出於正。

蕙本詩人，《考功》一卷，馳驟於何景明、徐禎卿、高叔嗣〔三〕間，並騖爭先，原足以自傳不朽。乃求名不已，晚年忽遁而講學，所講之學又踳駁如是，反貽嗤點於後來。蛇本無足，子為之足，其蕙之謂乎！（《四庫全書總目》卷一百七十六）

【注釋】

〔一〕【薛蕙】號西原，故以名其遺書。

〔二〕【約言】是編乃其退居西原時學養生家言，後讀《中庸》「喜怒哀樂之未發」句，自謂有得，因此作書，分為九篇。曰：「天道性情，潛龍時習，君道學問，君子立言，春秋其學，以復性為宗。」故《性情篇》云：「靜者性之本，主靜者復性之學也。」又云：「靜者自然之本體，動者後來之客感。夫自有陰陽，即不能有靜而無動，以動為客感，是二氏元寂之旨也。」又曰：「理即此心，此心即理，夫理具於吾心，不可謂心之虛靈不昧者即理也。」「即心即理」，是姚江良知之宗也。其去濂、洛、關、閩之學固已遠矣。（《四庫全書總目》卷一百二十四）

〔三〕【高叔嗣】（1501～1537），字子業，號蘇門山人，河南開封人。著有《蘇門集》。

253. **方山文錄二十二卷**

明薛應旂〔一〕撰。應旂有《四書人物考》，已著錄。

是集為應旂所自編。其學初出于邵寶，後從泰和歐陽德。德，姚江派也。又從高陵呂楠。楠，河東派也。故所見出入朱、陸之間，然先入為主，宗良知者居多。集中論學之語，互有醇疵，蓋由於此。至其《識勢論》中稱：「黨錮興而漢社屋，元談盛而晉室傾，清流濁而唐祚移，學禁作而守舟覆。其初文雅雍容，議論標緻，不過起於一二人之獵勝，而其究乃致怨惡沸騰於寰中，干戈相尋於海內，而潰敗不可收拾（云云）。」若於七八十年之前，預見講學之亡明者，則篤論也。

其文章當李、何崛起之時，獨毅然不變於風氣。然應旂以時文擅長，古文特自抒胸臆，惟意所如。故往往輕快有餘，少停蓄深厚之意。如十五卷《費文通傳》稱：「公生成化癸卯三月十四日，距卒六十有六年。初娶婁氏，以產卒。繼娶金溪吳都御史女，復卒。俱贈夫人。五子，長某，次某（云云）。」此誌狀之文，非傳之體，於文格亦多未合。所謂「不踐跡亦不入於室」者歟？所作史論，如《漢武帝》《蘇軾》諸篇，特為平允。而《漢文帝論》中稱「賈生

不死，文帝終必用之」，《賈誼論》中又稱「文帝終不能用之」。取快筆端，自相矛盾，亦不可盡據為典要也。（《四庫全書總目》卷一百七十七）

【注釋】

〔一〕【薛應旂】字仲常，江蘇武進人。嘉靖乙未（1535）進士。官至陝西按察司副使。

254. 嵩陽集無卷數

明劉繪（1505～1573）撰。繪字子素，一字少質，光州（今河南潢川）人。嘉靖乙未（1535）進士。官至重慶府知府。事蹟具《明史》本傳。

是集首賦、次詩、次書、次疏，復以詩賦殿後，而不分卷帙。蓋編次未定，旋作旋刊，明人文集，往往多如是也。

其詩局度頗宏整，而乏深致。文不加修飾，暢所欲言。如《春秋補傳序》云：「古之注經者務簡，後之注經者務繁。古之注經者務簡而經益明，後之注經者務繁而經益晦。《六經》之注，莫不皆然，而《春秋》為甚。」持論頗為平允。至劾夏言一疏，但以不戴所賜香葉冠激世宗之怒，則非諫臣之體。案《明史》夏言本傳稱：「賜香葉束髮巾，言謂人臣非法服不受。帝積憤欲去言，嚴嵩因得間之。至言得罪下獄，帝猶及前不戴香冠事。」〔一〕據此，則繪是疏或當有所受之歟？（《四庫全書總目》卷一百七十七）

【注釋】

〔一〕【史源】《明史》卷一百九十六。

255. 白華樓藏稿十一卷續稿十五卷吟稿八卷玉芝山房稿二十二卷耄年錄七卷

明茅坤〔一〕（1512～1601）撰。坤有《徐海本末》，已著錄。

是編《藏稿》《續稿》皆其雜著之文，《吟稿》則皆詩也。《玉芝山房稿》文十六卷，詩六卷。《耄年錄》則詩文雜編，不復分類。

坤刻意摹司馬遷、歐陽修之文，喜跌宕激射。所選《史記抄》《八家文抄》《歐陽史抄》，即其生平之宗旨。然根柢少薄，摹擬有跡。秦、漢文之有窠臼，自李夢陽始；唐、宋文之亦有窠臼，則自坤始。故施於制義，則為別調獨彈。而古文之品，終不能與唐順之、歸有光諸人抗顏而行也〔二〕。

至《耄年錄》，則精力既衰，頹唐自放，益非復壯盛之時刻意為文之舊矣。
（《四庫全書總目》卷一百七十七）

【注釋】

〔一〕【作者研究】張夢新撰《茅坤研究》（中華書局 2001 年版），其中《茅坤年譜》
　　　部分已刊於《中國文學研究》第二輯（江西教育出版社 2000 年版）。徐建新
　　　撰《茅坤傳》（浙江人民出版社 2006 年版）。

〔二〕【考證】茅坤與王慎中、唐順之、歸有光等同為唐宋派。

256. 春明稿十四卷

　　明徐學謨〔一〕（1521～1593）撰。學謨有《春秋億》，已著錄。

　　是編皆其以尚書召起再入都時所作，故以「春明」〔二〕為名。凡文編十卷，
詩編三卷，續編一卷。文編末四卷為《齊語》，皆所著雜說。《千頃堂書目》作
八卷，蓋除《齊語》計之也。

　　其「論詩」一條云：「近來作者，綴成數十豔語，如黃金、白雪、紫氣、
中原、居庸、碣石之類。不顧本題應否，強以竄入，專愚聾瞽，自以為前無古
人。小兒效顰，引為同調。南北傳染，終作癘風，詩道幾絕。」其語蓋為王、
李而發。學謨與王世貞里閈相近，而立論如此，頗不為習俗所染。然詩多懦
響，終不能副所言也。（《四庫全書總目》卷一百七十八）

【注釋】

〔一〕【徐學謨】字叔明（錢謙益《列朝詩集小傳》第 403 頁作「思重」），上海嘉
　　　定人。嘉靖庚戌（1550）進士。官至禮部尚書。錢謙益《列朝詩集小傳》云：
　　　「文集凡百卷，別有《世廟識餘錄》，記載時事，多可觀。」錢大昕《跋徐氏
　　　海隅集》亦為之辯誣。

〔二〕【春明】即唐都長安春明門。因以指代京都。顧炎武《與蘇易公》：「即至春
　　　明，料必上陳情之表。」亦指仕宦。錢謙益《寄長安諸公書》：「春明之夢已
　　　殘，京華之書久絕。」

257. 姜鳳阿文集三十八卷

　　明姜寶〔一〕撰。寶有《周易傳義補疑》，已著錄。

是集分十稿：《初稿》一卷，《中秘稿》一卷，《讀禮稿》一卷，《史館稿》三卷，《西川稿》二卷，《周南稿》二卷，《八閩稿》二卷，《銀臺稿》二卷，《南雍稿》二卷，《家居稿》十一卷，《留部稿》十一卷。

寶少從學於唐順之，其行文步驟開合，頗得力於師說。而學力根柢不及順之之深厚，故論明代之文者不及焉。王世貞序謂「弘、正而後，士大夫禰〔二〕《檀》《左》而昴〔二〕先秦。及其流弊，而為似龍，出之無所自，施之無所當。六季之習，巧者猴棘端，侈者繡土木。」而極推寶之學，為能深造自得。蓋世貞晚年亦深厭字劌句竊之病，而折服於歸有光諸人，故其說如此也。（《四庫全書總目》卷一百七十八）

【注釋】

〔一〕【姜寶】字廷善，號鳳阿，江蘇丹陽人。嘉靖癸丑（1553）進士。官至南京禮部尚書。

〔二〕【禰】親廟；父廟。

〔三〕【昴】《爾雅·釋親》：「昴，兄也。」

258. 王奉常集六十九卷

明王世懋〔一〕（1536～1588）撰。世懋有《卻金傳》，已著錄。

是集賦、詩、詞十五卷，文五十四卷，第五十二卷曰《澹思子》，第五十三卷曰《藝圃擷餘》〔二〕，第五十四卷曰《經子臆解》《易爻解》，皆所作雜說、筆記，附編集內者也。

世懋名亞於其兄世貞，而澹於聲氣，持論較世貞為謹嚴。厥後《藝苑卮言》為世口實，而《藝圃擷餘》論者乃無異議，高明、沉潛之別也。但天姿學力皆不及世貞，故所作未能相抗耳。朱彝尊《靜志居詩話》云：「敬美才雖不逮哲昆，習氣猶未陷溺。」〔三〕斯持平之論也。（《四庫全書總目》卷一百七十八）

【注釋】

〔一〕【王世懋】字敬美，江蘇太倉人。《明史·文苑傳》附見其兄王世貞傳中。

〔二〕【藝圃擷餘】明王世懋撰。是編雜論詩格，大旨宗其兄世貞之說，而成書在《藝苑卮言》之後，已稍覺摹古之流弊。故雖盛推何、李，而一則曰：「我朝越宋繼唐，正以豪傑數輩得使事三昧。第恐數十年後必有厭而掃除者，則其濫觴末弩為之也。」一則曰：「李於麟七律，俊傑響亮，余兄推轂之。海內為詩者爭

事剽竊，紛紛刻鶩，至使人厭。」一則曰：「嘗謂作詩，初命一題，神情不屬，便有一種供給應付之語。畏難怯思，即以充數。能破此一關，沉思忽至，種種真相見矣。」一則曰：「徐昌穀、高子業皆巧於用短。徐能以高韻勝，高能以深情勝。更千百年，李、何尚有興廢，二君必無絕響。」皆能不為黨同伐異之言。其論鄭繼之亦平允，未可與七子誇談同類而觀也。（《四庫全書總目》卷一百九十六）

今按，《藝圃擷餘》有《叢書集成初編》本。

〔三〕【史源】引語見《明詩綜》卷五十二。

259. 徐文長集三十卷

明徐渭〔一〕（1521～1593）撰。渭有《筆元要旨》，已著錄。

陶望齡作渭《小傳》，載渭嘗自言書第一，詩二，文三，畫四。今其書畫流傳者，逸氣縱橫，片楮尺縑，人以為寶。其詩欲出入李白、李賀之間，而才高識僻，流為魔趣。選言失雅，纖佻居多。譬之急管麼弦，淒清幽渺，足以感蕩心靈。而揆以中聲，終為別調。觀袁宏道之激賞，知其臭味所近矣。其文則源出蘇軾，頗勝其詩。故唐順之、茅坤諸人皆相推挹。中多代胡宗憲之作，進白鹿前後二表，尤世所豔稱。其《代宗憲謝嚴嵩啟》云：「凡人有疾痛痾癢，必求免於天地父母。然天地能覆載之，而不能起於顛擠。父母能保全之，而未必如斯委曲。伏惟兼德，無可並名。名且不能，報何為計（云云）。」雖身居幕府，指縱惟人，然使申謝朝廷，更作何語。錄之於集，豈止白圭之玷乎？蓋渭本俊才，又受業於季本，傳姚江縱恣之派。案：渭師季本，見《明史·文苑傳》。不幸而學問未充，聲名太早。一為權貴所知，遂侈然不復檢束。及乎時移事易，佗傺窮愁，自知決不見用於時，益憤激無聊，放言高論，不復問古人法度為何物。故其詩遂為公安一派之先鞭，而其文亦為金人瑞〔二〕等濫觴之始。蘇軾曰：「非才之難，處才之難。」諒矣！

渭所著有《文長集》《闕篇》《櫻桃館集》三種，鍾瑞先合刻之，以成此集。又有商濬所刻，題曰《徐文長三集》者，亦即此本。前有陶望齡、袁宏道所作二傳。宏道以為一掃近代蕪穢之習，其言太過。望齡以為文長負才性，惟不能謹防節目。跡其初終，蓋有處士之氣。其詩與文亦然，雖未免瑕纇，咸成其為文長而已。是則平心之論也。（《四庫全書總目》卷一百七十八）

【注釋】

〔一〕【作者研究】張孝浴撰《徐渭研究》（學海出版社 1978 年版），張新建撰《徐渭論稿》（文化藝術出版社 1990 年版），周群等撰《徐渭評傳》（南京大學出版社 2006 年版），王家誠撰《徐渭傳》（百花文藝出版社 2008 年版），江興祐撰《畸人怪才：徐渭傳》（浙江人民出版社 2008 年版），周時奮撰《瘋癲苦難一畫聖：徐渭傳》（貴州教育出版社 2018 年版）。

〔二〕【金人瑞】（1608～1661），字聖歎，江蘇吳縣人。以《離騷》《莊子》《史記》《杜詩》《水滸傳》《西廂記》為「六才子書」。

260. 袁中郎集四十卷

明袁宏道〔一〕（1568～1610）撰。宏道有《觴政》，已著錄。

其詩文所謂公安派也。蓋明自三楊倡臺閣之體，遞相摹仿，日就庸膚。李夢陽、何景明起而變之，李攀龍、王世貞繼而和之。前後七子，遂以仿漢摹唐，轉移一代之風氣。迨其末流，漸成偽體，塗澤字句，鉤棘篇章，萬喙一音，陳因生厭。於是公安三袁又乘其弊而排抵之。三袁者，一庶子宗道，一吏部郎中中道，一即宏道也。其詩文變板重為輕巧，變粉飾為本色，致天下耳目於一新，又復靡然而從之。〔二〕

然七子猶根於學問，三袁則惟恃聰明。學七子者不過贗古，學三袁者乃至矜其小慧，破律而壞度。名為救七子之弊，而弊又甚焉。〔三〕觀於是集，亦足見文體遷流之故矣。〔四〕（《四庫全書總目》卷一百七十九）

【注釋】

〔一〕【作者研究】沈維藩撰《袁宏道年譜》（原為 1987 年復旦大學碩士論文，章培恒先生指導），任訪秋撰《袁宏道研究》（上海古籍出版社 1983 年版），周群撰《袁宏道評傳》（南京大學出版社 1999 年版），曾紀鑫撰《晚明風骨：袁宏道傳》（陝西人民出版社 2012 年版），葉臨之撰《性靈山月：袁宏道傳》（作家出版社 2018 年版）。

〔二〕【評論】錢謙益《列朝詩集小傳》：「萬曆中年，王、李之學盛行，黃茅白葦，彌望皆是。文長、義仍，嶄然有異。中郎以通明之資，學禪於李龍湖，讀書論詩，橫說豎說，心眼明而膽力放，於是乃昌言擊排，大放厥辭，以為唐自有詩，不必選體也；初、盛、中、晚皆有詩，不必初、盛也；歐、蘇、陳、

黃各有詩，不必唐也。唐人之詩，無論工不工，第取讀之，其色鮮豔，如旦晚脫筆研者。今人之詩雖工，拾人飣餖，才離筆研，已成陳言死句矣。唐人千載而新，今人脫手而舊，豈非流自性靈與出自剽擬者所從來異乎！空同未免為工部奴僕，空同以下皆重儓也。論吳中之詩，謂先輩之詩，人自為家，不害其為可傳；而詆訶慶曆以後，沿襲王、李一家之詩。中郎之論出，王、李之雲霧一掃，天下之文人才士始疏瀹心靈，搜剔慧性，以蕩滌摹擬塗澤之病，其功偉矣。」

〔三〕【史源】錢謙益《列朝詩集小傳》：「機鋒側出，矯枉過正，於是狂瞽交扇，鄙俚公行，風華掃地。竟陵以起，以淒清幽獨矯之，而海內之風氣復大變。」（第 567 頁）

〔四〕【整理與研究】錢伯城撰《袁宏道集箋校》（上海古籍出版社 1981 年版）。

261. 一齋詩集十三卷

明陳第〔一〕（1541～1617）撰。第有《伏羲圖贊》，已著錄。

是集凡《粵草》一卷，詩文各半，萬曆戊戌至庚子（1598～1600）遊廣東時作也。《寄心集》六卷，焦竑為之選定，皆四言、五言古詩，多涉論宗，故別為一集。《五嶽遊草》六卷。大抵紀遊之詠，而難詩亦散見其中，不盡為山水作也。據原序，尚有一集名《塞曲》，乃官薊州（今屬天津）游擊時作。此集不載，蓋佚之矣。〔二〕

第韻書妙有神解，遂為言古音者之開山。詩則信筆而成，非所擅長，然第亦不必以此擅長也。（《四庫全書總目》卷一百七十九）

【注釋】

〔一〕【作者研究】金雲銘撰《陳第年譜》（福建協和大學中國文化研究會 1946 年版）。

〔二〕《一齋集》三十五卷（存三十三卷），北京出版社 1997 年《四庫禁燬書刊》影印天津圖書館藏明萬曆會山樓刻本。郭庭平點校《一齋詩文集》（福建教育出版社 1997 年版）。

262. 玉茗堂集二十九卷

明湯顯祖〔一〕（1550～1616）撰。顯祖有《五侯鯖字海》，已著錄。

顯祖於王世貞為後進，世貞與李攀龍持上追秦、漢之說，奔走天下。歸有光獨詆為庸妄。顯祖亦毅然不附，至塗乙其《四部稿》，使世貞見之〔二〕。然有光才不逮世貞，而學問深密過之。顯祖則才與學皆不逮，而議論識見則較世貞為篤實，故排王、李者亦稱焉。

是集凡詩十三卷，文十卷，尺牘六卷。前有南豐朱廷誨序，稱「其解陰符五賊禽制之法，序《春秋輯略》，發仁孝動天下之旨，記小辨明復小乾大之一致」。非無根據之學者，終非有光匹也。（《四庫全書總目》卷一百七十九）

【注釋】

〔一〕【作者研究】徐朔方先生撰《湯顯祖年譜》（中華書局 1958 年版）、《湯顯祖評傳》（南京大學出版社 2004 年版）。余悅編《湯顯祖研究資料索引》（附於《湯顯祖研究論文集》，中國戲劇出版社 1984 年版），毛效同編《湯顯祖研究資料彙編》（上海古籍出版社 1986 年版）。程芸教授撰《湯顯祖與晚明戲曲的嬗變》（人民文學出版社 2020 年增訂版）。

〔二〕【史源】錢謙益云：「簡括獻吉、于鱗、元美文賦，標其中用事出處，及增減漢史唐詩字面，流傳白下，使元美知之。元美曰：『湯生標塗吾文，異時亦當有標塗湯生者。』義仍少熟《文選》，中攻聲律，四十以後，詩變而之香山、眉山，文變而之南豐、臨川。」（《列朝詩集小傳》第 563 頁）

263. 嶽歸堂集十卷

明譚元春（1586～1637）撰。元春字友夏，天門（今屬湖北）人。天啟丁卯（1627）舉人。《明史·文苑傳》附見《袁宏道傳》中。

隆、萬以後，公安三袁始攻擊王、李詩派，以清巧為工，風氣一變。天門鍾惺更標舉尖新幽冷之詞，與元春相唱和。評點《詩歸》，流佈天下，相率而趨纖仄。有明一代之詩，遂至是而極弊。〔一〕論者比之「詩妖」〔二〕，非過刻也。元春之才較惺為劣，而詭僻如出一手。日久論定，徒為嗤點之資。觀其遺集，亦足為好行小慧之戒矣。（《四庫全書總目》卷一百八十）

【注釋】

〔一〕【評論】錢鍾書先生云：「以作詩論，竟陵不如公安；公安取法乎中，尚得其下，竟陵取法乎上，並下不得，失之毫釐，而謬以千里。然以說詩論，則鍾、

譚識趣幽微，非若中郎之叫囂淺鹵。蓋鍾、譚於詩，乃所謂有志未遂，並非望道未見，故未可一概抹殺言之。」（《談藝錄》增訂本第 102 頁）

〔二〕【詩妖】錢謙益《列朝詩集小傳》：「鍾、譚之類，豈亦《五行志》所謂『詩妖』者乎……譚之才力薄於鍾，其學殖尤淺，謭劣彌甚，以俚率為清真，以僻澀為幽峭，以似了不了之語，以為意表之言，不知求深而彌淺；寫可解不解之景，以為物外之象，不知求新而轉陳。無字不啞，無句不謎，無一篇章不破碎斷落……而承學之士，莫不喜其尖新，樂其率易，相與糊心眯目，拍肩而從之。以一言蔽其病曰，不學而已。亦以一言蔽從之者之病曰，便於不學而已……吾友程孟陽之言曰：『詩之學，自何、李而變，務於模擬聲調，所謂以矜氣作之者也；自鍾、譚而晦，競於僻澀蒙昧，所謂以昏氣出之者也。』」（第 572～573 頁）

司馬按，《總目》痛斥錢謙益，此處則暗引其論點，且肯定「非過刻也」。馮班亦云：「余於前人未嘗敢輕詆，老人年長數十歲便須致敬，況已往之古人乎？然有五人不可容。李禿之談道，此誅絕之罪也。孔子而在必加兩觀之誅矣。程大昌之《演繁露》，妄議紛紛。楊用修之談古，欺天下後世為無一人，此公心術欠正，於此可見。譚元春、鍾惺之論詩，俚而猥，不通文理，不識一字，此乃狹邪小人之俗者，名滿天下，真不可解。」（《鈍吟雜錄》卷四）

又按，劉咸炘云：「〔蒙〕叟《答徐伯調書》自稱『建立通經汲古之說，以排擊俗學』，所謂俗學，即明人空疏之風。此風直至《四庫提要》之成而始盡，《提要》之所標舉排擊詳矣，人皆知其祖於顧氏《日知錄》，而不知黎州集中亦頗詳於顧，更不知蒙叟集中之論尤詳於黃，而《提要》十七八本之也。今就集中錄而表之，使學者勿因惡人而忘學風之源流也……紀文達修《四庫提要》，排擊明世解經集史之風及何、李、王、李、公安、竟陵之派，無不陰師蒙叟，乃至非高棅初盛中晚之說，亦與蒙叟《唐詩英華序》相同。顧獨於陽明之學講學之風則詆斥不遺餘力，往往支言而及之，曲筆以罪之，則其識又下於蒙叟矣。」（《劉咸炘學術論集・子學編》第 588～596 頁）

264. **用六集十二卷**

國朝刁包〔一〕（1603～1668）撰。包有《易酌》〔二〕，已著錄。

是集包所手編，自謂「有得於《易》，故取永貞之義，以用六為名」。其中如《寄魏環極書》稱：「砥礪躬行，不欲以議論爭勝。希聖堂學規，多留意於

灑掃應對。」語皆平易近人。又謂時文之士，不知考究史事，昧於治亂之原。每舉《春秋綱目》書法風諭學者。在講學家中，較空談心性者特為篤實。然特論每多苛刻，如裴度、韓愈皆懸度其事，力加詆毀，殊失《春秋》「善善從長」之意。又如《重修秦王廟疏》，多引委巷無稽之言，不知折衷於古，亦其所短也。（《四庫全書總目》卷一百八十一）

【注釋】

〔一〕【刁包】字蒙吉，號用六居士，直隸祁州（今河北無極）人。

〔二〕【易酌】包在國初與諸儒往來講學，其著書一本於義理，惟以明道為主，絕不為程試之計。是書推闡《易》理，亦大抵明白正大，足以羽翼程、朱，於宋學之中實深有所得。以為科舉之書，則失包之本意多矣。（《總目》卷六）

265. 白茅堂集四十六卷

國朝顧景星〔一〕（1621～1687）撰。景星有《黃公說字》〔二〕，已著錄。

景星著述甚富。初有《童子集》三卷，《願學集》八卷，《書目》十卷，皆崇禎壬午（1642）以前作，明末毀於寇。《顧氏列傳》十五卷，《阮嗣宗詠懷詩注》二卷，《李長吉詩注》四卷，《讀史集論》九卷，《贉池錄》一百十八卷，《南渡集》《來耕集》共七十三卷，皆崇禎癸未（1643）以後作。康熙丙午（1666）毀於火，僅《南渡》《來耕》二集存十之三四。乙酉、丙戌之間，又有《登樓集》《避地泖澱集》，亦皆散佚。是集為其子暢所輯，而其子昌編次音釋之。凡賦騷一卷，樂府一卷，詩二十二卷，文二十卷。

景星記誦淹博，才氣尤縱橫不羈。詩文雄贍，亦一時之霸才。而細大不捐，榛楛勿翦，其後人收拾遺稿，又不甚別裁。傅毅之不能自休，陸機之才多為患，殆俱有焉。（《四庫全書總目》卷一百八十一）

【注釋】

〔一〕【顧景星】字赤方，號黃公，湖北蘄州人。

〔二〕【黃公說字】其說自稱推本《許慎》，而大抵以梅膺祚《字彙》、廖文英《正字通》為稿本，仍以楷字分編。其注皆雜採諸書，不由根柢。（《四庫全書總目》卷四十三）

266. 安雅堂詩安雅堂拾遺詩皆無卷數安雅堂拾遺文二卷附二鄉亭詞四卷

國朝宋琬〔一〕（1614～1674）撰。琬有《永平府志》〔二〕，已著錄。

案：王士禎《池北偶談》曰：「康熙以來，詩人無出南施北宋之右，宣城施閏章愚山，萊陽宋琬荔裳也。」又曰：「宋浙江後詩，頗擬放翁。五古歌行，時闖杜、韓之奧。康熙壬子（1672）春，在京師求余定其詩筆為三十卷。其秋，與余先後入蜀。余歸之明年，宋以臬使入覲。蜀亂，妻孥皆寄成都，宋鬱鬱沒於京邸，此集不知流落何地矣。」〔三〕又《漁洋詩話》曰：「康熙庚辰（1700），余官刑部尚書。荔裳之子思勃來京師，以《入蜀集》相示，亟錄而存之。集中古選詩歌行，氣格深穩，余多補入《感舊集》（云云）。」〔四〕今三十卷之本，久已散佚。所謂《入蜀集》者，其後人亦無傳本。〔五〕

此本題《安雅堂詩》者，不分卷數。有來集之、蔣超二序，皆題順治庚子（1660），蓋猶少作。題《安雅堂拾遺詩》者，與其《文集》《詞集》皆乾隆丙辰（1796）其族孫邦憲所刻。掇拾殘剩，非但珠礫並陳，亦恐真贗莫別，均不足見琬所長。其視閏章，蓋有幸有不幸矣。〔六〕（《四庫全書總目》卷一百八十一）

【注釋】

〔一〕【作者研究】汪超宏撰《宋琬年譜》（人民文學出版社 2011 年版）。按，宋琬字玉叔，號荔裳，山東萊陽人。與施閏章齊名，時號「南施北宋」。

〔二〕【永平府志】此志不見所長。卷端題永平府知府蕭山張朝琮重修。其竄亂失真歟？（《四庫全書總目》卷七十四）

〔三〕【史源】《池北偶談》卷十一「施宋」條。

〔四〕【史源】《漁洋詩話》卷下。

〔五〕【版本】《簡目標注》：「康熙刊，《文集》二卷、《詩集》一卷、《二鄉亭詞》三卷。乾隆十年刊《拾遺集》十四卷、《拾遺詩》八卷、《二鄉亭詞》三卷、《拾遺》一卷。」（第 870 頁）

〔六〕【整理與研究】辛鴻義、趙家斌點校《宋琬全集》（齊魯書社 2003 年版），收錄各體著作七種 20 卷，包括《安雅堂文集》《重刻安雅堂文集》《安雅堂詩》《二鄉亭詞》《祭皋陶》雜劇等。

267. 精華錄訓纂十卷

　　國朝王士禛（1634～1711）撰，惠棟注。士禛有《古歡錄》，棟有《易漢學》，皆已著錄。士禛晚年，仿宋黃庭堅《精華錄》例，自定其詩為此本。

　　棟祖周惕，為士禛門人，故棟亦仿任淵、史季溫例注之。以引證浩繁，每卷各分為上、下。其凡例稱：「所採書共數百餘種，悉從本書中出，不敢一字拾人牙後慧。」然亦大概言之耳，即以第一卷而論，如溫庭筠《睹妝錄》、蔡賢《漢官典職》、孫氏《瑞應圖》、陸機《洛陽記》、沈懷遠《南越志》、蔡邕《琴操》《河圖括地象》、顧野王《玉篇》、案：今《太廣益會玉篇》，乃宋大中祥符六年重修，非惟非野王之舊，並非孫強之舊。《輿地志》《管輅別傳》《梁京寺記》、檀道鸞《續晉陽秋》十二書，宋以來久不著錄，棟何由見本書哉？案：棟注例，凡引已佚書者皆冠以現存書名，如《藝文類聚》《太平御覽》之類。又**棟邃於經學，於詞賦所涉頗淺，所引或不得原本，於顯然共見者，或有遺漏**。如注「寒肌起粟」字，引蘇軾「旅館孤眠體生粟」句，不知此用軾《雪詩》「凍合玉樓寒起粟」句也。注「吹香」字，引李賀「山頭老桂吹古香」句，不知此用李頎《愛敬寺古藤歌》「密葉吹香飯僧遍」句也。注「麥飯」字，引劉克莊「漢寢唐陵無麥飯」句，不知為《五代史·家人傳》語也。注「大漠」字，引程大昌《北邊備對》，不知為《後漢書·竇憲傳》語也。至於每條既各自標目，則其文不相連屬。乃於數條共引一書者，不另標名。如《轅固裏詩》注「曲學」字曰：「今上初即位（云云）。」蓋蒙上條《史記》之文，然不標《史記》而首句突稱「今上」，是何代之帝也？其體例亦間有未善。案：以上亦姑舉第一卷言之。是書先有金榮《箋注》盛行於時，棟書出而榮書遂為所軋，要亦勝於金注耳〔一〕。至於元元本本，則不及其詁經之書多矣。**人各有能有不能，不必以此注而輕棟，亦不必以棟而並重此注也。**〔二〕（《四庫全書總目》卷一百八十二）

【注釋】

〔一〕【金榮《箋注》】清金榮撰《漁洋山人精華錄箋注》（乾隆間刻本）。金氏病在不讀書，所注悉出稗販，又妄加纂改。其於地理又全不知曉，落筆便錯，至音韻訓詁，則更非所知矣。（詳見王欣夫《蛾術軒篋存善本書錄》第 1031～1033 頁）今按，惠棟、金榮之注本頗有疏漏之處，趙伯陶《王士禛詩選》多所糾誤，周興陸教授撰《漁洋精華錄彙評》（齊魯書社 2007 年版）。

〔二〕【評論】翁方綱有《漁洋山人精華錄評》一卷。

268. 文選注六十卷

案：《文選》舊本三十卷，梁昭明太子蕭統（501～531）撰。唐文林郎守太子右內率府錄事參軍事、崇賢館直學士、江都（今屬江蘇揚州）李善（？～689）為之注，始每卷各分為二。《新唐書·李邕傳》稱，其父善始注《文選》，釋事而忘義，書成，以問邕，邕意欲有所更，善因令補益之，邕乃附事見義，故兩書並行。今本事義兼釋，似為邕所改定。然傳稱善注《文選》在顯慶中，與今本所載進表題顯慶三年（658）者合。而《舊唐書》邕傳稱天寶五載（746）坐柳續事杖殺，年七十餘，上距顯慶三年，凡八十九年，是時邕尚未生，安得有助善注書之事？且自天寶五載（746）上推七十餘年，當在高宗總章、咸亨間，而《舊書》稱善《文選》之學受之曹憲，計在隋末，年已弱冠，至生邕之時，當七十餘歲，亦決無伏生之壽，待其長而著書。考李匡乂《資暇錄》曰：「李氏《文選》有初注成者，有覆注，有三注、四注者，當時旋被傳寫。其絕筆之本皆釋音訓義，注解甚多。」〔一〕是善之定本，本事義兼釋，不由於邕。匡乂，唐人，時代相近，其言當必有徵。真《新唐書》喜採小說，未詳考也。

其書自南宋以來，皆與五臣注合刊，名曰《六臣注文選》〔二〕，而善注單行之本世遂罕傳。此本為毛晉所刻，雖稱從宋本校正，今考其第二十五卷陸雲〔三〕答兄機詩注中有「向曰」一條、「濟曰」一條，又《答張士然》詩注中有「翰曰」、「銑曰」、「向曰」、「濟曰」各一條。殆因六臣之本削去五臣，獨留善注，故刊除不盡，未必真見單行本也。他如班固《兩都賦》誤以注列目錄下；左思《三都賦》，善明稱劉逵注《蜀都》《吳都》，張載注《魏都》，乃三篇俱題劉淵林字。又如《楚辭》用王逸注，《子虛》《上林》賦用郭璞注，《兩京賦》用薛綜注，《思玄賦》用舊注，《魯靈光殿賦》用張載注，《詠懷》詩用顏延年、沈約注，《射雉賦》用徐爰注，皆題本名。而補注則別稱「善曰」，於薛綜條下發例甚明，乃於揚雄《羽獵賦》用顏師古注之類，則竟漏本名；於班固《幽通賦》用曹大家注之類，則散標句下。又《文選》之例，於作者皆書其字，而杜預《春秋傳序》則獨題名，豈非從六臣本中摘出善注，以意排纂，故體例互殊歟？至二十七卷末附載樂府《君子行》一篇，注曰：「李善本古詞止三首，無此一篇。五臣本有，今附於後。」其非善原書，尤為顯證。以是例之，其孔安國《尚書序》、杜預《春秋傳序》二篇僅列原文，絕無一字之注，疑亦從五臣本剗入，非其舊矣。惟是此本之外更無別本，故仍而錄之，而附著其舛誤如右。〔四〕（《四庫全書總目》卷一百八十六）

【注釋】

〔一〕【史源】見《資暇錄》卷上。

〔二〕【評論】蘇軾謂五臣注荒陋，不及善注。

〔三〕【陸雲】（262～303），字士龍，西晉吳郡人。明人輯有《陸清河集》。

〔四〕【整理與研究】《文選》是現存最早的一部文學總集。自唐以來，《文選》幾乎是歷代文士的必讀書，注釋及研究者代不乏人，逐漸成為一門專門研究，俗稱「選學」或「文選學」。宋、元、明三代，在注釋考證方面沒有作出特別突出的成績。清代樸學大興，學者以治經之法治「選學」，成就斐然，代表性的著作有：梁章鉅《文選旁證》、朱珔《文選集釋》、胡培系《文選箋證》、孫志祖《文選李注補正》與《文選考異》。晚近黃侃撰《文選平點》（上海古籍出版社 1985 年版），成為 20 世紀新選學的開山祖師。黃侃弟子駱鴻凱受其指授，撰成《文選學》（中華書局 1937 年版）。高步瀛撰《文選李注義疏》（中華書局 1984 年排印本），傅剛撰《昭明文選研究》（社會科學出版社 2000 年版）與《文選版本研究》（北京大學出版社 2000 年）。選堂饒宗頤將散見各處的抄本匯為《敦煌吐魯番本文選》，由中華書局 2000 年影印出版。日人斯波六郎撰《文選李善注所引尚書考證》（1942 年自印本）、《文選索引》（上海古籍出版社 1997 年李慶翻譯本）、《文選諸本的研究》，富永一登撰《文選李善注の研究》（東京研文出版 1999 年版），花房英樹編《文選譯注》（集英社 1974 年版）。此外，鄭州大學目前正在組織編修《文選研究集成》。

269. 六臣注文選六十卷

案：唐顯慶中，李善受曹憲《文選》之學，為之作注。至開元六年（718），工部侍郎呂延祚復集衢州（今屬浙江）常山縣尉呂延濟、都水使者劉承祖之子良、處士張銑、呂向、李周翰五人，共為之注，表進於朝。其詆善之短，則曰：「忽發章句，是徵載籍，述作之由，何嘗措翰。使復精覈注引，則陷於末學，質訪旨趣，則歸然舊文。只謂攪心，胡為析理。」其述五臣之長，則曰：「相與三復乃詞，周知秘旨，一貫於理，杳測澄懷，目無全文，心無留意，作者為志，森然可觀。」觀其所言，頗欲排突前人，高自位置。書首進表之末，載高力士所宣口敕，亦有「此書甚好」之語。

然唐李匡又作《資暇集》，備摘其竊據善注，巧為顛倒，條分縷析，言之甚詳〔一〕。又姚寬《西溪叢語》詆其注揚雄《解嘲》，不知伯夷、太公為二老，

反駁善注之誤〔二〕。王楙《野客叢書》詆其誤敘王睦世系，以覽後為祥後，以曇首之曾孫為曇首之子〔三〕。明田汝成重刊《文選》，其子藝衡又摘所注《西都賦》之「龍興虎視」、《東都》之「乾符坤珍」、《東京賦》之「巨猾閒釁」、《蕪城賦》之「袤廣三墳」諸條。今觀所注，迂陋鄙俚之處，尚不止此。而以空疏臆見，輕詆通儒，殆亦韓愈所謂蚍蜉撼樹者歟？

其書本與善注別行，故《唐志》各著錄。黃伯思《東觀餘論》尚譏《崇文總目》誤以五臣注本置李善注本之前。至陳振孫《書錄解題》始有《六臣文選》之目。蓋南宋以來偶與善注合刻，取便參證，元、明至今，遂輾轉相沿，並為一集。附驥以傳，蓋亦幸矣。然其疏通文意，亦架有可採。唐人著述，傳世已稀，固不必竟廢之也。

田氏刊本頗有刪改，猶明人竄亂古書之習。此本為明袁帙所刊。朱彝尊跋謂從宋崇寧五年（1106）廣都裴氏本翻雕，諱字闕筆尚仍其舊，頗足亂真，惟不題鏤版訖工年月，以是為別耳。〔四〕錢曾《讀書敏求記》稱所藏宋本五臣注作三十卷，為不失蕭統之舊。其說與延祚表合。今未見此本，然田氏本及萬曆戊寅（1578）徐成位所刻亦均作三十卷。蓋或合或分，各隨刊者之意，但不改舊文，即為善本〔五〕，正不必以卷數多寡定其工拙矣。（《四庫全書總目》卷一百八十六）

【注釋】

〔一〕【史源】《資暇集》卷上：「世人多謂李氏立意注《文選》過為迂繁，徒自騁學，且不解文意，遂相尚習五臣者大誤也。所廣徵引，非李氏立意，蓋李氏不欲竊人之功，有舊注者必逐每篇存之，仍題元注人之姓字，或有迂闊乖謬，猶不削去之。苟舊注未備，或興新意，必於舊注中稱臣善以分別。既存元注，例皆引據，李續之雅，宜殷勤也。代傳數本，李氏《文選》有初注成者、覆注者，有三注、四注者，當時旋被傳寫之，其絕筆之本皆釋音訓義，注解甚多。余家幸而有焉。嘗將數本並校，不唯注之贍略有異，至於科段互相不同，無似余家之本該備也。因此而量五臣者，方悟所注盡從李氏注中出。開元中進表反非斥李氏，無乃欺心歟？且李氏未詳處將欲下筆宜明引憑證，細而觀之，無非率爾。（下略）」

〔二〕【史源】《西溪叢語》卷下：「李善《文選》引證精博，五臣無足取也，惟注《北山移文》『植薪歌於延瀨』，李善云未詳。呂向云：『蘇門先生遊於延瀨，見一人採薪，謂之曰：「子以終乎？」薪人曰：「吾聞聖人無懷，以道德為心，

何怪乎而為哀也？」遂為歌二章而去。』又不注所出。至注解嘲，李善引伯夷、太公為二老，乃云『只太公為一老，不聞二老』。其繆如此。」

〔三〕【史源】《野客叢書》卷五「文選注謬」條：「《文選》蕭揚州薦士表曰：竊見王暕字思晦，七葉重光，海內冠冕。良注：七葉謂自王祥以下至暕父曇首，凡七葉，冠冕不絕。僕謂良不考究，妄為之說。僕考暕正王覽之下非祥下也，暕蓋儉之子、僧綽之孫、曇首之曾孫。注以暕父曇首又謬也，祥覽為兄弟，自覽至曇首六世，至暕則九世矣。注謂祥至曇首七世亦謬也，李善注謂暕覽之下，此說是矣。然謂覽生導，又非也。按《晉書》，覽生裁，裁生導。王筠亦曰：未有七葉名德重光，爵位相繼，如吾門者，筠蓋與暕再從兄弟皆曇首曾孫，所以俱有七葉重光之語。僕又考之，自導至褒，九世立傳，著在國史，自洽至肅九世，有集行於晉、宋、隋、唐之間，自古名門濟美，鮮有如是之盛者。」

〔四〕【宋本六家注文選跋】《六家注文選》六十卷，宋崇寧五年鏤板，至政和元年畢工，墨光如漆，紙堅致，全書完好。序尾識云：見在廣都縣北門裴宅印賣，蓋宋時蜀箋若是也，每本有吳門徐賁私印，又有太倉王氏賜書堂印記，是書袁氏峽曾仿宋本雕刻以行，故傳世特多，然無鏤板畢工年月，以此可辨偽真也。(《曝書亭集》卷五十二)

〔五〕【版本】日本收藏此書的宋刊本有好幾家，宮內廳書陵部藏宋明州、贛州刊本各一本；足利學校藏宋明州刊本，被確認為「日本國寶」。詳見《日本藏漢籍珍本追蹤紀實》第28～37頁，第226～228頁。《簡目標注》第877～878頁詳記版本。常見善本有《四部叢刊》影印宋刻本。

270. 玉臺新詠十卷

陳徐陵〔一〕(507～583) 撰。陵有文集，已著錄。

此所選梁以前詩也。案劉肅《大唐新語》曰：「梁簡文為太子，好作豔詩，境內化之。晚年欲改作，追之不及，乃令徐陵為《玉臺集》以大其體。」〔二〕據此，則是書作於梁時，故簡文稱皇太子，元帝稱湘東王。今本題陳尚書左僕射太子少傅東海徐陵撰，殆後人之所追改，如劉勰《文心雕龍》本作於齊，而題梁通事舍人耳。其梁武帝書諡，書國號，邵陵王等並書名，亦出於追改也。

其書前八卷為自漢至梁五言詩，第九卷為歌行，第十卷為五言二韻之詩。雖皆取綺羅脂粉之詞，而去古未遠，猶有講於溫柔敦厚之遺，未可概以淫豔

斥之。其中如曹植《棄婦篇》、庾信《七夕詩》，今本集皆失載，據此可補闕佚。又如馮惟訥《詩紀》載蘇伯玉妻《盤中詩》作漢人，據此知為晉代。梅鼎祚《詩乘》載蘇武妻《答外詩》，據此知為魏文帝作。古詩《西北有高樓》等九首，《文選》無名氏，據此知為枚乘作。《飲馬長城窟行》，《文選》亦無名氏，據此知為蔡邕作。其有資考證者亦不一。

明代刻本，妄有增益。故馮舒疑庾信有入北之作，江總濫擘箋之什。茅元禎本顛倒改竄更甚〔三〕。此本為趙宦光家所傳宋刻，有嘉定乙亥（1215）永嘉陳玉父重刻跋，最為完善。〔四〕間有後人附入之作，如武陵王閨妾寄征人詩、沈約八詠之六諸篇，皆一一注明，尤為精審。然玉父跋稱初從外家李氏得舊京本，間多錯謬，復得石氏所藏錄本以補亡校脫。如五言詩中入李延年歌一首、陳琳《飲馬長城窟行》一首、沈約《六憶詩》四首，皆自亂其例。七言詩中移《東飛伯勞歌》於《越人歌》之前，亦乖世次。疑石氏本有所竄亂，而玉父因之未察也。觀劉克莊《後村詩話》所引《玉臺新詠》，一一與此本吻合。而嚴羽《滄浪詩話》謂古詩《行行重行行》篇，《玉臺新詠》以「越鳥巢南枝」以下另為一首，此本仍聯為一首。又謂《盤中詩》為蘇伯玉妻作，見《玉臺集》，此本乃溷列傅玄詩中。邢凱《坦齋通編》引《玉臺新詠》，以《誰言去婦薄》一首為曹植作，此本乃題為王宋自作。〔五〕蓋克莊所見即此本，羽等所見者又一別本。是宋刻已有異同，非陵之舊矣。特不如明人變亂之甚，為尚有典型耳。

其書《大唐新語》稱《玉臺集》，《元和姓纂》亦稱梁有聞人蒨詩載《玉臺集》。然《隋志》已稱《玉臺新詠》，則《玉臺集》乃相沿之省文。今仍以其本名著錄焉。〔六〕（《四庫全書總目》卷一百八十六）

【注釋】

〔一〕【作者研究】劉躍進撰《徐陵年譜簡編》（《六朝作家年譜輯要》，黑龍江教育出版社 1999 年版）。

〔二〕【史源】見《大唐新語》卷三。

〔三〕【考證】王重民先生云：「鄭氏原本刻於嘉靖二十八年，至萬曆七年有茅元禎重刻本，即此本是也……《提要》云：『茅元禎本顛倒改竄更甚。』而不知茅本為重刻鄭本，顛倒改竄者乃鄭本，非茅氏也。傅沅叔先生《藏園群書題記續集》卷五，有此本跋，追溯鄭氏改竄之跡頗詳。」（《中國善本書提要》第435 頁）

〔四〕【版本】此書有宋元刊本，見天祿後目。（《簡目標注》第 880 頁）今按，錢大昕《竹汀先生日記鈔》卷一：「觀宋刻《玉臺新詠》小字本，嘉定乙亥永嘉陳玉父刻，甚工。每頁三十行，每行三十字。唯《焦仲卿詩》『新婦初來時，小姑如我長』，中脫二句，又曙字不缺筆。」

〔五〕【史源】紀容舒《玉臺新詠考異》卷二：「《藝文類聚》載前一首，作魏文帝代劉勳出妻王氏作，邢凱《坦齋通編》載後一首，引《玉臺新詠》作曹植為劉勳出妻王氏作，均與此異。凱為宋寧宗時人，則舊本必作曹植，陳玉父重刊乃更題王宋，並刪改序文爾。然舊本今不可見，而《藝文類聚》又作文帝。未敢輕改古書，姑附識異同於此。」

沈曾植《玉臺新詠跋》云：「此本為紀容舒《考異》所詆，故四庫中不收。然《提要》稱萬曆中張嗣修本，則疑亦未曾親見此刻者。又云多所增竄，而核諸《提要》所云，乃皆與宋本符合，未嘗見增竄之跡。趙本流傳漸稀，此固不失為佳刻，非後來各本可比。《提要》昔人有議其考證疏舛者，疑其言不虛也。」（《海日樓題跋》第 364 頁）

今按，王欣夫先生《辛壬稿》卷一云：「向疑紀曉嵐提倡漢學而無專門著述，反不如其父竹厓之有《唐韻考》《玉臺新詠考異》，猶為考據家言也。後見《玉臺新詠考異》舊抄本，作者署紀昀名，首序以刻本校之，『乾隆壬申』，抄本作『壬午』；『乙亥六月』，抄本作『辛卯』；『余自雲南乞養歸』，抄本作『余自西域從軍歸』；『林居無事』，抄本作『是歲十月再入東觀』；『乾隆丁丑』，抄本作『戊辰』；『紀容舒序』，抄本作『紀昀書』。恍然知其書為曉嵐所作，以歸美其親。然則《唐韻考》亦猶是也，且與《沈氏四聲考》同一筆調，尤足徵出一手。」（《蛾術軒篋存善本書錄》第 461 頁，同書第 1156 頁亦重言之）。《簡目標注》第 880 頁亦云：「此書實文達自撰，歸之父也。」劉躍進云：「國家圖書館藏有紀昀（1724～1805）《玉臺新詠校正》稿本，與《考異》相校，除序文略有差異外，其餘全同。不知紀昀出於什麼目的把自己的著作換上父親的名字列入《四庫全書》中。」（《先秦兩漢文學史料學》第 497～498 頁）雋雪豔亦撰文認為，《玉臺新詠考異》為紀昀所作。

〔六〕【整理與研究】劉躍進撰《玉臺新詠研究》（中華書局 2000 年版），吳冠文、談蓓芳、章培恒合撰《玉臺新詠匯校》（上海古籍出版社 2013 年版），黃威撰《〈玉臺新詠〉成書研究》（中國社會科學出版社 2017 年版），傅剛撰《〈玉臺新詠〉與南朝文學》（中華書局 2018 年版），張蕾撰《〈玉臺新詠校正〉整理

與研究》（上海古籍出版社 2019 年版），《玉臺新詠珍本二種》（中華書局 2019 年版）影印收入了國家圖書館藏明崇真六年寒山趙氏覆宋陳玉父本和崇真二年馮班抄陳玉父本。

271. 文苑英華一千卷

宋太平興國七年（982）李昉、扈蒙、徐鉉、宋白等奉敕編，續又命蘇易簡、王祐等參修。至雍熙四年（987）書成。「宋四大書」之一也。

梁昭明太子撰《文選》三十卷，迄於梁初。此書所錄，則起於梁末，蓋即以上續《文選》。其分類編輯體例，亦略相同，而門目更為繁碎。則後來文體日增，非舊目所能括也。周必大《平園集》有是書跋稱：「《太平御覽》《冊府元龜》，今閩、蜀已刊。惟《文苑英華》士大夫間絕無而僅有。蓋所集止唐文章，如南北朝間存一二，是時印本絕少，雖韓、柳、元、白之文尚未甚傳。其他如陳子昂、張說、張九齡、李翱諸名士文籍，世尤罕見。故修書官於柳宗元、白居易、權德輿、李商隱、顧雲、羅隱或全卷收入。當真宗朝，姚鉉銓擇十一，號《唐文粹》。由簡故精，所以盛行。近歲唐文摹印漫多，不假《英華》而傳，其不行於世則宜（云云）。」〔一〕蓋六朝及唐代文集，南宋初存者尚多，故必大之言如是。迄今四五百年，唐代詩集已漸減於舊，文集則《宋志》所著錄者殆十不存一。即如李商隱《樊南甲乙集》，久已散佚，今所存本，乃全自是書錄出。又如《張說集》雖有傳本，而以此書所載互校，尚遺漏雜文六十一篇。則考唐文者惟賴此書之存，**實為著作之淵海，與南宋之初，其事迥異矣**。

書在當時，已多訛脫。故方崧卿作《韓集舉正》，朱子作《韓文考異》，均無一字之引證。彭叔夏嘗作《辯證》十卷〔二〕，以糾其舛漏重複。然如劉孝威紹古詞，一收於二百三卷，一收於二百五卷，而字句大同小異者，叔夏尚未及盡究也。此本為明萬曆中所刊，校正頗詳，在活字版《太平御覽》之上。〔三〕而卷帙浩繁，仍多疏漏。今參核諸書，各為釐正。其無別本可證者，則姑仍其舊焉。〔四〕（《四庫全書總目》卷一百八十六）

【注釋】

〔一〕【史源】《文忠集》卷五十五《平園稿》十五。

〔二〕【文苑英華辯證】宋彭叔夏撰。是書蓋因周必大所校《文苑英華》而作。考必大《平園集》有《文苑英華跋》曰：「孝宗皇帝欲刻江鈿《文海》，臣奏其

去取差謬不足觀。乃詔館閣裒集《皇朝文鑒》，臣因及《文苑英華》，雖秘閣有本，然舛誤不可讀。俄聞傳旨取入，遂經乙覽。時御前置校正書籍一二十員，往往妄加塗注，繕寫裝飾，付之秘閣。頃嘗屬荊帥范仲藝、筠倅、丁介稍加校正。晚幸退休，求別本與士友詳議，疑則闕之。惟是元修書非出一手，叢脞重複，首尾衡決。一詩或析為二，二詩或合為一。姓名差互，先後顛倒，不可勝計。其中賦多用員來，非讀《泰誓正義》，安知今日之云字乃員之省文。以堯韭對舜榮，非讀《本草注》，安知其為菖蒲。又如切磋之磋、馳驅之驅、掛帆之帆、仙裝之裝，《廣韻》各有側音，而流俗改切磋為效課，以駐易驅，以席易帆，以仗易裝。今皆正之，詳注逐篇之下，不復遍舉。始於嘉泰初年，至四年秋訖工云云。」是書之首亦有嘉泰四年叔夏自序稱：「益公先生退老邱園，命以校讎，考訂商榷，用功為多。散在本文，覽者難遍，因薈粹其說，以類而分。各舉數端，不復具載云云。」則必大所稱與士友詳議者，蓋即叔夏，故與必大校本同以嘉泰四年成書也。所分諸類，一曰用字，為目凡三；二曰用韻，為目凡二；三曰事證，無子目；四曰事誤，為目凡二；五曰事疑，無子目；（七）〔六〕曰人名，為目凡五；（八）〔七〕曰官爵，為目凡三；（九）〔八〕曰郡縣，為目凡三；（十）〔九〕曰年月，為目凡四；（十一）〔十〕曰名氏，為目凡三；（十二）〔十一〕曰題目，為目凡二；（十三）〔十二〕曰門類，無子目；（十四）〔十三〕曰脫文，為目凡四；（十五）〔十四〕曰同異，（十六）〔十五〕曰離合，（十七）〔十六〕曰避諱，（十八）〔十七〕曰異域，（十九）〔十八〕曰鳥獸，（二十）〔十九〕曰草木，均無子目；（二十一）〔二十〕曰雜錄，為目凡五。其中如磋、驅、帆、裝諸字，與必大所舉者合。然序文稱小小異同，在所弗錄，原注頗略，今則加詳，其未注者仍附此篇。則視必大原本亦多所損益矣。《文苑英華》本繼《文選》而作，於唐代文章，採摭至備，號為詞翰之淵藪。而卷帙既富，牴牾實多，在宋代已無善本。近日所行，又出明人所重刊，承訛踵謬，抑又甚矣。叔夏此書，考核精密，大抵分承訛當改、別有依據不可妄改、義可兩存不必遽改三例。中如杜牧《請追尊號表》，以高宗伐鬼方為出《尚書》，顯然誤記，而叔夏疑是逸書，未免有持疑不決之處。然其用意謹嚴，不輕點竄古書，亦於是可見矣。（《四庫全書總目》卷一百八十六）

〔三〕【版本】《簡目標注》：「平津館目有影抄宋嘉泰刊本。」（第 886 頁）中華書局 1966 年據宋殘本明刻本影印六冊，附作者索引。

〔四〕【整理與研究】羅振玉撰《宋槧文苑英華殘本校記》一卷（載《北平北海圖
　　　書館月刊》卷二第五號）。傅增湘撰《文苑英華校記》（北京圖書館出版社
　　　2006 年版），凌朝棟撰《文苑英華研究》（上海古籍出版社 2005 年版）。今
　　　按，《文苑英華校注》也是古籍整理的重大課題。

272. 唐文粹一百卷

　　宋姚鉉（968～1020）編。陳善《捫虱新話》以為徐鉉者，誤也。鉉字寶臣，
廬州（今安徽合肥）人。自署郡望，故曰吳興。太平興國中第進士。官至兩浙轉
運使。事蹟具《宋史》本傳。

　　是編文賦惟取古體，而四六之文不錄，詩歌亦惟取古體，而五七言近體
不錄。考阮閱《詩話總龜》載，鉉於淳化中侍宴，賦賞花釣魚七言律詩，賜金
百兩，時以比奪袍賜花故事〔一〕。又江少虞《事實類苑》載鉉詩有「疏鐘天竺
曉，一雁海門秋」句〔二〕，亦頗清遠，則鉉非不究心於聲律者。

　　蓋詩文儷偶，皆莫盛於唐，盛極而衰，流為俗體，亦莫雜於唐。鉉欲力
挽其末流，故其體例如是。於歐、梅未出以前，毅然矯五代之弊，與穆修、柳
開相應者實自鉉始。其中如杜審言〔三〕《臥病人事絕》一首，較集本少後四句，
則鉉亦有所刪削。又如岑文本請《勤政改過疏》之類，皆《文苑英華》所不
載，其搜羅亦云廣博。王得臣《麈史》乃譏其未見《張登集》，殊失之苛。惟
文中芟韓愈《平淮西碑》〔四〕，而仍錄段文昌〔五〕作，未免有心立異。詩中如
陸龜蒙《江湖散人歌》、皎然〔六〕《古意》詩之類，一概收之，亦未免過求樸
野，稍失別裁。〔七〕然論唐文者終以是書為總匯，不以一二小疵掩其全美也。
〔八〕（《四庫全書總目》卷一百八十六）

【注釋】

〔一〕【史源】《詩話總龜》卷四。

〔二〕【史源】語見《事實類苑》卷三十八「雍熙以來文士詩」。

〔三〕【杜審言】（約 645～708），字必簡，杜甫祖父。初唐詩人，與李嶠、崔融、
　　　蘇味道為文章四友。1982 年上海古籍出版社出版《杜審言詩集》。

〔四〕【史源】《舊唐書》卷一百六十：「元和十二年八月，宰臣裴度為淮西宣慰處
　　　置使兼彰義軍節度使，請愈為行軍司馬，仍賜金紫。淮蔡平十二月，隨度還
　　　朝，以功授刑部侍郎，仍詔愈撰《平淮西碑》。其辭多敘裴度事。時先入蔡州

擒吳元濟，李愬功第一，愬不平之，愬妻出入禁中，因訴碑辭不實。詔令磨愬文，憲宗命翰林學士段文昌重撰文勒石。」

〔五〕【段文昌】（733～835），字墨卿，唐齊州臨淄人。文宗時為御史大夫，歷鎮淮南、荊南、西川。

〔六〕【皎然】（720～約796），唐詩僧，湖州長城（今浙江長興）人。俗姓謝，為謝靈運十世孫。有《杼山集》十卷。

〔七〕【評論】關於《唐文粹》選錄的得失問題，馬積高先生分析得比較中肯，他認為：「姚氏此書尚不止以矯俗復古見長，其選篇亦頗具鑒裁。以賦而論，所選大抵多為名家名作，或在內容和表現藝術上有一定特色者。尤可貴者是選入了不少揭露統治者殘酷剝削、壓迫人民和社會上其他醜惡現象的作品，如杜牧《阿房宮賦》、孫樵《大明宮賦》、李商隱《虱賦》《蝎賦》、陸龜蒙《蠹賦》《後虱賦》、羅隱《秋蟲賦》、何諷《渴賦》等。而這些賦，除杜牧《阿房宮賦》外，《文苑英華》皆不採。唯《英華》選錄柳宗元的賦頗多，而《文粹》於其賦幾擯而不錄（僅在「古文」類錄其《愚溪對》），殊為失察。」（《歷代辭賦研究史料概述》第223頁）

〔八〕【版本與研究】宋寶元二年（1039）刊本為祖本，見於《天祿後目》。士禮居曾藏宋紹興九年（1139）刊本。近有《四部叢刊》影印《重校正唐文粹》本（即元翻宋刻小字本）。顧廣圻校刻大字本，明晉藩刻本，又明刻小字本。范補：蘇州局本，光緒間仁和許增校刻本。郭麐編《唐文粹補遺》二十六卷。

　　錢泰吉《曝書雜記》卷下：「竊謂姚氏《唐文粹》多取古藻，蓋隱以續《文選》也。倘能注釋，其功更倍於《（宋）文鑒》。不知世有從事於此者否？」司馬按，此係前人所指出的研究課題。《唐文粹》為現存最早的斷代詩文總集。若有人以畢生之力撰成《唐文粹校注》，必為傳世之作。

273. 西崑酬唱集二卷

　　不著編輯者名氏。前有楊億序，稱卷帙為億所分，書名亦億所題，而不言裒而成集出於誰手。考田況《儒林公議》〔一〕云：「楊億兩禁，變文章之體，劉筠、錢惟演輩從而效之，以新詩更相屬和。億後編敘之，題曰《西崑酬唱集》。」然則即億編也。

　　凡億及劉筠、錢惟演、李宗諤、陳越、李維、劉隲、刁衎、任隨、張詠、錢惟濟、丁謂、舒雅、晁迥、崔遵度、薛映、劉秉十七人之詩。而億序乃稱屬而和者十有五人，豈以錢、劉為主，而億與李宗諤以下為十五人歟？

　　詩皆近體。上卷凡一百二十三首，下卷凡一百二十五首。而億序稱二百有五十首，不知何時佚二首也。其詩宗法唐李商隱，詞取妍華，而不管興象。效之者漸失本真，惟工組織，於是有優伶撏扯之戲。石介至作《怪說》以刺之〔二〕，而祥符中遂下詔禁文體浮豔。然介之說，蘇軾嘗辨之。真宗之詔，緣於《宣曲》一詩有「取酒臨邛」之句。陸游《渭南集》有《西崑詩跋》〔三〕，言其始末甚詳，初不緣文體發也。其後歐、梅繼作，坡、谷迭起，而楊、劉之派遂不絕如線。要其取材博贍，練詞精整，非學有根柢，亦不能鎔鑄變化，自名一家，固亦未可輕詆。《後村詩話》云：「《西崑酬唱集》對偶字面雖工，而佳句可錄者殊少，宜為歐公之所厭。」〔四〕又一條云：「君（僅）〔謨〕以詩寄歐公，公答云：『先朝劉、楊，風采聳動天下，至今使人傾想。』豈公特惡其碑版奏疏，其詩之精工穩切者，自不可廢歟？」〔五〕二說自相矛盾。平心而論，要以後說為公矣。

　　其書自明代以來，世罕流佈。毛奇齡初得舊本於江寧（今江蘇南京），徐乾學為之刻版，以剞劂未工，不甚摹印。康熙戊子（1708）長洲朱俊升又重鐫之。〔六〕前有常熟馮武序。馮舒、馮班本主西崑一派，武其猶子，故於是書極其推崇。然武謂元和、大和之際，李義山傑起中原，與太原溫庭筠、南郡段成式，皆以格調清拔，才藻優裕，為西崑三十六體，以三人俱行十六也。考《唐書》但有三十六體之說，無西崑字。億序是集稱取玉山策府之名，題曰《西崑酬唱集》〔七〕。則三十六與西崑各為一事，武乃合而一之，誤矣。〔八〕（《四庫全書總目》卷一百八十六）

【注釋】

〔一〕【儒林公議】宋田況撰。是編記建隆以迄慶曆朝廷政事及士大夫行履得失甚
　　　詳，其記入閣會議諸條，明悉掌故，皆足備讀史之參稽，其持論亦皆平允。
　　　（《四庫全書總目》卷一百四十）

〔二〕【史源】《徂徠集》卷五《怪說中》。

〔三〕【跋西崑酬唱集】祥符中，嘗下詔禁文體浮豔，議者謂是時館中作宣曲詩，
　　　宣曲見東方朔傳，其詩盛傳都下。而劉楊方幸，或謂頗指宮掖。又二妃皆蜀
　　　人，詩中有取酒臨邛遠之句，賴天子愛才士，皆置而不問，獨下詔諷切而已。

不然，亦殆哉！蓋後人元不知杜詩所以妙絕古今者在何處，但以一字亦有出處為工，如《西崑酬倡集》中詩，何曾有一字無出處者，便以為追配少陵，可乎？且今人作詩亦未嘗無出處，渠自不知，若為之箋注，亦字字有出處，但不妨其為惡詩耳。（《渭南文集》卷三十一）

〔四〕【史源】《後村詩話》卷二：「楊、劉諸人師李義山，可也，又師唐彥謙，唐詩雖雕研對偶，然求如一抔三尺之聯，惜不多見。五言敘亂離云：『不見泥函谷，俄驚火建章。剪茅行殿濕，伐栢舊陵香。』語尤渾成，未甚破碎。若《西崑酬唱集》，對偶字畫雖工，而佳句可錄者殊少，宜為歐公之所厭也。」

〔五〕【史源】《後村詩話》卷二。

〔六〕【版本】天祿後目有宋寶元二年刊本二部、元本二部。近有《四部叢刊》本。（《簡目標注》第 888 頁）

〔七〕【楊億序】余景德中忝佐修書之任，得接群公之遊。時今紫微錢君希聖、秘閣劉君子儀並負懿文，尤精雅道，雕章麗句，膾炙人口。予得以遊其牆藩，而諮其模楷，二君成人之美，不我遐棄，博約誘掖，置之同聲，因以歷覽遺編，研味前作，挹其芳潤，發於希慕，更迭唱和，互相切劘，而予以固陋之姿，參酬繼之，末入蘭遊霧，雖獲益以居多，觀海學山，歎知量而中止，既恨其不至，又犯乎不韙，雖榮於託驥，亦愧乎續貂……取玉山策府之名，命之曰《西崑酬唱集》云。

〔八〕【整理與研究】王仲犖先生撰《西崑酬唱集注》（中華書局 1980 年版），鄭再時撰《西崑酬唱箋注》（齊魯書社 1986 年版）。

274. 樂府詩集一百卷

宋郭茂倩撰。《建炎以來繫年要錄》載茂倩為侍讀學士郭（襃）〔勸〕之孫，源（中）〔明〕之子。其仕履未詳〔一〕。本渾州須城（今山東東平）人。此本題曰太原，蓋署郡望也。

是集總括歷代樂府，上起陶唐，下迄五代。凡郊廟歌詞〔二〕十二卷，燕射歌詞〔三〕三卷，鼓吹曲詞〔四〕五卷，橫吹曲詞〔五〕五卷，相和歌詞〔六〕十八卷，清商曲詞〔七〕八卷，舞曲歌詞〔八〕五卷，琴曲歌詞〔九〕四卷，雜曲歌詞〔十〕十八卷，近代曲詞〔十一〕四卷，雜謠歌詞〔十二〕七卷，新樂府詞〔十三〕十一卷。其解題徵引浩博，援據精審，宋以來考樂府者無能出其範圍。每題以古詞居前，擬作居後，使同一曲調，而諸格畢備，不相沿襲，可以藥劑窺形

似之失。其古詞多前列本詞，後列入樂所改，得以考知孰為側，孰為趨，孰為豔，孰為增字減字。其聲詞合寫不可訓詁者亦皆題下注明，尤可以藥摹擬聱牙之弊。誠樂府中第一善本。〔十四〕

明梅鼎祚《古樂苑》曰：「郭氏意務博覽，間有詩題羼列樂府，如『採桑』則劉邈『萬山見採桑人』，『從軍行』則王粲《從軍詩》、梁元帝《同王僧辨從軍》、江淹《擬李都尉從軍》、張正見《星名從軍詩》、庾信《同盧記室從軍》之類。有取詩首一二語竄入前題，如自君之出矣，則鮑令暉題詩後寄行人，『長安少年行』則何遜學古詩『長安美少年』之類。有辭類前題原未名為歌曲，如『苦熱行』，任昉、何遜但云『苦熱』，『鬥雞篇』，梁簡文但云『鬥雞』之類。有賦詩為題而其本辭實非樂府，若張正見『晨雞高樹鳴』本阮籍《詠懷詩》『晨雞鳴高樹，命駕起旋歸』，『張率雀乳空井中』本傅玄《雜詩》『鵲巢邱城側，雀乳空井中』之類。亦有全不相蒙，如『善哉行』則江淹擬魏文遊宴，『秋風』則吳邁遠古意贈今人之類。有一題數篇半為牽合，如楊方《合歡詩》後三首為雜詩，《採蓮曲》則梁簡文後一首本《蓮花賦》中歌之類，並當刪正（云云）。」其說亦頗中理。然卷帙既繁，牴牾難保。司馬光《通鑒》猶病之，何況茂倩斯集？要之，大廈之材，終不以寸朽棄也。〔十五〕（《四庫全書總目》卷一百八十七）

【注釋】

〔一〕【考證】熙寧九年任河南府法曹參軍。據《直齋書錄解題》等材料考證，郭茂倩的生活年代大致與《通志》作者鄭樵同時，或稍前。

〔二〕郊廟歌詞：「《周頌》《昊天有成命》，郊祀天地之樂歌也，《清廟》，祀太廟之樂歌也，《我將》，祀明堂之樂歌也，《載芟》《良耜》，籍田、社稷之樂歌也。」

〔三〕燕射歌詞：「以飲食之禮親宗族兄弟，以賓射之禮親故舊朋友，以饗燕之禮親四方之賓客。」

〔四〕鼓吹曲詞：「鼓吹曲一曰短簫鐃歌」，即軍樂。

〔五〕橫吹曲詞：「橫吹曲其始亦謂之鼓吹，馬上奏之，蓋軍中之樂也。北狄諸國皆馬上作樂，故自漢已來北狄樂總歸鼓吹署。其後分為二部：有簫笳者為鼓吹，用之朝會道路，亦以給賜，漢武帝時南越七郡皆給鼓吹是也；有鼓角者為橫吹，用之軍中，馬上所奏者是也。」

〔六〕相和歌詞：「相和，漢舊曲也，絲竹更相和執節者。」即街陌謳謠。

〔七〕清商曲詞：「清商樂一曰清樂。清樂者，九代之遺聲，其始即相和三調是也，並漢魏已來舊曲，其辭皆古調及魏三祖所作。」

〔八〕舞曲歌詞：「自漢以後，樂舞浸盛，故有雅舞，有雜舞。雅舞用之郊廟朝饗，雜舞用之宴會。」

〔九〕琴曲歌詞：「古琴曲有五曲、九引、十二操。五曲：一曰鹿鳴，二曰伐檀，三曰騶虞，四曰鵲巢，五曰白駒。九引：一曰烈女引，二曰伯妃引，三曰貞女引，四曰思歸引，五曰霹靂引，六曰走馬引，七曰箜篌引，八曰琴引，九曰楚引。十二操：一曰將歸操，二曰猗蘭操，三曰龜山操，四曰越裳操，五曰拘幽操，六曰岐山操，七曰履霜操，八曰朝飛操，九曰別鶴操，十曰殘形操，十一曰水仙操，十二曰襄陵操。」

〔十〕雜曲歌詞：「雜曲者，歷代有之，或心志之所存，或情思之所感，或宴遊歡樂之所發，或憂愁憤怨之所興，或敘離別悲傷之懷，或言征戰行役之苦，或緣於佛老，或出自夷虜，兼收備載，故總謂之雜曲。」

〔十一〕近代曲詞：「近代曲者，亦雜曲也，以其出於隋唐之世，故曰近代曲也。自隋開皇初，文帝置七部樂，一曰西涼伎，二曰清商伎，三曰高麗伎，四曰天竺伎，五曰安國伎，六曰龜茲伎，七曰文康伎。」

〔十二〕雜謠歌詞：凡歌有因地而作者，京兆《邯鄲歌》之類是也；有因人而作者，孺子《才人歌》之類是也；有傷時而作者，微子《麥秀歌》之類是也；有寓意而作者，張衡《同聲歌》之類是也。甯戚以困而歌，項籍以窮而歌，屈原以愁而歌，卞和以怨而歌，雖所遇不同，至於發乎其情則一也。歷世以來，歌謳雜出，今並採錄，且以謠讖繫其末云。

〔十三〕新樂府詞：新樂府者，皆唐世之新歌也，以其辭實樂府，而未常被於聲，故曰新樂府也。

〔十四〕【版本】沈曾植《元刻樂府詩集跋》云：「《樂府詩集》宋刻本，獨見於毛子晉所藏元本校語中，謂以宋校元，促付手民者也。其本今在常熟瞿氏。而宋本諸家著錄不復見，雖殘本亦無所聞。」（《海日樓題跋》第364～365頁）今按，《簡目標注》第890～891頁詳見此書版本，以元刻居多。今有《四部叢刊》本、中華書局1979年校點本。

〔十五〕【整理與研究】1979年中華書局出版校點本。王運熙等撰《樂府詩集導讀》（巴蜀書社1999年版）。今按，此書亦應出一高質量的校注本——《樂府詩集校注》。

275. 宋文鑒一百五十卷

宋呂祖謙（1137～1181）編。祖謙有《古周易》，已著錄。

案李心傳《建炎以來朝野雜記》稱：「臨安書坊有所謂《聖宋文海》者，近歲江鈿所編。孝宗得之，命本府校正刻版。周必大言其去取差謬，遂命祖謙校正。於是盡取秘府及士大夫所藏諸家文集，旁採傳記他書，悉行編類，凡六十一門。」又稱：「有近臣密啟，所載臣僚奏議有詆及祖宗政事者，不可示後世。乃命直院崔敦詩更定，增損去留凡數十篇。然訖不果刻也。」〔一〕此本不著為祖謙原本，為敦詩改本。《朱子語錄》稱《文鑒》收蜀人呂陶《論制師服》一篇，為敦詩所刪。此本六十一卷中，仍有此篇，則非敦詩改本，確矣。商輅序稱當時臨安府及書肆皆有版，與心傳所記亦不合。〔二〕蓋官未刻而其後坊間私刻之，故仍從原本耳。祖謙之為此書，當時頗鑠於眾口。張端義《貴耳集》稱：「東萊修《文鑒》成，獨進一本，滿朝皆未得見，惟大璫甘昺有之。公論頗不與。得旨除直秘閣，為中書陳騤所駁，載於陳之行狀。」〔三〕《朝野雜記》又引《孝宗實錄》，稱祖謙編《文鑒》，有通經而不能文詞者，亦表奏廁其間，以自矜黨同伐異之功，縉紳公論皆嫉之。又載張栻時在江陵，與朱子書曰：「伯恭好敝精神於閒文字中，何補於治道，何補於後學。承當編此等文字，亦非所成君德也。」而《朱子語錄》記其選錄五例，亦微論其去取有未當。蓋一時皆紛紛訾議。案：錄副本以獻中官，祖謙似不至是。所謂通經而不能文章者，蓋指伊川。然伊川亦非全不能文。至此書所載論政、論學之文，不一而足，安得盡謂之無補？栻殆聞有此舉，未見此書，意其議出周必大，必選詞科之文，故意度而為此語也。〔四〕

陳振孫《書錄解題》記朱子晚年語學者曰：「此書編次，篇篇有意，其所載奏議，亦係當時政治大節。祖宗二百年規模與後來中變之意，盡在其間，非《選》《粹》比也。」〔五〕然則朱子亦未始非之，殆日久而後論定歟？〔六〕（《四庫全書總目》卷一百八十七）

【注釋】

〔一〕【史源】《建炎雜記》乙集卷五「文鑒」條。

〔二〕【版本】此書版本情況較複雜（《簡目標注》第892～893頁）。善本有《四部叢刊》影印宋刻本。

〔三〕【史源】語見《貴耳集》卷上。

〔四〕【選文標準】周必大《皇朝文鑑序》:「古賦詩騷,則欲主文而譎諫;典策詔
誥,則欲溫厚而有體;奏疏表章,取其諒直而忠愛者;箴銘讚頌,取其精愨
而詳明者;以至碑記論序書啟雜著,大率事辭稱者為先,事勝辭則次之,文
質備者為先,質勝文則次之。復謂律賦經義,國家取士之源,亦加採掇,略
存一代之制。」(周必大《文忠集》卷一○四)

〔五〕【史源】《直齋書錄解題》卷十五。

〔六〕【研究課題】錢泰吉《曝書雜記》卷下:「《黃氏日抄》九十卷有《文鑑》注
釋,序云:『惠陽史君師亮為之。凡國朝之典故,諸賢之出處,世道之升降,
無不了然於其間。惜其書不傳。』」

　　司馬按,此題仍可重作,可名之為《宋文鑑校注》,必將大有功於宋代文
史之學。

276. 文章正宗二十卷續集二十卷

　　宋真德秀(1178～1235)編。德秀有《四書集編》,已著錄。

　　是集分辭令、議論、敘事、詩歌四類。錄《左傳》《國語》以下至於唐
末之作。案:總集之選錄《左傳》《國語》自是編始,遂為後來坊刻古文之例。其持論甚
嚴,大意主於論理而不論文。劉克莊集有《贈鄭寧文》詩曰:「昔侍西山講
讀時,頗於函丈得精微。書如逐客猶遭黜,辭取橫汾亦恐非。箏笛焉能諧雅
樂,綺羅原未識深衣。嗟予老矣君方少,好向師門識指歸。」〔一〕其宗旨具
於是矣。然克莊《後村詩話》又曰:「《文章正宗》初萌芽,以詩歌一門屬予
編類,且約以世教民彝為主,如仙釋、閨情、宮怨之類皆弗取。余取漢武帝
《秋風辭》,西山曰:『文中子亦以此辭為悔心之萌,豈其然乎?』意不欲收,
其嚴如此。然所謂『懷佳人兮不能忘』,蓋指公卿扈從者,似非為後宮而設。
凡余所取,而西山去之者大半。又增入陶詩甚多,如三謝之類多不收。」〔二〕
詳其詞意,又若有所不滿於德秀者。蓋道學之儒與文章之士各明一義,固不
可得而強同也。顧炎武《日知錄》亦曰:「真希元《文章正宗》所選詩,一
掃千古之陋,歸之正旨。然病其以理為宗,不得詩人之趣。且如《古詩十九
首》雖非一人之作,而漢代之風略具乎此。今以希元之所刪者讀之,『不如
飲美酒,被服紈與素』,何異《唐風·山有樞》之篇:『良人惟古歡,枉駕惠
前綏。』蓋亦《邶風·雄雉于飛》之義。牽牛織女,意仿《大東》;兔絲女
蘿,情同車舝。十九作中無甚優劣。必以坊淫正俗之旨,嚴為繩削,雖矯昭

明之枉，恐失國風之義。六代浮華固當刊落，必使徐、庾不得為人，陳、隋不得為代，毋乃太甚，豈非執理之過乎？」〔三〕所論至為平允，深中其失。故德秀雖號名儒，其說亦卓然成理，而四五百年以來，自講學家以外，未有尊而用之者，豈非不近人情之事，終不能強行於天下歟？然專執其法以論文，固矯枉過直；兼存其理，以救浮華冶蕩之弊，則亦未嘗無裨。藏弆之家，至今著錄，厥亦有由矣。

《續集》二十卷，皆北宋之文。闕詩歌、辭命二門，僅有敘事、議論，而末一卷議論之文又有錄無書，蓋未成之本，舊附前集以行〔四〕，今亦仍並錄焉。〔五〕（《四庫全書總目》卷一百八十七）

【注釋】

〔一〕【史源】《後村集》卷十。

〔二〕【史源】《後村詩話》卷一。今按，郭紹虞先生認為：「此書是道學家論文標準的代表作。蓋在當時古文家已不能與道學家分庭抗禮，所以道學家再要利用其權威，以掃蕩文壇。於是於建立道統之外，再要建立道學家的文統。」（《中國文學批評史》下卷第 22～23 頁）

〔三〕【史源】《日知錄》卷三「孔子刪詩」條。

〔四〕【考證】《天祿琳琅書目》：「版之尺寸與《前集》同，而大字徑圍較小，注字筆劃稍肥，係仿《前集》而為之，非合刻之本也。」

〔五〕【版本】天祿目有真德秀自刊本，寬行大字，初印精絕。（《簡目標注》第 895 頁）

277. 中州集十卷附中州樂府一卷

金元好問（1190～1257）編。好問有《續夷堅志》，已著錄。

是集錄金一代之詩。首錄顯宗二首、章宗一首，不入卷數。其餘分為十集，以十干紀之。辛集目錄旁注「別起」二字，其人亦復始於金初，似乎七卷以前為正集，七卷以後為續集也。壬集自馬舜之下，別標諸相一門，列劉豫等十六人；狀元一門，列鄭子聃等八人；異人一門，列王中立等四人；隱德一門，列薛繼先、宋可、張潛、曹珏四人志，而獨標繼先名，疑傳寫訛脫。癸集列知己三人，曰辛願、李汾、李獻甫；南冠五人，曰司馬朴、滕茂實、何宏中、姚孝錫、朱弁，而附見宋遺民趙滋及好問父兄詩於末。前有好問自敘，稱魏道明作《百家詩略》，商衡為附益之。好問又增以己之所錄，以成是編。序

作於癸巳，蓋哀宗天興二年（1233）也。其例每人各為小傳，詳具始末，兼評其詩。或一傳而附見數人，如乙集張子羽下，附載僧可道、鮮于可、高鵬、王景徽、吳演之類。或附載他文，如丙集黨懷英下，附載誅永蹈詔書之類。或兼及他事，如乙集祝簡下，附載所論王洙不注杜詩之類。大致主於借詩以存史，故旁見側出，不主一格。至壬集賈益謙條下，述其言世宗大定三十年（1190）中能暴海陵蟄惡者，得美仕，史官修實錄，誣其淫毒很鷔，遺臭無窮。自今觀之，百無一信。又稱衛王勤儉，慎惜名器，較其行事，中材不能及者多。如斯之類，尤足存一代之公論。

王士禎《池北偶談》嘗論其記蔡松年事〔一〕，不免曲筆，然亦白璧之瑕，不足以累全體矣。惟大書劉豫國號、年號，頗乖史法。然豫之立國，實金朝所命。好問，金之臣子，宜有內詞，固不得而擅削之，亦未可以是為咎也。其選錄諸詩，頗極精審，實在宋末江湖諸派之上。故卷末自題有「若從華實評詩品，未便吳儂得錦袍」及「北人不拾江西唾，未要曾郎借齒牙」句。士禎亦深不滿之，殆以門戶不同歟？〔二〕

後附《中州樂府》一卷，與此集皆毛晉所刊。卷末各有晉跋〔三〕，稱初刻《中州集》，佚其樂府，後得陸深家所藏樂府，乃足成之。今考集中小傳，皆兼評其樂府，是樂府與《中州集》合為一編之明證。今亦仍舊本錄之，不別入詞曲類焉。〔四〕（《四庫全書總目》卷一百八十八）

【注釋】

〔一〕【史源】《池北偶談》卷十一「中州集」條：「元裕之撰《中州集》，其小傳足備金源一代故實。虞山極喜之，晚年撰《明列朝詩集》，略仿元例。然元書大有紕謬，如載諸相詩，取宋叛臣劉豫、杜充之類。蔡松年史稱便佞，元首推其家學，且取其論王夷甫、王逸少之語，略無貶詞。曲筆如此，豈足徵信，而顧效之哉？」

〔二〕【史源】王士禎《古夫于亭雜錄》卷一：「程孟陽嘉燧常選元遺山《中州集》，新安有刻本。余觀其去取率不可解，即如劉迎無黨之七言古詩，李汾長源之七言律詩，乃集中眼目，雖北宋作者，無以過之，顧多從刊削，所收反叢脞不足觀。於鼎（門人汪於鼎洪度——引者）以此書寄余，求增刪重刻之，余謂存而不論可也。」同書卷二云：「弇州《卮言》評《中州集》云：『直於宋而太淺，質於元而少情。』二語最確。」

〔三〕【毛晉跋】家藏《中州集》十卷，逸其樂府梓人告成，殊快快然。既得樂府一
帙，乃九峰書院刻本也，不勝劍合之喜。第詞俱雙調，淆雜無倫，一一按譜
釐正，如望海潮諸闋，與譜不侔，未敢輕以意改。

今按，《中州集跋》不見於四庫本《中州集》。

〔四〕【版本】丁氏金刊本（歸瞿氏）、元至大刊本、汲古閣刊本、武進董康影元刻
本、《四部叢刊》影印元刻本、中華書局 1959 年排印金元總集本。今按，薛
瑞兆認為，現存《中州集》諸本之外，增有一個更為完整的版本存在，為《永
樂大典》所引用，應是遺山生前編定刊印的。後來平水曹氏書商將其中部分
詩人汰除，刪去部分詩作，且發生了張冠李戴的錯誤（文載《文獻》2007 年
第 2 期）。

【整理與研究】張靜撰《中州集校注》（中華書局 2018 年版）。

278. 瀛奎律髓四十九卷

元方回（1227～1307）撰。回有《續古今考》，已著錄。

是書兼選唐、宋二代之詩，分四十九類。所錄皆五、七言近體，故名「律
髓」。自序謂取「十八學士登瀛洲」、「五星聚奎」之義，故曰「瀛奎」。〔一〕

**大旨排西崑而主江西，倡為「一祖三宗」之說。「一祖」者，杜甫，「三
宗」者，黃庭堅、陳師道、陳與義也。其說以生硬為健筆，以粗豪為老境，以
鍊字為句眼，頗不諧於中聲。**其去取之間，如杜甫《秋興》惟選第四首之類，
亦多不可解。然宋代諸集，不盡傳於今者，頗賴以存。而當時遺聞舊事，亦往
往多見於其注。故厲鶚作《宋詩紀事》，所採最多。其議論可取者亦不一而足，
故亦未能竟廢之。

此書世有二本：一為石門吳之振所刊，注作夾行，而旁有圈點，前載龍
遵敍，述傳授源流至詳。一為蘇州陳士泰所刊，刪其圈點，遂並注中所圈是
句中眼等句刪去，又以龍遵原序屢言圈點，亦並刪之以滅跡。校讎舛駁，尤不
勝乙。〔二〕之振切譏之，殆未可謂之已甚焉。〔三〕（《四庫全書總目》卷一百八十八）

【注釋】

〔一〕【自序】「瀛」者何？十八學士登瀛洲也。「奎」者何？五星聚奎也。「律」者
何？五七言之近體也。「髓」者何？非得皮得骨之謂也。斯登也，斯聚也，而
後八代、五季之文弊革也。文之精者為詩，詩之精者為律。所選詩格也，所
注詩話也，學者求之，髓由是可得也。

今按，唐武德四年（621），天下初平，秦王李世民開文學館招賢，以杜如晦、房玄齡等十八人兼文學館學士，分三班更日直宿，入閣論學，號「十八學士」。得入館者，人稱羨為「登瀛洲」。五星指水、木、金、火、土五大行星，即東方歲星（木星）、南方熒惑（火星）、中央鎮星（土星）、西方太白（金星）、北方辰星（水星）。《史記·天官書論》：「水、火、金、木、填星，此五星者，天之五佐。」「五星聚奎」指五大行星同時出現在天空中一個小範圍內。通常被視為改朝換代的徵兆。《瀛奎律髓》的書名暗示此書為「唐宋律詩精粹」。又按，清吳寶芝對方序提出質疑，認為詞義淺鄙，亦非當時文體，疑是後人贋作。

〔二〕【版本】明成化三年（1467）龍遵敘校刊本；康熙壬辰（1712）吳之振校刊本，旁有圈點；蘇州陳士泰刊本，劣；清道光間李約齋慨紀昀刊誤本。（《簡目標注》第 903 頁）

〔三〕【整理與研究】李重華《貞一齋詩說》云：「《才調集》乃西崑門戶，《瀛奎律髓》則西江皮毛。較其短長，《才調集》未至誤人，《瀛奎律髓》無論其他，只此四字名目已足貽笑無窮。」此書批點者甚眾，爭議不小。楊慎、馮舒、馮班、何焯等皆有批本，紀昀有《刪正瀛奎律髓》（《鏡煙堂十種》本）。李慶甲先生匯纂《瀛奎律髓匯評》（上海古籍出版社 1986 年版），集其大成。

279. 古賦辨體八卷外集二卷

元祝堯編。《江西通志》載堯上饒人，延祐五年進士，為江山尹，後遷無錫州同知。《廣信府志》載堯字君澤，與此本所題同。惟云官萍鄉州同知，與《江西通志》異。〔一〕

其書自《楚辭》以下，凡兩漢、三國、六朝、唐、宋諸賦，每朝錄取數篇，以辨其體格，凡八卷。其外集二卷，則擬騷、琴歌等篇，為賦家流別者也。採摭頗為賅備。其論司馬相如《子虛》《上林》賦，謂：「問答之體，其源出自《卜居》《漁父》，宋玉輩述之，至漢而盛。首尾是文，中間是賦，世傳既久，變而又變，其中間之賦，以鋪張為靡，而專於詞者則流為齊、梁、唐初之俳體。其首尾之文，以議論為便，而專於理者則流為唐末及宋之文體。」於正變源流，亦言之最確。

何焯《義門讀書記》嘗譏其論潘岳《藉田賦》分別賦、頌之非，引馬融《廣成頌》為證，謂古人賦、頌通為一名。然文體屢變，支派遂分，猶之姓出

一源,而氏殊百族,既云辨體,勢不得合而一之。焯之所言,雖有典據,但追溯本始,知其同出異名可矣,必謂堯強生分別,即為杜撰,是亦非通方之論也。〔二〕(《四庫全書總目》卷一百八十八)

【注釋】

〔一〕【考證】兩志所載不同,未知孰是,或先後官兩地,亦未可知。

〔二〕【評論】馬積高先生認為:「《提要》此評頗精,然尚有需要加以強調和補充者:此書所辨之體,實包含有兩種概念。《提要》所揭櫫的問答體之演為俳體(即駢體)和文體以及外集之擬騷、琴歌等,這是吳氏所謂『體』的一種概念,即辭賦中不同體制之『體』,大體上同我們現在所說的辭賦分體的概念是一致的……本書所謂體的另一含義則指不同時代之體。正錄八卷所列之『楚辭體』、『兩漢體』、『三國六朝體』、『唐體』、『宋體』,即是就體的這種含義而言……祝氏把這兩種體的概念貫串在一書中,而以時代之體為綱,實包含著『文隨時變』的深刻的歷史眼光,這是非常可貴的。」(《歷代辭賦研究史料概述》第192~195頁)

280. 元文類〔一〕七十卷目錄三卷

元蘇天爵(1294~1352)編。天爵有《名臣事略》,已著錄。

是編刊於元統二年(1336)〔二〕。監察御史王理、國子助教陳旅各為之序〔三〕。所錄諸作,自元初迄於延祐,正元文極盛之時。凡分四十有三類。而理序仿《史記·自序》《漢書·敘傳》之例,區為十有五類〔四〕。蓋目錄標其詳,序則撮其綱也。天爵三居史識,預修武宗、文宗《實錄》。所著自《名臣事略》外,尚有《松廳章奏》《春風亭筆記》諸書,於當代掌故,最為嫻習。而所作《滋溪文集》,詞章典雅,亦足追跡前修。故是編去取精嚴〔五〕,具有體要。自元興以逮中葉,英華采撷,略備於斯。論者謂與姚鉉《唐文粹》、呂祖謙《宋文鑒》鼎立而三。然鉉選唐文,因宋白《文苑英華》〔六〕,祖謙選北宋文,因江鈿《文海》,稍稍以諸集附益之耳。天爵是編,無所憑藉,而蔚然媲美,其用力可云勤摰。旅序編末稱天爵此書所以纂輯之意,庶幾同志之士相與博採而嗣錄之〔七〕。而終元之世,未有人續其書者,可以見其難能矣。

葉盛《水東日記》曰:「蘇天爵《元文類》,元統中監察御史南鄭王理序之。有元名人文集,如王百一、閻高唐、姚牧庵、元清河、馬祖常〔八〕、元好問之卓卓者,今皆無傳。案:祖常《石田集》、好問《遺山集》今皆有傳本,蓋明代不甚

行於世，盛偶未見，故其說云然。則所以考勝國文章之盛，獨賴是編而已。嘗見至正初浙省元刻大字本，有陳旅序。此本則有書坊自增《考亭書院記》《建陽縣江源復一堂記》並《高昌偰氏家傳》（云云）。」今此本無此三篇，而有陳旅序，蓋猶從至正元刻翻雕也。〔九〕（《四庫全書總目》卷一百八十八）

【注釋】

〔一〕【書名】原作《國朝文類》。四庫本改題今名。今按，此書為研究元代史事的重要資料。

〔二〕【版本】《書目答問補正》：「《元文類》蘇州局本，《四部叢刊》影印元至正二年西湖書院刻本。」潘景鄭《明嘉靖晉藩本元文類》云：「《元文類》以至正翠巖精舍為第一，次則元西湖書院本；明晉藩、修德堂兩本，則自西湖本出者。」（《著硯樓讀書記》第601頁）

〔三〕【史源】二序均見於四庫本《元文類》卷首。

〔四〕【王理序】文章之體備矣，因類物以知好尚，本敷麗以知情性，辭賦第一。備六體，兼百代，薈粹其言，樂章古今詩第二。本誓命，紬訓誥，申重其辭，以憲式天下，萬世則之，詔冊制命第三。人臣告猷，日月獻納，有奏有諫，有慶有謝，奏議表箋第四。物有體，體以生義，以寓勸誠襃述，箴銘頌讚第五。聖賢之生，必有功德事業，立於天下，後世法象之，古今聖哲碑第六。核諸實，顯諸華，合斯二者，不誕不俚，記序第七。衷蘊之發，油然恢徹，其變不動者鮮矣，書啟第八。物觸則感，感則思，思則鬱，鬱則不可遏，有裨於道，雜說題跋第九。有事，有訓，有言，有假，有類，不名一體，雜著第十。朝廷以群造士，先生以導學者，征諸古，策問第十一。爾雅其言，煜煜然歸其辭，其事宣焉，諸雜文第十二。累其行事，不惥遺之，意真辭愨，哀辭諡議第十三。其為人也沒而不存矣，備述之始終之，行狀第十四。其為人也，沒而不存矣，志其大者遠者，將相大臣有彝鼎之銘，大夫士庶人及婦人女子亦得以沒而不朽者，因其可襃而襃焉，以為戒勸焉，墓誌碑碣表傳第十五。伯修三為史氏，而官守格限，遂以私力為之。蘇君天爵，伯修其字也。世為真定人。先世咸以儒名，威如先生尤邃曆學，著大明曆篿法篇，以稽其繆失焉。郎中府君以材顯，至伯修而益啟之。伯修博學而文，於書無所不讀，討求國朝故實，及近代逸事最詳，定著《名臣事略》若干卷，《遼金紀年》若干卷，並為是書，非有補益於世道者不為也。

〔五〕【評論】關於此書的得失，馬積高先生認為：「至謂天爵此本去取嚴，誠是，精否則尚可議。以賦而言，其不收元好問、李俊民之作，可能因其為遺民，固無不可；不錄郝經賦，則失之隘了；且劉因但收其《白雲辭》而遺其《渡江》《苦寒》二賦，亦難說精當。但此書所收騷、賦，其辭均頗雅潔，且入選之作家僅九人，而熊朋來、袁裒、李好文、王士熙四人之文集皆不傳，其賦得不湮沒，則蘇氏之功矣。」（《歷代辭賦研究史料概述》第 227 頁）

〔六〕【評論】《唐文粹》之輯雖在《文苑英華》之後，但《文苑英華》屢經校訂，姚鉉編纂《唐文粹》之時尚未刊行，因此，不能說《唐文粹》因襲《文苑英華》。

〔七〕【陳旅序】翰林待制趙郡蘇天爵伯修慨然有志於此，以為秦、漢、魏、晉之文則收於《文選》，唐、宋之文則載於《文粹》《文鑑》。國家文章之盛，不採而匯之，將遂散軼沈泯，赫然休光弗耀於將來，非當務之大缺者歟？乃蒐撫國初至今名人所作，若歌、詩、賦、頌、銘、贊、序、記、奏議、雜著、初說、議論、銘志、碑傳，皆類而聚之，積二十年，凡得若干首，為七十卷，名曰《國朝文類》。百年文物之英，盡在是矣。然所取者必其有繫於政治，有補於世教，或取其雅製之足以範俗，或取其論述之足以輔翼史氏，凡非此者，雖好弗取也。

〔八〕【馬祖常】（1279～1338），字伯庸，元光州（今河南光山）人。有《石田先生文集》傳世。所居名石田山房，故以名其集。今按，清徐康《前塵夢影錄》卷下記其元刻云：「元刻之精者，不下宋本。曩在申江，見元《馬石田集》十二冊，其紙潔白如玉，而又堅韌，真宋紙元印。」沈曾植云：「宋紙於明望之無簾痕。」

〔九〕【版本】此書常見版本有元統二年（1334）刊本、至正元年（1341）翠岩精舍刊本、至正二年（1342）杭州路西湖書院刊本。《四部叢刊》本據至正二年本影印。錢警石有精校本。

【整理與研究】范先立《蘇天爵〈元文類〉研究》（河南大學 2018 年碩士論文）。今按：此題至少應該是一個博士論文的題目，卻「被碩論化」——被「碩士論文」拉低與糟蹋。大陸文史學界這種惡劣的越位搶題的做法是不折不扣的浮躁學風！

281. 古詩紀一百五十六卷

明馮惟訥〔一〕（？～1572）撰。惟訥字汝言，臨朐（今屬山東）人。嘉靖戊戌（1538）進士。官至江西左布政使，加光祿寺卿致仕。事蹟附見《明史・馮琦傳》。

其書前集十卷，皆古逸詩；正集一百三十卷，則漢魏以下陳隋以前之詩；外集四卷，附錄仙鬼之詩；別集十二卷，則前人論詩之語也。時代綿長，採摭繁富，其中真偽錯雜以及牴牾舛漏，所不能無。故馮舒（1593～1649）作《詩紀匡謬》〔二〕，以糾其失。然上薄古初，下迄六代，有韻之作，無不兼收，溯詩家之淵源者，不能外是書而別求。固亦採珠之滄海，伐木之鄧林也。

厥後臧懋循《古詩所》〔三〕、張之象《古詩類苑》〔四〕、梅鼎祚《八代詩乘》〔五〕相繼而出，總以是書為藍本。然懋循書雖稱補此書之闕，而掊拾繁猥，珠礫混淆，又割裂分體，不以時代為次，使閱者茫不得正變之源流。之象書又以題編次，竟作類書。鼎祚書僅漢魏全錄，晉宋以下皆從刪節，已非完備之觀，而漢魏詩中，如所增蘇武妻詩之類〔六〕，又深為藝林之笑噱。故至今惟惟訥此編為詩家圭臬。

初，太原甄敬為刊版於陝西，一依惟訥原次，而剞劂甚拙，復間有舛訛。此本為吳琯等重刊，雖去其前集、正集、外集、別集之名，合併為一百五十六卷，而次第悉如其舊，校讎亦較甄本為詳，故今從吳本錄之。〔七〕惟訥別有《風雅廣逸》十卷，覈其所載，即此編之前集。蓋初輯古逸諸篇，先刊別行，後乃續成漢魏以下，並為一編，實非於二。今特別存其目〔八〕，而其書則不復錄焉。〔九〕（《四庫全書總目》卷一百八十九）

【注釋】

〔一〕【評論】錢謙益云：「撰《漢魏六朝詩紀》，自上古以迄陳隋，網羅放失，殊有功於藝苑。」（《列朝詩集小傳》第 391 頁）

〔二〕【詩紀匡謬】國朝馮舒（1593～1649）撰。舒因李攀龍《詩刪》、鍾惺、譚元春《詩歸》所載古詩，輾轉沿訛，而其源總出於馮惟訥之《古詩紀》，因作是書以糾之。然他所抉摘，多中其失，考證精覈，實出惟訥之上。原原本本，證佐確然，固於讀古詩者大有所裨，不得議為吹求，雖謂之羽翼《詩紀》可矣。（《四庫全書總目》卷一八九）

〔三〕【詩所】明臧懋循編。初，臨朐馮惟訥輯上古至三代諸詩為《風雅廣逸》，後又益以漢、魏迄於陳、隋諸詩，總名曰《古詩紀》。懋循是編，實據惟訥之書

為稿本。惟訥書以詩隸人，以人隸代，源流本末，開卷燦然。懋循無所見長，遂取其書而割裂之，分二十有三門，顛例瞀亂，茫無體例。且古詩之名本對近體而起，故沈、宋變律以後，編唐、宋詩者二體迥分。故後來常熟馮舒有《匡謬》一書，頗中其病。懋循不能有所考訂，而掇拾餖飣，以博相誇。又不分真偽，稗販雜書以增之，甚至庾信諸賦以句雜七言亦復收入，尤為冗雜矣。（《四庫全書總目》卷一百九十三）

〔四〕【古詩類苑】明張之象編。其書以馮惟訥《詩紀》為稿本，較《唐詩》易於為力。漢以後箴銘頌讚馮本不錄，之象增之。然文章各有體裁，著述各有斷限，馮本所收封禪文之類，馮舒作《詩紀匡謬》已深駁之，正宜盡從刊削，而復掮撦續貂，殊不免傷於嗜博。又割裂分隸，門目冗瑣。如全書既以古詩為名，而第七十七卷人部又立古詩一門，是何體例乎？（《四庫全書總目》卷一九二）

〔五〕【漢魏詩乘】明梅鼎祚編。其所輯漢、魏、六朝之詩，名《八代詩乘》，六朝詩多所刪削，而漢、魏詩則全載。此書作於馮惟訥《詩紀》之後，頗欲補其軼闕，然真偽雜糅，不能考正。如蘇武妻詩之類，至今為藝林口實也。（《四庫全書總目》卷一九三）鼎祚輯《八代詩乘》，又輯《古樂苑》，於詩家正變源流，不為不審。（《四庫全書總目》卷一八〇）

〔六〕【考證】梅鼎祚《詩乘》載蘇武妻答外詩，據此知為魏文帝作。（《玉臺新詠》卷首提要）

〔七〕【版本】明原刻本最善。浙目云：琯有二刻，一刻於陝，一刻於金陵，金陵本分四集。（《簡目標注》第911頁）

〔八〕【考證】王重民先生云：「今不見《存目》，則館臣之疏也。」（《中國善本書提要》第436頁）

〔九〕【整理與研究】逯欽立編《先秦漢魏晉南北朝詩》一百三十五卷，遠遠超過了《古詩紀》。

282. 唐宋八大家文鈔一百六十四卷

明茅坤（1512～1601）編。坤有《徐海本末》，已著錄。

《明史・文苑傳》稱：坤善古文，最心折唐順之。順之所著《文編》，唐宋人自韓、柳、歐、三蘇、曾、王八家外，無所取，故坤選八大家文鈔。考明初朱右已採錄韓、柳、歐陽、曾、王、三蘇之作為《八先生文集》，實遠在坤

前。然右書今不傳,惟坤此集為世所傳習。凡韓愈文十六卷,柳宗元文十二卷,歐陽修文三十二卷,附五代史鈔二十卷,王安石文十六卷,曾鞏文十卷,蘇洵文十卷,蘇軾文二十八卷,蘇轍文二十卷。每家各為之引。說者謂其書本出唐順之,坤據其稿本,刊版以行,攘為己作,如郭象之於向秀。然坤所作序例,明言以順之及王慎中評語標入,實未諱所自來,則稱為盜襲者誣矣。

其書初刊於杭州,歲久漫漶。萬曆中,坤之孫著復為訂正而重刊之,始以坤所批《五代史》附入歐文之後。今所行者,皆著重訂本也。〔一〕

自李夢陽《空同集》出,以字句摹秦、漢,而秦、漢為窠臼。自坤《白華樓稿》出,以機調摹唐、宋,而唐、宋又為窠臼。故坤嘗以書與唐順之論文,順之復書有「尚以眉髮相山川,而未以精神相山川」之語〔二〕。又謂:「繩墨布置,奇正轉折,雖有專門師法,至於中間一段精神命脈,則非具今古隻眼者不足與此(云云)。」〔三〕蓋頗不以能為古文許之。今觀是集,大抵亦為舉業而設。其所評語,疏舛尤不可枚舉。

黃宗羲《南雷文定》有《答張自烈書》,謂其韓文內《孔司勳志》,不曉句讀;貞曜先生志所云「來弔韓氏」,謂不知何人;柳文內《與顧十郎書》,誤疑十郎為宗元座主〔四〕;歐文內薛簡肅舉進士第一讓王嚴,疑其何以得讓;又以張谷墓表遷員外郎知陽武縣為當時特重令職;又《孫之翰志》「學究出身進士及第」為再舉進士;皆不明宋制,而妄為之說。又謂其圈點批抹,亦多不得要領,而詆為小小結果,皆切中其病。然八家全集浩博,學者遍讀為難,書肆選本又漏略過甚,坤所選錄尚得煩簡之中。集中評語雖所見未深,而亦足為初學之門徑。一二百年以來,家弦戶誦,固亦有由矣。(《四庫全書總目》卷一百八十九)

【注釋】

〔一〕【版本】原刊本為萬曆己卯(1639)茅坤之侄茅一桂所刊,字大而疏細。茅著重刊本字較小。

〔二〕【史源】唐順之《荊川集》卷四《答茅令鹿門書》。

〔三〕【史源】唐順之《荊川集》卷四《與茅鹿門主事書》。

〔四〕【史料】《池北偶談》卷一「禁師生」條:「唐人、五代,最重座主。門生之禮,明代尤甚。萬曆中,門戶既成,一為師生,終身以之。惟嘉靖八年,張璁、霍韜為主考,戒諸生不得修弟子禮。本朝沿明之舊。順治十五年戊戌科,給事中胡悉寧建言,鄉策試不分經房,不稱師生。至康熙十八年已未科,始

復分房舊例，而師生之禁仍舊。」今按，座主亦稱恩門、師門。唐時科舉及第者稱主試官為座主，自稱門生。中唐後，此風益盛，座主門生多結為朋黨。

283. 御定全唐詩九百卷

康熙四十二年（1703）聖祖仁皇帝御定。

詩莫備於唐〔一〕。然自北宋以來，但有選錄之總集，而無輯一代之詩共為一集者。明海鹽胡震亨《唐音統籤》始搜羅成帙，粗見規模，然尚多所舛漏。是編稟承聖訓，以震亨書為稿本，而益以內府所藏《全唐詩集》，又旁採殘碑斷碣、稗史、雜書之所載，補苴所遺〔二〕。凡得詩四萬八千九百餘首，作者二千二百餘人。冠以帝王、后妃，次以樂章、樂府，殿以聯句、逸句、名媛、僧道、外國、仙神、鬼怪、諧謔及諸雜體。其餘皆以作者先後為次，而以補遺六卷、詞十二卷別綴於末。網羅賅備，細大不遺。

然如《冊府元龜》所載唐高祖賜秦王詩，則考訂其偽託〔三〕。又舊以六朝人誤作唐人者，如陳昭儀沈氏、衛敬瑜妻之類，以六朝人訛其姓名誤為唐人者，如楊慎即陽慎、陳沉煙即陳沈炯之類，以六朝詩誤入唐詩者，如吳均《姜安所居》、劉孝勝《武陵深行》誤作曹鄴，薛道衡《昔昔鹽》誤作劉長卿之類，唐詩之誤以詩題為姓名者，如上官儀〔四〕《高密公主挽詞》作高密詩，王維《慕容承攜素饌見過》詩作慕容承詩之類，亦並釐正。《唐音統籤》收道家章咒、釋氏偈頌多至二十八卷，本非詩歌之體、傷於冗雜者，咸為刪削，義例乃極謹嚴。至於字句之異同、篇章之互見，根據諸本，一一校注，尤為周密。得此一編，而唐詩之源流正變，始末釐然。自有總集以來，更無如是之既博且精者矣。〔五〕（《四庫全書總目》卷一百九十）

【注釋】

〔一〕【評論】沈曾植云：「開元文盛，百家皆有跨晉宋追兩漢之思。經大曆、貞元、元和，而唐之為唐也，六藝九流，遂成滿一代之大業。」（《海日樓札叢》第262頁）

〔二〕【考證】《四庫全書總目》述《全唐詩》資料來源云：「是編秉承聖訓，以震亨書為稿本，而益以內府所藏《全唐詩集》，又旁採殘碑斷碣，稗史雜書之所載，補苴所遺。」所言較含混，且有所隱諱。經今人周勳初《述〈全唐詩〉成書經過》考證，知《全唐詩集》即指季書，彭定求等對二書的利用情況，亦不盡屬實。以《全唐詩》與季、胡二書覆勘，可知是以季書為主、兼採胡

書編成的。具體來說，初、盛唐部分以季書為底本，略作增刪校補，即成定本，中，晚唐部分，季書比較單薄，編修諸臣參用胡書作了較大幅度的增補，如殷堯藩詩，季書全缺，即據胡書補入；胡曾、司空圖詩，季書失收甚多，亦據胡書補齊。另外，季書所輯以完詩為主，胡氏則廣搜零章碎句。《全唐詩》各集後所附佚句，絕大多數係據胡書移錄。（見《文史》第八輯）

〔三〕【史源】《冊府元龜》卷二十一：「太宗所居處，有紫雲當其上，俄變為五色，狀如飛龍。武德八年，拜中書令，嘗夜於嘉猷門側見一神人，長數丈，素衣冠，呼太宗進，而言曰：『我當令汝作天子。』太宗再拜，忽因不見。所居弘義宮中有一大池，嘗作佳氣鬱然，高數百尺，太宗心獨異之。至九年，其氣轉盛，上屬於天。六月癸未，克定內難，立為皇太子，萬機鉅細，皆令取決。初，太宗為秦王，高祖製詩云：『聖德合天地，五宿連珠見。和風拂世民，上下同歡宴。』帝於宮西造宅，初成，高祖送玉璽以至帝所，縉紳先生相謂曰：『詩及玉璽，蓋奉國之祥瑞者歟？』又有方士喬伏仁善言符命，見建成、元吉俱有爭心，因謂所親曰：『秦王應天上錄，當為元君，此二人乃驅除耳。』果如其言，鄎隱海陵之未發也。太史奏云：太白入南斗，秦王得天下，其鋒不可當，自非皇天眷顧，何以臻此？」

〔四〕【上官儀】（約 608～665），字游韶，唐陝州陝縣（今河南三門峽市）人。有文才，擅五言詩。時人多效其體，稱上官體。

〔五〕【整理與研究】該書編成的次年，即由內府精刻行世，後又有揚州詩局本，二本皆為 120 冊，分裝十函。光緒十三年（1887）上海同文書局石印本，歸併成三十二卷。1960 年，中華書局據揚州詩局本斷句排印，並改正了一些明顯的錯誤。輯補《全唐詩》的著作，以日本上毛河世寧（即市河寬齋）《全唐詩逸》三卷為最早，成書時間約相當我國乾隆時期，凡補詩七十二首，句二百七十九條。中華書局本《全唐詩》附於全書之末，今人王重民輯《補全唐詩》《敦煌唐人詩集殘卷》二種，據敦煌遺書補一百七十六首，孫望《全唐詩補逸》二十卷，補詩七百四十首又八十七句，童養年《全唐詩續補遺》二十一卷，補詩一千一百五十八首又二百四十三句。以上四種，由中華書局合編成《全唐詩外編》出版。陳尚君輯校《全唐詩補編》（中華書局 1992 年版），既刪去《外編》中重收誤收詩 614 首，又輯出 4600 餘首又 1100 餘句佚詩。關於《全唐詩》的不足之處，主要有漏收、重收、誤收等方面（詳見《隋唐五代文學史料學》第 140～142 頁）。

284. 御定四朝詩三百一十二卷〔一〕

康熙四十八年（1709）聖祖仁皇帝御定，右庶子張豫章等奉敕編次。

凡宋詩七十八卷，作者八百八十二人；金詩二十五卷，作者三百二十一人；元詩八十一卷，作者一千一百九十七人；明詩一百二十八卷，作者三千四百人。每代之前，各詳敘作者之爵里。其詩則首帝制，次四言，次樂府歌行，次古體，次律詩，次絕句，次六言，次雜言，以體分編。

唐詩至五代而衰，至宋初而未振。王禹偁初學白居易，如古文之有柳、穆，明而未融。楊億等倡西崑體，流佈一時。歐陽修、梅堯臣始變舊格，蘇軾、黃庭堅益出新意，宋詩於時為極盛。南渡以後，《擊壤集》一派參錯並行。遷流至於四靈、江湖二派，遂弊極而不復焉。金人奄有中原，故詩格多沿元祐。迨其末造，國運與宋同衰，詩道乃較宋為獨盛。

元好問《自題中州集後》詩曰：「鄴下曹劉氣盡豪，江東諸謝韻尤高。若從華實評詩品，未便吳儂得錦袍。」豈虛語乎？有元一代，作者雲興。虞、楊、范、揭以下，指不勝屈。而末葉爭趨綺麗，乃類小詞。楊維楨負其才氣，破崖岸而為之，風氣一新，然訖不能返諸古也。

明詩總雜，門戶多岐。約而論之，高啟諸人為極盛。洪熙、宣德以後，體參臺閣，風雅漸微。李東陽稍稍振之，而北地、信陽已崛起與爭，詩體遂變。後再變而公安，三變而竟陵，淫哇競作，明祚遂終。

大抵四朝各有其盛衰，其作者亦互有長短。而七百餘年之中，著作浩繁，雖博識通儒，亦無從遍觀遺集。至於澄汰沙礫，披檢精英，合四朝而為一鉅帙，勢更有所不能矣。我國家稽古右文，石渠、天祿之藏既逾前代。我聖祖仁皇帝，遊心風雅，典學維勤，乙覽之餘，咸無遺照。用能別裁得失，勒著鴻編。非惟四朝作者得睿鑒而表章，即讀者沿波以得奇，於詩家正變源流，亦一一識其門徑，聖人之嘉惠儒林者寧淺鮮歟？（《四庫全書總目》卷一百九十）

【注釋】

〔一〕【書名】四庫本作「御選宋金元明四朝詩」。

285. 御定全金詩七十四卷〔一〕

康熙五十年（1711）聖祖仁皇帝御定。

宋自南渡以後，議論多而事功少，道學盛而文章衰。中原文獻，實併入於金。特北人質樸，性不近名，不似江左勝流，動刊梨棗。迨汝陽版蕩，散佚

遂多。元好問撰《中州集》，掇拾畸零，得詩一千九百八十餘首，作者二百四十餘人，並樂府釐為十一卷〔二〕。每人各以小傳述其軼事，頗為詳悉。然好問之意在於借詩以存史，故於詩不甚求全，所錄未能賅備。郭元釪因取好問原本，重為葺綴，所增之人，視舊加倍，所增之詩，視舊三倍。仍存好問之小傳，而取劉祁《歸潛志》以拾其遺，別題曰「補」。又雜取《金史》及諸家文集說部，以備考核，別題曰「附」。元釪有所論說，亦附見焉。金源一代之歌詠，彬彬乎備矣。

　　書成奏進，仰蒙聖祖仁皇帝製序刊行。伏讀序文，知是編薈稡排纂，實經御筆〔三〕。而目錄之首，猶題臣郭元釪補緝一條。大聖人善與人同，一長必錄之盛心，尤足以昭示千古也。（《四庫全書總目》卷一百九十）

【注釋】

〔一〕【書名】四庫本作「御訂全金詩增補中州集」。

〔二〕【考證】郭元釪識語云：「元郝經稱好問著《中州集》一百卷，而今存者止十卷，其間必有殘缺，未為全書。」

〔三〕【聖祖仁皇帝御製全金詩序】金有天下，武功文治，燦爛昭明……朕嘗覽《金史》，多採用好問《中州集》，益信所謂詩史不虛也。因是亦欲得金詩之全，以補《金史》之所未備，卓然成一代之書。會有《全金詩》之進，遂命更加搜緝，凡金人集之斷簡殘篇，有可存者皆令附以入，及諸山經地志川澤之紀聞，綴撫薈蕞，鉅細不遺，使觀者弗厭其詳，而皆有以自擇焉。夫金世德久遠，涵濡蒸育，才俊輩出，迄今反覆斯編，可以見邦國之光與篤生之富矣。（下略）

　　　　今按，館臣誤讀序文，序中明言「會有《全金詩》之進」，何以就能推斷「是編薈稡排纂實經御筆」？

286. 御選唐詩三十二卷附錄三卷

　　康熙五十二年（1713）聖祖仁皇帝御定。其注釋則命諸臣編錄，而取斷於睿裁。

　　詩至唐，無體不備，亦無派不有。撰錄總集者，或得其性情之所近，或因乎風氣之所趨，隨所撰錄，無不可各成一家。故元結尚古淡，《篋中集》〔一〕所錄皆古淡；令狐楚〔二〕尚富贍，《御覽詩》所錄皆富贍；方回尚生拗，《瀛奎律髓》所錄即多生拗之篇；元好問尚高華，《唐詩鼓吹》〔三〕所錄即多高華

之制。蓋求詩於唐，如求材於山海，隨取皆給。而所取之當否，則如影隨形，各肖其人之學識。

自明以來，詩派屢變，論唐詩者亦屢變。大抵各持偏見，未協中聲。惟我聖祖仁皇帝學邁百王，理研四始，奎章宏富，足以陶鑄三唐。故辨別瑕瑜，如居高視下，坐照纖微。既命編《全唐詩》九百卷，以窮其源流；復親標甲乙，撰錄此編，以正其軌範。博收約取，漉液鎔精。譬諸古詩三千，本里閭謠唱，一經尼山之刪定，遂列諸六籍，與日月齊懸矣。

詩中注釋，每名氏之下詳其爵里，以為論世之資；每句之下各徵所用故實與名物訓詁，如李善注《文選》之例。至作者之意，則使人涵泳而自得，尤足砭自宋以來說唐詩者穿鑿附會之失焉。（《四庫全書總目》卷一百九十）

【注釋】

〔一〕【篋中集】唐元結編。是集成於乾元三年（760），錄沈千運、王季友、於逖、孟雲卿、張彪、趙微明、元季川七人之詩，凡二十四首。其詩皆淳古淡泊，絕去雕飾。蓋汰取精華，百中存一，特不欲居刊薙之名，故記言篋中所有僅此云爾。（《四庫全書總目》卷一八六）

今按，《篋中集》有汲古閣本。1958 年收入中華書局出版的《唐人選唐詩十種》一書。

〔二〕【唐御覽詩】唐令狐楚（766～837）編。楚字殼士。宜州華原（今陝西耀縣）人。事蹟具《唐書》本傳。是書乃憲宗時奉敕編進。大致雍容諧雅，不失風格，上比《篋中集》則不足，下方《才調集》則有餘，亦不以一二疵累棄其全書矣。

〔三〕【唐詩鼓吹】不著編輯者名氏。是集所錄，皆唐人七言律詩，凡九十六家，共五百九十六首。顧其書與方回《瀛奎律髓》同出元初，而去取謹嚴，軌轍歸一。大抵遒健宏敞，無宋末江湖、四靈瑣碎寒儉之習，實出方書之上。〔郝〕天挺之注雖頗簡略，而但釋出典，尚不涉於穿鑿，亦不似明廖文炳等所解橫生枝節、庸而至於妄也。（《四庫全書總目》卷一八八）

今按，《唐詩鼓吹》，金元好問選。潘景鄭《著硯樓讀書記》載元刻《唐詩鼓吹》（第 600 頁）。《唐詩選本提要》第 448～449 頁討論《唐詩鼓吹》是否元好問所選，並重點介紹了吳汝綸的評點本。紀昀有墨評本，現藏故宮博物院。《唐詩鼓吹》的批註或評點甚多，若將其匯而為一，亦不失為一部好的資料書。

287. 御選唐宋文醇五十八卷

乾隆三年（1738）御定。

明茅坤（1512～1601）嘗取韓、柳、歐、蘇、曾、王之文以編《唐宋八家文抄》。國朝儲欣〔一〕增李翱、孫樵為十家。皇上以欣所去取尚未盡協，所評論亦或未允，乃指授儒臣，定為此集。其文有經聖祖仁皇帝御評者，以黃色恭書篇首，皇上御評則朱書篇後。至前人評跋有所發明及姓名事蹟有資考證者，亦各以紫色、綠色分系於末。

考唐之文體，變於韓愈，而柳宗元以下和之；宋之文體，變於歐陽修，而蘇洵以下和之。愈《與崔立之書》深病場屋之作。修知貢舉，亦黜劉幾等以挽回風氣。則八家之所論著。其不為程試計可知也。茅坤所錄，大抵以八比法說之。儲欣雖以便於舉業譏坤，而覈其所論，亦相去不能分寸。夫能為八比者，其源必出於古文。自明以來，歷歷可數。坤與欣即古文以講八比，未始非探本之論。然論八比而沿溯古文，為八比之正脈；論古文而專為八比設，則非古文之正脈。此如場屋策論，以能根柢經史者為上，操文柄者亦必以能根柢經史與否定其甲乙。至講經評史，而專備策論之用，則其經不足為經學，其史不足為史學。茅坤、儲欣之評八家，適類於是。

得我皇上表章古學，示所折衷，乙覽之餘，親為甄擇。其上者足以明理載道，經世致用；其次者亦有關法戒，不為空言。其上者矩矱六籍，其次者波瀾意度，亦出入於周、秦、兩漢諸家。至於品題考辨，疏通證明，無不抉摘精微，研窮窔奧。蓋唐、宋之文，以十家標其宗；十家之文，經睿裁而括其要矣。茅坤等管蠡之見，烏足仰測聖人之權衡哉？〔二〕（《四庫全書總目》卷一百九十）

【注釋】

〔一〕【儲欣】（1631～1706），字同人，江蘇宜興人。著有《在陸草堂文集》。

〔二〕【整理與研究】《御選唐宋文醇》有春風文藝出版社 2003 年版、吉林出版社 2005 年版、南方出版社 2013 年版、文物出版社 2015 年版、廣陵書社 2015 年版、海豚出版社 2018 年版）、上海科學技術文獻出版社 2020 年版。

288. 御選唐宋詩醇四十七卷

乾隆十五年（1750）御定。〔一〕

　　凡唐詩四家，曰李白，曰杜甫，曰白居易，曰韓愈；宋詩二家，曰蘇軾，曰陸游。詩至唐而極其盛，至宋而極其變。盛極或伏其衰，變極或失其正。亦惟兩代之詩最為龐雜，於其中通評甲乙，要當以此六家為大宗〔二〕。蓋李白源出《離騷》，而才華超妙，為唐人第一；杜甫源出於國風、二雅，而性情真摯，亦為唐人第一。自是而外，平易而最近乎情者，無過白居易；奇創而不詭乎理者，無過韓愈。錄此四集，已足包括眾長。至於北宋之詩，蘇、黃並鶩；南宋之詩，范、陸齊名。然江西宗派，實變化於韓、杜之間，既錄杜、韓，可無庸復見。《石湖集》篇什無多，才力識解亦均不能出《劍南集》上。既舉白以概元，自當存陸而刪范。權衡至當，洵千古之定評矣。

　　考國朝諸家選本，惟王士禎書最為學者所傳。其《古詩選》，五言不錄杜甫、白居易、韓愈、蘇軾、陸游，七言不錄白居易，已自為一家之言。至《唐賢三昧集》，非惟白居易、韓愈皆所不載，即李白、杜甫亦一字不登。蓋明詩摹擬之弊，極於太倉、歷城；纖佻之弊，極於公安、竟陵。物窮則變，故國初多以宋詩為宗。宋詩又弊，士禎乃持嚴羽餘論，倡神韻之說以救之。故其推為極軌者，惟王、孟、韋、柳諸家。然《詩》三百篇，尼山所定，其論《詩》一則謂歸於溫柔敦厚，一則謂可以興觀群怨，原非以品題泉石、摹繪煙霞。洎乎畸士逸人，各標幽賞，乃別為山水清音，實詩之一體，不足以盡詩之全也。宋人惟不解溫柔敦厚之義，故意言並盡，流而為鈍根。士禎又不究興觀群怨之原，故光景流連，變而為虛響。各明一義，遂各倚一偏。論甘忌辛，是丹非素，其斯之謂歟？

　　茲逢我皇上聖學高深，精研六義，以孔門刪定之旨，品評作者。定此六家，乃共識風雅之正軌。臣等循環雒誦，實深為詩教幸，不但為六家幸也。〔三〕（《四庫全書總目》卷一百九十）

【注釋】

〔一〕【御選唐宋詩醇序】文有唐、宋大家之目，而詩無稱焉者。宋之文足可以匹唐，而詩則實不足以匹唐也。既不足以匹而必為是選者，則以《唐宋文醇》之例，有《文醇》不可無《詩醇》，且以見二代盛衰之大凡，示千秋風雅之正則也。《文醇》之選，就向日書窗校閱所未畢，付張照足成者。茲《詩醇》之選，則以二代風華，此六家為最。時於几暇，偶一涉獵，而去取評品，皆出於梁詩正等數儒臣之手。夫詩與文豈異道哉？昌黎有言：「氣盛，則言之短長與聲之高下皆宜。」然五、三、六經之所傳，其以言訓後世者，不以文而以

詩，豈不以文尚有鋪張揚厲之跡，而詩則優游厭飫，入人者深，是則有《文醇》尤不可無《詩醇》也。六家品格，與時會所遭，各見於本集小序。是編匯成，梁詩正等請示其梗概，故為之總敘如此。

〔二〕【凡例】唐、宋人以詩鳴者，指不勝屈，其卓然名家者，猶不減數十人。茲獨取六家者，謂惟此足稱大家也。大家與名家，猶大將與名將，其體段正自不同。李、杜一時瑜、亮，固千古希有。若唐之配白者有元，宋之繼蘇者有黃，在當日亦幾角立爭雄，而百世論定，則微之有浮華而無忠愛，魯直多生澀而少渾成，其視白、蘇較孫。退之雖以文為詩，要其志在直追李、杜，實能拔奇於李、杜之外，務觀包含宏大，亦猶唐有樂天，然則騷壇之大將，旗鼓捨此何適矣。

〔三〕【整理與研究】莫礪鋒整理《御選唐宋詩醇》（商務印書館 2019 年版），喬繼堂整理《唐宋詩醇》（上海科學技術文獻出版社 2020 年版）。

289. 皇清文穎一百二十四卷

康熙中聖祖仁皇帝詔大學士陳廷敬編錄未竟，世宗憲皇帝復詔續輯，以卷帙浩博，亦未即蕆功。我皇上申命廷臣，乃斷自乾隆甲子以前，排纂成帙。冠以列聖宸章、皇上御製二十四卷，次為諸臣之作一百卷。〔一〕

伏考總集之興，遠從西晉。其以當代帝王詔輯當代之文者，不少概見。今世所傳，惟唐令狐楚《御覽詩》奉憲宗之命，宋呂祖謙《文鑒》奉孝宗之命爾。然楚所錄者，佳篇多所漏略；祖謙所錄者，眾論頗有異同。固由時代太近，別擇為難；亦由其時為之君者不足以折衷群言，故或獨任一人之偏見，或莫決眾口之交嘩也。

我國家定鼎之初，人心返樸，已盡變前朝纖仄之體。故順治以來，渾渾噩噩，皆開國元音。康熙六十一年中，太和翔洽，經術昌明，士大夫文采風流，交相照映。作者大都沉博絕麗，馳騁古今。雍正十三年中，累洽重熙，和聲鳴盛。作者率春容大雅，渢渢乎治世之音。我皇上御極之初，肇舉詞科，人文蔚起。治經者多以考證之功，研求古義；摛文者亦多以根柢之學，抒發鴻裁。佩實銜華，迄今尚蒸蒸日上。一代之著作，本足凌轢古人。又恭逢我世祖章皇帝、聖祖仁皇帝、世宗憲皇帝聰明天亶，製作日新。我皇上復遊心藻府，煥著堯文，足以陶鑄群才，權衡眾藝。譬諸伏羲端策而演卦，則讖緯小術不敢侈其談；虞舜拊石而鳴韶，則絲管繁聲不敢奏於側。故司事之臣，其難其

慎，幾三十載而後能排纂奏御，上請睿裁。迄今披檢鴻篇，仰見國家文治之
盛，與皇上聖鑒之明，均軼千古。俯視令狐楚、呂祖謙書，不猶日月之於燭火
哉？〔二〕（《四庫全書總目》卷一百九十）

【注釋】

〔一〕【撰人】張廷玉、梁詩正、汪由敦等奉敕編輯。

〔二〕【續編】一百六十四卷，嘉慶十五年官撰。

290. 明文海四百八十二卷〔一〕

國朝黃宗羲（1610～1695）編。宗羲有《易學象數論》，已著錄。

宗羲於康熙乙卯（1675）以前，嘗選《明文案》〔二〕二百卷，既復得崑山
徐氏所藏明人文集，因更輯成是編。分體二十有八，每體之中又各為子目。
賦之目至十有六，書之目至二十有七，序之目至五，記之目至十有七，傳之
目至二十，墓文之目至十有三。分類殊為繁碎，又頗錯互不倫。如議已別立
一門，而奏疏內復出此體。既立諸體文一門，而卻巧、瘞筆、放雀諸篇復別
為一類，而止目為文，尤為無謂。他若書序、傳記諸門，或析學校、書院為
二，或敘文苑於儒林之上，或列論文、論詩於講學、議禮、議樂、論史之前。
編次糅雜，頗為後人所譏。考閻若璩《潛丘札記》，辨此書體例，謂必非黃
先生所編，乃其子主一所為。若璩嘗遊宗羲之門，其說當為可據。蓋晚年未
定之本也。

明代文章，自何、李盛行，天下相率為沿襲剽竊之學。逮嘉、隆以後，其
弊益甚。宗羲之意，在於掃除摹擬，空所倚傍，以情至為宗。又欲使一代典章
人物俱藉以考見大凡，故雖遊戲小說家言亦為兼收並採，不免失之泛濫。然
其搜羅極富，所閱明人集幾至二千餘家。如桑悅北都、南都二賦，朱彝尊著
《日下舊聞》時，搜討未見，而宗羲得之以冠茲選。其他散失零落賴此以傳
者，尚復不少，亦可謂一代文章之淵藪。考明人著作者，當必以是編為極備
矣。

其書卷帙繁重，傳抄者希，此本猶其原稿。四百八十一及八十二卷內文
十二篇，有錄無書，無可核補，今亦並仍之云。〔三〕（《四庫全書總目》卷一百九
十）

【注釋】

〔一〕【考證】邵懿辰認為，原書六百卷，未經刊行，四庫本刪去了記晚明史事部分的 118 卷。而武玉梅認為此說並無事實根據，但承認四庫館臣對《明文海》進行了大量抽刪，除文津閣本外，文淵閣等本刪文多達 1100 多篇，接近原書的四分之一（《文獻》2007 年第 1 期第 108 頁）。今有中華書局影印涵芬樓抄本。

〔二〕【評論】黃宗羲《明文案自序》云：「唐之韓、柳，宋之歐、曾，金之元好問，元之虞集、姚燧，其文皆非有明一代作者所能及。」可見黃宗羲是以文存人。至於其選文的標準，主要看其文是否有情至之語：「今古之情無盡，而一人之情有不至，凡情之至者，其文未有不至者也。」

〔三〕全國圖書館縮微文獻複製中心編輯《〈明文海〉文淵閣本抽毀餘稿》（全國圖書館縮微文獻複製中心 2001 年版）。按，此為文淵閣本《四庫全書》在覆查過程中撤出的《明文海》一書的散葉，分別有「文淵閣寶」和「乾隆御覽之寶」朱印。經與文淵閣《四庫全書》影印本對照發現，散頁中有四十多篇文章為後來閣本所不收，如焦竑的《修史條陳四書議》、陳繼儒的《藏說小萃序》等。四庫館臣則因人廢文，將錢謙益、侯方域、李贄等一百多位作者見文就刪，故四庫本《明文海》絕不可信！

291. 唐賢三昧集三卷

國朝王士禎（1634～1711）撰。士禎有《古歡錄》，已著錄。

初，士禎少年嘗與其兄士祿撰《神韻集》，見所作《居易錄》中。然其書為人改竄，已非其舊。故晚定此編，皆錄盛唐之作。名曰三昧〔一〕，取佛經自在義也。

詩自太倉、歷下以雄渾博麗為主，其失也膚；公安、竟陵以清新幽渺為宗，其失也詭。學者兩途並窮，不得不折而入宋，其弊也滯而不靈，直而好盡，語錄、史論，皆可成篇。於是士禎等重申嚴羽之說，獨主神韻以矯之。蓋亦救弊補偏，各明一義。其後風流相尚，光景流連，趙執信等遂復操二馮舊法，起而相爭。所作《談龍錄》〔二〕，排詆是書，不遺餘力。其論雖非無見，然兩說相濟，其理乃全。殊途同歸，未容偏廢。今仍並錄存之，以除門戶之見。

又閻若璩《潛丘札記》有《與趙執信書》，詆此集所錄，如張旭四絕句，本宋蔡襄詩而誤收〔三〕；又詆其祖詠詩，誤以京水為涇水；孟浩然詩，誤以涔陽為潯陽；王維詩，誤以御亭為卸亭，蔡洲為蔡州；高適《燕歌行》，誤以渝關為榆關，全不講於地理之學。引據精詳，皆切中其病。然士禛自品詩格，原不精於考證。若璩所云，不必為是集諱，亦不必為是集病也。〔四〕（《四庫全書總目》卷一百九十）

【注釋】

〔一〕【三昧】佛教語。梵文音譯。又譯「三摩地」。意譯為「正定」。謂屏除雜念，心不散亂，專注一境。

〔二〕【談龍錄】國朝趙執信撰。因士禛與門人論詩，謂當作雲中之龍，時露一鱗一爪，遂著此書以排之。大旨謂詩中當有人在。雖忿悁著書，持論不無過激；然神韻之說，不善學者往往易流於浮響。施閏章華嚴樓閣之喻，汪琬西川錦匠之戒，士禛亦嘗自記之。則執信此書，亦未始非預防流弊之切論也。（《四庫全書總目》卷一九六）今按，趙蔚芝等撰《談龍錄注釋》（齊魯書社1989年）。

〔三〕【辨偽】閻若璩《潛丘札記》卷六《與趙秋谷書》：「江南北盛傳阮亭先生《唐賢三昧集》，專以盛唐為宗，某亦購而熟讀，其盛唐宜收而不收，及非盛唐如張旭四絕句，本屬蔡忠惠者，亦誤收。」

閻若璩所指控的《唐賢三昧集》卷下所錄張旭四絕句如下：

（1）《桃花溪》：隱隱飛橋隔野煙，石磯西畔問漁船。桃花盡日隨流水，洞在清溪何處邊。

（2）《山行留客》：山光物態弄春輝，莫為輕陰便擬歸。縱使晴明無雨色，入雲深處亦沾衣。

（3）《一日書》：春草青青萬里餘，邊城落日見離居。情知海上三年別，不寄雲間一紙書。

（4）《柳》：濯濯煙條拂地垂，城邊樓畔結春思。請君細看風流意，未減靈和殿裏時。

宋蔡襄《端明集》卷七有下面二首：

《度南澗》：隱隱飛橋隔野煙，石磯西畔問漁船。桃花盡日隨流水，洞在清溪何處邊。

《入天竺山留客》：山光物態弄春暉，莫為輕陰便擬歸。縱使晴明無雨色，入雲深處亦沾衣。

前二首與蔡襄相同，只是詩題不同；後二首卻不見於蔡襄集中，而見於明人著錄，且均認為出自張旭之手：

> 明楊慎云：「張旭以能書名，世人罕見其詩，近日吳中人有收其《春草帖》一詩，陸子淵為余誦之，所謂『春草青青萬里餘，邊城落日見離居。情知海上三年別，不寄雲間一紙書』，可謂絕唱。余又見崔鴻臚所藏有旭書石刻三詩，其一《桃花磯》云：『隱隱飛橋隔野煙，石磯西畔問漁船。桃花盡日隨流水，洞在清谿何處邊。』……字畫奇怪，擺雲捩風，而詩亦清逸可愛，好事者模為四卷懸之。」（《升菴集》卷五十四「張旭詩」條）

> 明都穆云：「嘉興王廷槐藏張長史帖云：『春草青青千里餘，邊城落日見離居。情知海上三年別，不寄雲間一紙。』書白麻紙，真蹟嘗入宋秘府，宋元人題名並跋甚多。」（《寓意編》）

> 明郁逢慶《書畫題跋記》卷三亦載「濯煙帖」：「濯濯煙條拂地垂，城邊樓畔結春思。請君細看風流意，未減靈和殿裏時。」（上有明昌寶玩御府寶繪群玉中秘諸印）

現在，我們檢索《文淵閣本四庫全書電子版》，也未找到任何證據，不知閻若璩所指控的證據何在。閻若璩博學，所閱之本究係何本，我們也不敢妄相揣測。我們大致可以判斷，《唐賢三昧集》所收張旭四詩中的《桃花溪》《山行留客》可能是誤編，而《一日書》《柳》則無法證偽。又聞，世傳張旭真蹟有《古詩四帖》，草書四十行，現藏遼寧省博物館，不知是否就是《唐賢三昧集》所錄張旭四詩？謹記於此，以俟知者。

〔四〕【評論】清道光時潘德輿認為：「漁洋於『三昧』二字亦未甚了然，徒襲其語，可笑也。」「若《三昧集》，則其一生之宗旨，隻眼之冥搜也，而又愛不忍割，故進退無所據，而強以附之耳。」今按，《書目答問補正》云：「山陽潘德輿有評本，未刊。」

【整理與研究】吳煊、胡棠撰《唐賢三昧集箋注》三卷（乾隆五十二年刻本），周興陸教授纂《唐賢三昧集匯評》（鳳凰出版社 2019 年版），張明非撰《唐賢三昧集譯注》（上海古籍出版社 2020 年版）。

292. 明詩綜一百卷

國朝朱彝尊（1629～1709）編。彝尊有《經義考》，已著錄。

　　明之詩派，始終三變。洪武開國之初，人心渾樸，一洗元季之綺靡，作者各抒所長，無門戶異同之見。永樂以迄弘治，沿三楊臺閣之體，務以春容和雅，歌詠太平，其弊也冗沓膚廓，萬喙一音，形模徒具，興象不存。是以正德、嘉靖、隆慶之間，李夢陽、何景明等崛起於前，李攀龍、王世貞等奮發於後，以復古之說遞相唱和，導天下無讀唐以後書。天下響應，文體一新。七子之名，遂竟奪長沙之壇坫。漸久而摹擬剽竊，百弊俱生，厭故趨新，別開蹊徑。萬曆以後，公安倡纖詭之音，竟陵標幽冷之趣，麼弦側調，嘈囋爭鳴。佻巧蕩乎人心，哀思關乎國運，而明社亦於是乎屋矣。大抵二百七十年中，主盟者遞相盛衰，偏袒者互相左右。

　　諸家選本，亦遂皆堅持畛域，各尊所聞。至錢謙益〔一〕《列朝詩集》出，以記醜言偽之才，濟以黨同伐異之見，逞其恩怨，顛倒是非，黑白混淆，無復公論〔二〕。彝尊因眾情之弗協，乃編纂此書，以糾其謬。每人皆略敘始末，不橫牽他事，巧肆譏彈。里貫之下，各備載諸家評論，而以所作《靜志居詩話》分附於後。雖隆、萬以後，所收未免稍繁，然世遠者篇章易佚，時近者部帙多存，當亦隨所見聞，不盡出於標榜。其以評品，亦頗持平。於舊人私憎私愛之談，往往多所匡正。六七十年以來，謙益之書久已澌滅無遺〔三〕，而彝尊此編獨為詩家所傳誦，亦人心彝秉之公，有不知其然而然者矣。〔四〕（《四庫全書總目》卷一百九十）

【注釋】

〔一〕**【錢謙益】**（1582～1664），字受之，號牧齋，晚號蒙叟，江蘇常熟人。為明末清初文壇盟主。

〔二〕**【列朝詩集】**選錄了明代二百年間約兩千個詩人的代表作，並為他們寫了扼要的小傳。該書保存了有明一代文獻，提供了極有價值的史料，但在乾隆時以「語涉誹謗」，毀版禁行。《四庫全書總目》此處大肆加以詆毀，實為文字獄下的詭辯之詞，不足為憑。另外，《總目》暗引其文者所在多有。既竊其口袋中鉅額支票，又重拳擊其面部，館臣如此伎倆，可笑之至。

〔三〕**【禁書】**錢謙益之書前有明崇禎十六年（1643）汲古閣刻本，後有上海神州國光社排印本。雖遭禁燬，但並未澌滅無遺。錢曾箋注、錢仲聯標校《錢牧齋全集》，上海古籍出版社已於 2003 年出版。

〔四〕**【版本】**康熙四十四年（1705）刻本。《簡目標注》:「乾隆刊本，絕佳，後歸烏程鮑氏。」（第 922 頁）

293. 元詩選一百一十一卷

國朝顧嗣立〔一〕（1665～1722）編。嗣立有《溫飛卿詩注》，已著錄。

是選凡三集，每集之中，又以十干分為十集，而所為癸集，實有錄無書〔二〕，故皆止於九集。蓋其例以甲集至壬集分編有集之人，以癸集總收零章斷什，不成卷帙之作。其事浩繁，故欲為之而未成也。所錄自帝王別為卷首外，初集凡元好問（1190～1257）以下一百家，二集所錄凡段克己兄弟〔三〕以下一百家，三集所錄凡麻革〔四〕以下一百家。每人下各存原集之名。前列小傳，兼品其詩。雖去取不必盡當，而網羅浩博，一一採自本書，具見崖略。非他家選本餖飣綴合者可比。有元一代之詩，要以此本為巨觀矣。

嗣立稱所見元人之集約四百餘家。方今詔採遺書，海內秘藏，大都輻輳，中間如嗣立所未見者，固指不勝屈。而嗣立所見，今不著錄者，亦往往而有。蓋相距五十六年，隱者或顯，而存者亦或偶佚。殘膏剩馥，轉賴是集以傳，正未可以不備為嫌也。〔五〕（《四庫全書總目》卷一百九十）

【注釋】

〔一〕【作者研究】顧嗣立自編《秀野公自訂年譜》。

〔二〕【版本】前九集為康熙四十二年（1703）刊本。癸集嘉慶中席氏補刊，遂成完璧。中華書局 1987 年出版排印本。

〔三〕【段克己】（1196～1254），字復之，號遯庵，絳州稷山（今屬山西）人。金末進士，入元不仕。段成己（1199～1279），字誠之，號菊軒。兄弟二人被當時的文壇盟主趙秉文許為「二妙」，故其合集亦名《二妙集》。近儒孫德謙撰《元金稷山段氏二妙年譜》，於段氏兄弟行跡考訂甚悉。

〔四〕【麻革】字信之，臨晉人。人稱為貽溪先生。有詩文行世。

〔五〕【整理與研究】書中保存了不少原集已佚的作品，如楊果《西菴集》，湯炳龍《北村集》，胡長孺《石塘集》等。有康熙顧氏秀野堂刻本。原書癸集未及完成，席世臣增補《元詩選癸集》十集。羅鷺撰《〈元詩選〉與元詩文獻研究》（巴蜀書社 2010 年版）。

今按，關於《元詩選》的真偽雜糅問題，《羅振玉王國維往來書信集》中有多次討論。1916 年 7 月 23 日羅致王云：「發見一事，則顧俠君選元詩，竟收張泰階《寶繪錄》中之詩是也。《寶繪錄》作者乃一妄男子，杜撰六朝、唐、宋人諸名跡，每一畫必作黃大癡、吳仲圭、黃鶴山樵、柯丹丘、俞紫芝、文衡山諸人題跋（千篇一律，皆此數人），其文字鄙俗污下，稍有知識者一見皆

知。而顧氏乃採及此等書以充篇幅！以前柯時逢刻《丹丘集》半採此書。此書出於繆老之手，此無足怪，不意顧氏又然。學術之事，求之古人，尚有如此者（尤奇者，此事竟無一人知之），公何必更喋喋於今之人哉！弟意我輩在今日問學所得，譬如飲水，冷暖自知，其有一斑半豹為人所知者，自是例外，然即此一斑半豹，果能真知與否，則尚是一疑問也。」7月30日王致羅：「顧氏《元詩選》乃收及《寶繪錄》，真意料所不及。此書國初人已議其偽，豈儍君曾未之知耶？」8月5日羅致王：「顧選元詩，凡畫家詩，皆根據《寶繪錄》，易言之，即《寶繪錄》全書悉收入，而分納於各家之下，豈非奇事？」

又按，《元詩選》二集卷七：「按明東吳張泰階援平《寶繪錄》太樸集八大家圖為大癡道人黃公望《富春山圖》、天水趙雍《五馬圖》、黃鶴山人王蒙《秋溪汎櫂圖》、房山高克恭《幽谷晴雲》、東海倪瓚《長松絕壁圖》、吳興錢選花鳥、梅道人吳鎮戲墨、武塘盛懋畫也。」

又按，《寶繪錄》一書，《四庫全書總目》卷一百十四同名提要曾疑其中有偽：「《寶繪錄》二十卷，明張泰階撰。泰階字爰平，上海人。萬曆己未進士。其家有寶繪樓，自言多得名畫真蹟，操論甚高。然如曹不興畫，據南齊謝赫《古畫品錄》，已僅見其一龍首，不知泰階何緣得其《海戍圖》？又顧愷之、陸探微、展子虔、正僧由卷軸累累，皆前古之所未晰，其閻立本、吳道元、王維、李思訓、鄭虔諸人，以朝代相次，僅廁名第六七卷中，幾以多而見輕矣。揆以事理，似乎不近，且所列歷代諸家跋語，如出一手，亦復可疑也。」

294. 文選音義八卷

國朝余蕭客（1729～1777）撰。蕭客有《古經解鉤沈》，採掇舊詁，最為詳覈，已別著錄。

此書則罅漏叢生，如出二手。約舉其失，凡有數端：一曰引證亡書，不具出典。如李善《進文選注表》「化龍」引《晉陽秋》，「肅成」引王沈《魏書》，「筊」字引徐邈、李順《莊子音》。如斯之類，開卷皆是。舊籍存佚，諸家著錄可考，世無傳本之書，蕭客何由得見此輾轉裨販而諱所自來也。

一曰本書尚存，轉引他籍。如《西都賦》「火齊」引龐元英《文昌雜錄》：「《南史》中天竺國說火齊（云云）。」何不竟引《南史》也？《逸民傳論》引宋俞成《螢雪叢說》「嚴子陵本姓莊，避顯宗諱，遂稱嚴氏」，此說果宋末始有耶？

一曰嗜博貪多，不辨真偽。《海賦》「陰火」引王嘉《拾遺記》「西海之西，浮玉山鉅穴（云云）」，與木華所云陰火何涉？盧諶《覽古》詩「和璧」引杜光庭〔一〕《錄異記》「歲星之精墮於荊山（云云）」，是晉人讀五代書矣！《飲馬長城窟行》「雙鯉魚」引《元散堂詩話》「試鴬以朝鮮原繭紙作鯉魚（云云）」，此出《龍輔女紅餘志》。案：錢希言《戲瑕》明言《嬋嬛記》《女紅餘志》諸書皆桑懌依託，則《女紅餘志》已屬偽本，所引《元散堂詩話》，更偽中之偽。乃據為實事，不亦傎耶！

一曰摭拾舊文，漫無考訂。如《閑居賦》櫻字引《鬼谷子》「崖蜜，櫻桃也」。案：此惠洪《冷齋夜話》之文，《鬼谷子》實無此語。蕭客既沒惠洪之名，攘為己有，又不知宋人已屢有駁正。《吳都賦》「欃槍」引李周翰注，以為鯨魚目精。此因《博物志》「鯨魚死，彗星出」之文，而加以妄誕。陸機《贈從兄詩》「言樹背與襟」引謝氏《詩源》「堂北曰背，堂南曰襟。」亦杜撰虛詞，不出典記。《歸去來詞》「西疇」引何焯批本曰：「即農服先疇之意，西、先古通用。」案：西古音先，非義同先也。「西疇」正如《詩》之「南畝」，偶舉一方言之耳。如是穿鑿，則本詞之東皋何以獨言東耶。凡斯之類，皆疏舛也。

一曰疊引瑣說，繁複矛盾。如《三都賦序》「玉樹」引顏師古《漢書注》，謂左思不曉其義。《甘泉賦》「玉樹」又引王楙《野客叢書》，謂師古注甚謬。劉琨《重贈盧諶詩》下注引《蔡寬夫詩話》曰：「秦、漢以前，平仄皆通，魏、晉間此體猶存。潘岳詩『位同單父邑，愧無子賤歌，豈敢陋微官，但恐忝所荷』是也。」潘岳《何陽詩》下又注曰：「《國語補音》負荷之荷，亦音何。」兩卷之中，是非頓異，數頁之後，平仄迴殊，將使讀者何從耶？

一曰見事即引，不究本始。如《蜀都賦》「琥珀」引曹昭《格古要論》，不知昭據《廣韻》楓字注也。《飲馬長城窟行》引吳兢《樂府解題》，「或云蔡邕」，不知兢據《玉臺新詠》也。《尚書序》伏生引《經典敘錄》云「名勝」，不知《晉書·伏滔傳》稱「遠祖勝也」。至於凡注花草，必引王象晉《群芳譜》，益不足據矣。

一曰旁引浮文，苟盈卷帙。首引何焯批本稱：「《麈史》，宋景文母夢朱衣人攜《文選》一部與之，遂生景文，故小字選哥。」已為枝蔓。又沿用其例於顏延年贈王太常詩「玉水記方流」句下注曰：「王定保《唐摭言》，白樂天及第，省試《玉水記方流詩》。」此於音義居何等也。

一曰抄撮習見，徒溷簡牘。如《賢良詔》漢武帝下注：「向曰《漢書》云諱徹，景帝中子。」《洛神賦》曹子建下注：「翰曰武帝第三子。」世有不知漢武帝、曹子建而讀《文選》者乎？至於八言詩見東方朔本傳，蕭統序所云八字，正用此事。乃引呂延濟注以八字為魏文帝樂府詩，已為紕繆，又引何焯批本，蔓引三言，至五言獨遺八字。掛漏者亦所不免，惟《魏都賦》注廣蒼一條，效曹子建題注孫岩《宋書》一條，並引《隋書·經籍志》為證。《洞簫賦》注顏叔子一條，引毛萇《詩傳·巷伯》篇為證。《曲水詩序》三月三日一條，引《宋書·禮志》為證。《東京賦》注偷字協韻〔二〕一條，引沈重《毛詩音義》為證，糾何焯批本之誤，為有考正耳。

蓋蕭客究心經義，詞章非所擅長，強賦六合，達才易務，其見短也宜矣。〔三〕（《四庫全書總目》卷一百九十一）

【注釋】

〔一〕【杜光庭】（850～933），唐末五代人。博學有識，今存著作三十餘種。

〔二〕【協韻】錢大昕云：「協句亦謂之協韻。陸元朗之時已有韻書，故於今韻不收者則謂之協韻。」（《十駕齋養新錄》卷一「協句即古音」條）

〔三〕【評論】錢泰吉《曝書雜記》卷上：「所為《文選音義》，則體材殊不稱，《四庫提要》詳言之。《漢學師承記》謂仲林亦悔其少作，別撰《文選雜題》三十卷，今未得見。然《音義》多用直音，便於省覽，載義門校語頗詳，亦初學所不廢也。」（第15頁）周星詒跋云：「此仲林先生少作也。先生博雅宏通，稱海內儒者。而此書殊淺陋，晚年悔之，別成《文選紀聞》，顧其書不傳，而此書盛行。」王欣夫先生認為：「《提要》所謂八失，仍未能免。蓋惠門弟子，江、余並稱，余不如江之老壽，其學問尚未臻精純，即所輯《古經解鉤沈》，戴東原亦譏其或鉤而未沈，遠非後來臧西成、陳仲魚、嚴鐵橋諸家之備。嘗謂乾隆初期，於輯佚及《文選》學，尚為大輅椎輪，仲林有創始之功。後來居上，理所必然，又不僅以少作而從未減已也。」（《蛾術軒篋存善本書錄》第1683頁）

295. 濂洛風雅六卷

元金履祥〔一〕（1232～1303）編。履祥有《尚書表注》，已著錄。

是編乃至元丙申（1296），履祥館於韓良瑞家齊芳書舍所刻。原本選錄周子、程子以至王柏王偍等四十八人之詩，而冠以《濂洛詩派圖》。但以師友淵

源為統紀初不分類例。良瑞以為：「濂、洛諸人之詩，固皆風雅之遺，第風雅有正變、大小之殊，頌亦有周、魯之異，於是分詩、銘、箴、誡、贊、詠四言者為風雅之正，其楚辭、歌騷、樂府、韻語為風雅之變，五、七言古風則雅之再變，絕句、律詩則又風雅之三變（云云）。」具見良瑞所作序中。蓋選錄者履祥，排比條次者則良瑞也。

昔朱子欲分古詩為兩編而不果。朱子於詩學頗邃，殆深知文質之正變，裁取為難。自真德秀《文章正宗》出，始別為談理之詩。然其時助成其稿者為劉克莊，德秀特因而刪潤之。故所黜者或稍過，而所錄者尚未離乎詩。自履祥是編出，而道學之詩與詩人之詩千秋楚越矣。

夫德行、文章，孔門即分為二科，儒林、道學、文苑，《宋史》且別為三傳。言豈一端，各有當也。以濂、洛之理責李、杜，李、杜不能爭，天下亦不敢代為李、杜爭。然而天下學為詩者，終宗李、杜，不宗濂、洛也。此其故可深長思矣。（《四庫全書總目》卷一百九十一）

【注釋】

〔一〕【金履祥】字吉父，號仁山，浙江蘭溪人。事蹟具《元史・儒學傳》。

296. 斯文正統十二卷

國朝刁包（1603～1668）編。包有《易酌》，已著錄。

是編所錄歷代理學諸儒之文凡二百一十有六篇〔一〕。其凡例稱：「專以品行為主，若言是人非，雖絕技無取。」蓋本真德秀《文章正宗》之例，持論可云嚴正。然三代以前，文皆載道，三代以後，流派漸分。猶之衣資布帛，不能廢五采之華，食主菽粟，不能廢八珍〔二〕之味。必欲一掃而空之，於理甚正，而於事心不能行。即如《文章正宗》行世已久，究不能盡廢諸集，其勢然也。

至蘇軾大悲閣、四大菩薩諸記，因題制文，原非講學，言各有當，義豈一端，而包於歐陽修本論評語中極詞詆斥。然則真德秀《西山集》中為二氏而作者不知凡幾，包既講學，不應不見是集，何以置之不言。豈非以蘇氏為程子之敵，真氏則朱子之徒乎？恐未足服軾之心也。（《四庫全書總目》卷一百九十四）

【注釋】

〔一〕【評論】刁包長子再濂言，《斯文正統》係蒙吉初年之書，故選陽明文至多。
　　　《中庸》《孟子》皆有《翼注》，尚雜陽明之學，未及改正。（《陸隴其年譜》
　　　第 166 頁）

〔二〕【八珍】最初指皇帝的專用食品。《周禮‧天官‧膳夫》：「珍用八物。」鄭玄
　　　《注》：「珍，謂淳熬、淳母、炮豚、炮牂、搗珍、漬、熬、肝膋也。」淳熬、
　　　淳母，是分別用稻米（即「熬」）、黍米（小米，即「母」）做成的煎肉醬油脂
　　　蓋澆飯。豚即乳豬，牂即小羊。搗珍類似「膾肉扒」，取牛羊等脊側之肉捶搗
　　　精製成珍味。漬即醃漬、浸泡。熬即乾煎、乾炒。肝膋，以網油蒙於肝上，
　　　烤炙而成。《禮記‧內則》鄭玄《注》：「膋，腸間脂。」秦、漢以後，「八珍」
　　　之說很多，但說法各有不同，並非固定不變。總之，它是由不同歷史時期、
　　　不同的品種和不同的烹調方法推出的，詳見杏湘臣《「八珍」淺釋》一文（載
　　　《文史知識》1994 年第 7 期）。

297. 文心雕龍十卷

　　梁劉勰〔一〕（467～532）撰。勰字彥和，東莞莒人。天監中兼東宮通事舍人，
遷步兵校尉，兼舍人如故，後出家為沙門，改名慧地。事蹟具《南史》本傳。

　　其書《原道》以下二十五篇論文章體制，《神思》以下二十四篇論文章工
拙，合《序志》一篇為五十篇。據《序志》篇稱，上篇以下，下篇以上，本止
二卷。然《隋志》已作十卷，蓋後人所分。又據《時序》篇中所言，此書實成
於齊代，此本署梁通事舍人劉勰撰，亦後人追題也〔二〕。是書自至正乙未（1355）
刻於嘉禾，至明弘治、嘉靖、萬曆間凡經五刻。〔三〕

　　其《隱秀》一篇，皆有缺文。明末常熟錢允治，稱得阮華山宋槧本，抄補
四百餘字。然其書晚出，別無顯證。其詞亦頗不類，如「嘔心吐膽」似摭李賀
小傳語，「鍛歲煉年」似摭《六一詩話》，論周樸語稱班姬為匹婦，亦似摭鍾嶸
《詩品》，語皆有可疑。況至正去宋未遠，不應宋本已無一存，三百年後乃為
明人所得。又考《永樂大典》所載，舊本闕文亦同，其時宋本如林，更不應內
府所藏無一完刻，阮氏所稱殆亦影撰，何焯等誤信之也。〔四〕

　　至字句舛訛，自楊慎、朱謀㙔以下遞有校正，而亦不免於妄改〔五〕。如
《哀誄》篇「賦憲之謚」句，皆云「賦憲」當作「議德」，蓋以「賦」形近「議」，
「憲」形近「悳」，「悳」，古「德」字也。然考王應麟《玉海》曰：「《周書‧

諡法》惟三月既生魄，周公旦、太公望相嗣王發，既賦憲受臚于牧之野，將葬，乃制作諡。」〔六〕《文心雕龍》云「賦憲之諡」，出於此。然則二字不誤，古人已言，以是例之，其以意雌黃者多矣。（《四庫全書總目》卷一百九十五）

【注釋】

〔一〕【作者研究】劉勰年譜有十餘家，牟世金撰《劉勰年譜匯考》（巴蜀書社 1988年版）。劉勰生卒年為歷史難題，此處採用李慶甲之說。楊明教授撰《劉勰評傳》（南京大學出版社 2001 年版）。

〔二〕【成書年代】紀昀、顧千里、劉毓崧、楊明照、王利器皆以為《文心雕龍》成於齊代。

〔三〕【版本】王利器《文心雕龍校證・序錄》列舉數十個版本，其中最早的為唐寫本（詳《當代學者自選文庫・王利器卷》第 308～314 頁）。

〔四〕【辨偽】《繡谷亭書錄》云：「內《隱秀》一篇，脫數百字，元至正乙未嘉禾刊本已然，明弘治至萬曆各刻皆缺如也。自錢功甫得阮華山宋刊本，始為補錄，後歸錢牧齋。及謝兆中校刊時，假於虞山，秘不肯與，故有明諸名公皆不見此篇之全。近吳中何心友得錢遵王家藏馮己蒼手校本，此篇缺者在焉。何屺瞻著為跋語，於是稍稍流傳於世。」今按，黃侃撰《補文心雕龍隱秀篇》，徐復為之箋注，而王利器則以為多事。

〔五〕【整理與研究】黃侃撰《文心雕龍札記》（文化書社 1927 年版），劉永濟撰《文心雕龍校釋》（中華書局 1962 年版），范文瀾撰《文心雕龍注》（人民文學出版社 1961 年《中國古典文學理論批評叢書》本、河北教育出版社 2002 年全集版），楊明照撰《文心雕龍校注拾遺》（上海古籍出版社 1982 年版）、《增訂文心雕龍校注》（中華書局 2000 年版），王利器撰《文心雕龍校證》（上海古籍出版社 1980 年版），王元化撰《文心雕龍講疏》（廣西師範大學出版社 2004年版），吳林伯撰《文心雕龍義疏》（武漢大學出版社 2002 年版），詹鍈撰《文心雕龍義證》（上海古籍出版社 1994 年《中國古典文學叢書》本）。張少康等撰《文心雕龍研究史》（北京大學出版社 2001 年版）。日人戶田浩曉撰《文心雕龍研究》（上海古籍出版社 1990 年版）。熊禮匯、李中華、徐正榜整理《劉永濟手批文心雕龍》（武漢大學出版社 2020 年版）。

〔六〕【史源】《玉海》卷六十七「周九典」條引劉熙注曰：「憲，法也。賦，治國之法於諸侯，而受其貢養也。」

298. 詩品三卷

梁鍾嶸〔一〕（？～約 518）撰。嶸字仲偉，潁川長社（今河南長葛）人。與兄峴、弟嶼並好學有名。齊永明中為國子生，王儉舉本州秀才起家王國侍郎，入梁，仕至晉安王記室，卒於官。

嶸學通《周易》，詞藻兼長，所品古今五言詩，自漢、魏以來一百有三人，論其優劣，分為上中下三品，每品之首各冠以序，皆妙達文理，可與《文心雕龍》並稱。近時王士禎極論其品第之間多所違失。然梁代迄今，邈逾千祀，遺篇舊制，什九不存，未可以掇拾殘文，定當曰全集之優劣，惟其論某人源出某人，若一一親見其師承者，則不免附會耳。

史稱嶸嘗求譽於沈約，約弗為獎借，故嶸怨之，列約中品。案：約詩列之中品，未為排抑，惟序中深詆聲律之學，謂「蜂腰、鶴膝、僕病未能，雙聲、疊韻、里俗已具」，是則攻擊約說，顯然可見，言亦不盡無因也。又一百三人之中，惟王融稱王元長，不著其名，或疑其有所私尊。然徐陵《玉臺新詠》亦惟融書字，蓋齊梁之間避齊和帝之諱，故以字行，實無他故，今亦姑仍原本，以存其舊焉。〔二〕（《四庫全書總目》卷一百九十五）

【注釋】

〔一〕【作者研究】楊明教授撰《鍾嶸評傳》（南京大學出版社 2001 年版）。

〔二〕【整理與研究】葉長青撰《鍾嶸詩品集釋》（上海華通書局 1933 年初版），陳延傑《詩品注》三卷（開明書店排印本，人民文學出版社 1958 年排印本），陳慶浩教授撰《鍾嶸詩品集校》（法國巴黎第七大學東亞出版中心 1978 年香港版），張伯偉教授撰《鍾嶸詩品研究》（南京大學出版社 1993 年版），曹旭教授撰《詩品研究》（上海古籍出版社 1998 年版）。日人高木正一撰《鍾嶸詩品》（東海大學出版會 1978 年版），對鍾嶸《詩品》的成書背景、過程、主要內容以及流傳和版本進行了介紹。黃侃等撰《鍾嶸詩品講義四種》（上海古籍出版社 2019 年版），包括陳衍《詩品平議》、黃侃《詩品箋》、錢基博《鍾嶸〈詩品〉校讀記》、葉長青《詩品集釋》，另附錄閔孝吉《評葉長青〈詩品集釋〉》。

299. 文章緣起一卷

舊本題梁任昉〔一〕（460～508）撰。考《隋書·經籍志》，載任昉《文章始》一卷，稱有錄無書，是其書在隋已亡。《唐書·藝文志》載任昉《文章始》一

卷，注曰張續補。續不知何許人。然在唐已補其亡，則唐無是書可知矣。宋人修《太平御覽》，所引書一千六百九十種，摯虞《文章流別》、李充《翰林論》之類，無不備收，亦無此名。今檢其所列，引據頗疏。如以表與讓表分為二類，騷與反騷別立兩體。輓歌云起繆襲，不知《薤露》之在前；《玉篇》云起《凡將》，不知《蒼頡》之更古。崔駰《達旨》即揚雄《解嘲》之類，而別立旨之一名；崔瑗《草書勢》乃論草書之筆勢，而強標勢之一目，皆不足據為典要。至於謝恩曰章，《文心雕龍》載有明釋，乃直以謝恩兩字為文章之名，尤屬未協，疑為依託。併書末洪适一跋，亦疑從《盤洲集》中抄入。然王得臣為嘉祐中人，而所作《麈史》有曰：「梁任昉集秦、漢以來文章名之始，目曰《文章緣起》。自詩賦離騷至於勢約，凡八十五題，可謂博矣。既載相如《喻蜀》，不錄揚雄《劇秦美新》；錄《解嘲》，而不收韓非《說難》；取劉向《列女傳》，而遺陳壽《三國志》評。」又曰：「任昉以三言詩起晉夏侯湛，唐劉存以為始『鷺於飛、醉言歸』。任以頌起漢之王襃，劉以為始於周公《時邁》。任以檄起漢陳琳檄曹操，劉以始於張儀檄楚。任以碑起於漢惠帝作《四皓碑》，劉以《管子》謂無懷氏封太山刻石紀功為碑。任以銘起於秦始皇登會稽山，劉以為蔡邕銘論黃帝有巾几之銘（云云）。」所說一一與此本合。知北宋已有此本。其殆張續所補，後人誤以為昉本書歟？

　　明陳懋仁嘗為之注，國朝方熊〔二〕更附益之。凡編中題「注」字者，皆懋仁語。題「補注」字者，皆熊所加。其注每條之下，蔓衍論文，多掇拾摯虞、李充、劉勰之言，而益以王世貞《藝苑卮言》之類，未為精要，於本書間有考證，而失於糾駁者尚多。議論亦往往紕繆，如謂枚乘《七發》源於《孟子》《莊子》之七篇，殊為附會。又謂鄉約之類，當仿王襃《僮約》為之，庶不失古意，不知《僮約》乃俳諧遊戲之作，其文全載《太平御覽》中，豈可以為鄉約之式，尤為乖舛。以原本所有，姑附存之云爾。〔三〕（《四庫全書總目》卷一百九十五）

【注釋】

〔一〕【作者研究】楊賽撰《任昉與南朝士風》（上海古籍出版社 2011 年版），李兆祿撰《任昉研究》（中國社會科學出版社 2014 年版），張金平撰《南朝學者任昉研究》（中國社會科學出版社 2015 年版），馮源撰《任昉與齊梁詩風之變》（中州古籍出版社 2017 年版）。按：任昉字彥升，樂安（今山東壽光）人。事蹟具《梁書》本傳。

〔二〕【方熊】（1783～1860），字子漁，江蘇常熟人。

〔三〕【整理與研究】陳懋仁撰《文章緣起注》（中華書局 1985 年版）。

300. 詩品一卷

　　唐司空圖〔一〕（837～908）撰。圖有文集，已著錄。

　　唐人詩格傳於世者，王昌齡〔二〕**、杜甫、賈島**〔三〕**諸書，率皆依託。即皎然《杼山詩式》**〔四〕**，亦在疑似之間。惟此一編，真出圖手**〔五〕**。**

　　其《一鳴集》中有《與李秀才論詩書》，謂詩貫六義，諷諭抑揚，淳蓄淵雅，皆在其中，惟近而不浮，遠而不盡，然後可言意外之致。又謂「梅止於酸，鹽止於咸，而味在酸鹹之外」。其持論非晚唐所及，故是書亦深解詩理。凡分二十四品：曰雄渾，曰沖淡，曰纖穠，曰沉著，曰高古，曰典雅，曰洗練，曰勁健，曰綺麗，曰自然，曰含蓄，曰豪放，曰精神，曰縝密，曰疏野，曰清奇，曰委曲，曰實境，曰悲慨，曰形容，曰超詣，曰飄逸，曰曠達，曰流動，各以韻語十二句體貌之〔六〕。所列諸體畢備，不主一格。王士禎但取其「采采流水，蓬蓬遠春」二語，又取其「不著一字，盡得風流」二語，以為詩家之極則〔七〕，其實非圖意也。〔八〕（《四庫全書總目》卷一百九十五）

【注釋】

〔一〕【作者研究】王潤華撰《司空圖新論》（臺灣東大圖書公司 1989 年版），陶禮天撰《司空圖年譜匯考》（華文出版社 2002 年版），王步高撰《司空圖評傳》（南京大學出版社 2006 年版），王宏印撰《詩品文心唐末高士司空圖：生平、詩文與〈詩品〉翻譯研究》（社會科學文獻出版社 2020 年版）。

〔二〕【王昌齡詩格】《新唐書・藝文志》載：「王昌齡《詩格》二卷。」陳振孫《書錄解題》曰：「《詩格》一卷、《詩中密旨》一卷，唐王昌齡撰。」王利器等將《文鏡秘府論》中所引視為真本。（詳參袁暉、宗廷虎主編的《漢語修辭學史》第 99～104 頁）

〔三〕【賈島詩格】《二南密旨》一卷，舊題賈島撰。陳振孫《書錄解題》曰：「《二南密旨》一卷，唐賈島撰。凡十五門。恐亦依託。」此本端緒粉繁，綱目混淆。卷末忽總題一條云：「以上十五門，不可妄傳。」卷中又總題一條云：「以上四十七門，略舉大綱。」是於陳氏所云十五門外，增立四十七門，已與《書錄解題》互異。且所謂「四十七門」、「一十五門」者，輾轉推尋，數皆不合，亦不解其何故。而議論荒謬，詞意拙俚，殆不可以名狀。如以盧綸「月照何

年樹，花逢幾度春」句為大雅，以錢起「好風能自至，明月不須期」句為小雅，
以《衛風》「日居月諸，胡迭而微」句為變大雅，以「綠衣黃裳」句為變小雅。
以《召南》「林有樸樕，野有死鹿」句及鮑照「申黜褒女進，班去趙姬升」句，
錢起「竹憐新雨後，山愛夕陽時」句為南宗。以《衛風》「我心匪石，不可轉
也」句，左思「吾愛段干木，偃息藩魏君」句，盧綸詩「誰知樵子徑，得到葛
洪家」句為北宗。皆有如囈語。其論總例物象一門，尤一字不通。島為唐代名
人，何至於此，此殆又偽本之重儓矣。（《四庫全書總目》卷一百九十七）

今按，書中提出詩有「情格」、「意格」、「事格」，要求詩中有真實感情
外，還在「論六義」中論及詩的內外意、比喻、比擬等內容。（詳參袁暉、宗
廷虎主編的《漢語修辭學史》第122～123頁）

〔四〕【皎然《詩式》】沈曾植云：「皎然《詩式》辨體十九字，《述書賦》字格百二
十言，天寶、大曆之間，文人自有一種氣習。書家十二意，亦出在此時。武
元之《韻詮》四十字，其人亦在開、天間。」（《海日樓札叢》第263頁）

〔五〕【辨偽】關於《二十四詩品》的真偽問題，陳尚君、汪湧豪二位復旦教授始
發難端，認為是後人偽作。此論一出，一時引起熱烈討論。李慶先生從文獻
學角度考察後認為「偽作說」證據不足，應該存疑。

〔六〕【二十四詩品】雄渾：大用外腓，真體內充。返虛入渾，積健為雄。具備萬
物，橫絕太空。荒荒油雲，寥寥長風。超以象外，得其環中。持之匪強，來
之無窮。沖淡：素處以默，妙機其微。飲之太和，獨鶴與飛。猶之惠風，荏
苒在衣。閱音修篁，美曰載歸。遇之匪深，即之愈希。脫有形似，握手已違。
纖穠：采采流水，蓬蓬遠春。窈窕深谷，時見美人。碧桃滿樹，風日水濱。
柳陰路曲，流鶯比鄰。乘之愈往，識之愈真。如將不盡，與古為新。沉著：
綠杉野屋，落日氣清。脫巾獨步，時聞鳥聲。鴻雁不來，之子遠行。所思不
遠，若為平生。海風碧雲，夜渚月明。如有佳語，大河前橫。高古：畸人乘
真，手把芙蓉。泛彼浩劫，窅然空蹤。月出東斗，好風相從。太華夜碧，人
聞清鐘。虛佇神素，脫然畦封。黃唐在獨，落落玄宗。典雅：玉壺買春，賞
雨茅屋。坐中佳士，左右修竹。白雲初晴，幽鳥相逐。眠琴綠陰，上有飛瀑。
落花無言，人淡如菊。書之歲華，其曰可讀。洗練：如礦出金，如鉛出銀。
超心煉冶，絕愛緇磷。空潭瀉春，古鏡照神。體素儲潔，乘月返真。載瞻星
辰，載歌幽人。流水今日，明月前身。勁健：行神如空，行氣如虹。巫峽千
尋，走雲連風。飲真茹強，蓄素守中。喻彼行健，是謂存雄。天地與立，神

化攸同。期之以實，御之以終。**綺麗**：神存富貴，始輕黃金。濃盡必枯，淡者屢深。霧餘水畔，紅杏在林。月明華屋，畫橋碧陰。金尊酒滿，伴客彈琴。取之自足，良殫美襟。**自然**：俯拾即是，不取諸鄰。俱道適往，著手成春。如逢花開，如瞻歲新。真與不奪，強得易貧。幽人空山，過雨采蘋。薄言情悟，悠悠天均。**含蓄**：不著一字，盡得風流。語不涉己，若不堪憂。是有真宰，與之沉浮。如淥滿酒，花時反秋。悠悠空塵，忽忽海漚。淺深聚散，萬取一收。**豪放**：觀花匪禁，吞吐大荒。由道反氣，處得以狂。天風浪浪，海山蒼蒼。真力彌滿，萬象在旁。前招三辰，後引鳳凰。曉策六鼇，濯足扶桑。**精神**：欲返不盡，相期與來。明漪絕底，奇花初胎。青春鸚鵡，楊柳池臺。碧山人來，清酒深杯。生氣遠出，不著死灰。妙造自然，伊誰與裁。**縝密**：是有真蹟，如不可知。意象欲生，造化已奇。水流花開，清露未晞。要路愈遠，幽行為遲。語不欲犯，思不欲癡。猶春於綠，明月雪時。**疏野**：惟性所宅，真取不羈。控物自富，與率為期。築室松下，脫帽看詩。但知旦暮，不辨何時。倘然適意，豈必有為。若其天放，如是得之。**清奇**：娟娟群松，下有漪流。晴雪滿竹，隔溪漁舟。可人如玉，步屧尋幽。載瞻載止，空碧悠悠，神出古異，淡不可收。如月之曙，如氣之秋。**委曲**：登彼太行，翠繞羊腸。杳靄流玉，悠悠花香。力之於時，聲之於羌。似往已回，如幽匪藏。水理漩洑，鵬風翱翔。道不自器，與之圓方。**實境**：取語甚直，計思匪深。忽逢幽人，如見道心。清澗之曲，碧松之陰。一客荷樵，一客聽琴。情性所至，妙不自尋。遇之自天，泠然希音。**悲慨**：大風卷水，林木為摧。適苦欲死，招憩不來。百歲如流，富貴冷灰。大道日喪，若為雄才。壯士拂劍，浩然彌哀。蕭蕭落葉，漏雨蒼苔。**形容**：絕佇靈素，少回清真。如覓水影，如寫陽春。風雲變態，花草精神。海之波瀾，山之嶙峋。俱似大道，妙契同塵。離形得似，庶幾斯人。**超詣**：匪神之靈，匪幾之微。如將白雲，清風與歸。遠引若至，臨之已非。少有道契，終與俗違。亂山喬木，碧苔芳暉。誦之思之，其聲愈希。**飄逸**：落落欲往，矯矯不群。緱山之鶴，華頂之雲。高人畫中，令色氤氳。御風蓬葉，泛彼無垠。如不可執，如將有聞。識者已領，期之愈分。**曠達**：生者百歲，相去幾何。歡樂苦短，憂愁實多。何如尊酒，日往煙蘿。花覆茅簷，疏雨相過。倒酒既盡，杖藜行歌。孰不有古，南山峨峨。**流動**：若納水輨，如轉丸珠。夫豈可道，假體如愚。荒荒坤軸，悠悠天樞。載要其端，載同其符。超超神明，返返冥無。來往千載，是之謂乎？

〔七〕【史源】《池北偶談》卷十八「一鳴集」條。

〔八〕【整理與研究】郭紹虞先生撰《詩品集解‧續詩品注》（人民文學出版社 1963
年版）。祖保泉撰《司空圖的詩歌理論》（上海古籍出版社 1984 年版）、《司空
圖詩文研究》（安徽教育出版社 1998 年版），張少康撰《司空圖及其理論研
究》（學苑出版社 2005 年版），林華撰《司空圖二十四詩品曲解集注》（上海
音樂學院出版社 2019 年版）。

301. 唐詩紀事八十一卷

宋計有功撰。有功字敏夫，其始末未詳。李心傳《建炎以來繫年要錄》
載，紹興五年（1135）秋七月戊子，右承議郎新知簡州（今屬四川）計有功提舉
兩浙西路常平茶鹽公事。有功，安仁人，張浚從舅也。〔一〕又考郭印《雲溪集》
〔二〕有《和計敏夫留題云溪詩》，曰：「知君絕學謝芸編，語默行藏不礙禪。
親到雲溪重說偈，天開地闢見純全。」則敏夫為南渡時人。

詳印詩意，蓋躭味禪悅之士。而是集乃留心風雅，採摭繁富，於唐一代
詩人，或錄名篇，或紀本事，兼詳其世系爵里，凡一千一百五十家。唐人詩集
不傳於世者，多賴是書以存〔三〕。其某篇為某集所取者，如《極玄集》〔四〕《主
客圖》〔五〕之類，亦一一詳注。今姚合之書猶存，張為〔六〕之書獨藉此編以見
梗概，猶可考其孰為主、孰為客、孰為及門、孰為升堂、孰為入室，則其輯錄
之功亦不可沒也。

惟其中多委巷之談，如謂李白微時曾為縣吏，並載其牽牛之譃，溺女之
篇，俳諧猥瑣，依託顯然，則是榛楛之勿翦耳。〔七〕（《四庫全書總目》卷一百九十
五）

【注釋】

〔一〕【計有功】號灌園居士。宣和三年（1121）進士。臨邛人。案安仁若指唐時所置
縣，則與臨邛相近，沿用舊稱，亦不妨稱為安仁。參見《宋詩話考》第 73 頁。

〔二〕【雲溪集】宋郭印撰。其詩才地稍弱，未能自出機杼，而清詞雋語，瓣香實
在眉山，以視宋末嘈雜之音，固為猶有典型矣。（《四庫全書總目》第一五七）

〔三〕【評論】郭紹虞認為：詩之與事，關係至巨，唐、宋人之述事，僅以資閒談，
則小視之……然《唐詩紀事》雖未能進乎是，而由其採擷之富，搜輯之勤，
網羅散佚，足資研究，正如《提要》所謂張為《主客圖》獨藉此編以見梗概，
則其功亦不可沒矣。實則是書之長，不僅不傳於世者多賴以存，即膾炙人口

者，亦有足資校勘之處。吳騫《論詩絕句》云：「畫壁當年事久徂，歌來皓齒
定非誣。如何直上黃沙句，真本翻歸計敏夫。」自注：「王之渙《涼州詞》『黃
河遠上白雲間』，《唐詩紀事》作『黃沙直上白雲間』，吳修齡篤信之，以為地
不可易。」此亦足資異聞。（《宋詩話考》第 74 頁）

〔四〕【極玄集】唐姚合編。合為詩，刻意苦吟，工於點綴小景，搜求新意，而刻畫
　　太甚、流於纖仄者，亦復不少。宋末江湖詩派皆從是導源者也。然選錄是集，
　　乃特有鑒裁。（《四庫全書總目》卷一八六）

〔五〕【詩人主客圖】以白居易、孟雲卿、李益、孟郊、鮑溶、武元衡（758～815）
　　為主，與其風格相近者為客，分為上入室、入室、升堂、及門四等，附於主下。
　　每人摘句舉例，開後世詩派之說。其書雖佚，尚散見於計有功《唐詩紀事》。

〔六〕【張為】唐江南人。大中末，流寓長沙。後入釣台山訪道。

〔七〕【整理與研究】《唐詩紀事》的祖本為南宋嘉定十七年（1224）王禧刊本，明
　　嘉靖二十四年（1545）洪楩和張子立又據此本分別翻刻。洪楩本即清平山堂
　　本，《四部叢刊》據以影印。張子立本今不多見，鄭振鐸曾藏有第 15 卷至 75
　　卷（見《西諦書目》）。毛晉在崇禎五年（1632）所刻的汲古閣本，卷首有張
　　子立序，似即據張本翻刻。據王禧自序云，他在客中邂逅計有功之子，「因得
　　是書，立命數十吏傳錄，其間不能無魯魚亥豕之誤」。因而據王禧本翻刻的洪
　　楩本，脫誤舛錯的情況很嚴重。汲古閣本在翻刻時曾經毛晉校訂，但仍有訛
　　脫，尤其是紀事部分。1965 年中華書局上海編輯所用《四部叢刊》本為底本，
　　據汲古閣本、《全唐詩》和有關唐人詩文集筆記、小說等校勘，標點排印，是
　　較為完善和通行的本子。王仲鏞撰《唐詩紀事校箋》（巴蜀書社 1989 年版、
　　中華書局 2015 年版）。

302. 苕溪漁隱叢話前集六十卷後集四十卷〔一〕

　　宋胡仔撰。仔字元任，績溪（今屬安徽宣城市）人。舜陟〔二〕之子。以蔭授
迪功郎、兩浙轉運司幹辦公事，官至奉議郎，知常州晉陵縣。後卜居湖州，自
號苕溪漁隱。

　　其書繼阮閱《詩話總龜》而作。前有自序，稱閱所載者皆不錄。二書相
輔而行，北宋以前之詩話，大抵略備矣。然閱書多錄雜事，頗近小說；此則論
文考義者居多，去取較為謹嚴。閱書分類編輯，多立門目；此則惟以作者時
代為先後，能成家者列其名，瑣聞軼句則或附錄之，或類聚之，體例亦較為

明晰。閱書惟採擷舊文，無所考正；此則多附辯證之語，尤足以資參訂。故閱書不甚見重於世，而此書則諸家援據，多所取資焉。〔三〕

　　《新安文獻志》引方回《漁隱叢話考》曰：「元任寓居雪上，謂阮閱闔休《詩總》成於宣和癸卯（1123），遺落元祐諸公。乃增纂集，自國風、漢魏六朝以至南渡之初，最大家數，特出其名，餘入雜紀；以年代為後先。回幼好之學詩，實自此始。元任以闔休分門為未然。有湯岩起者，闔休鄉人，著《詩海遺珠》，又以元任為不然。回聞之吾州羅任臣毅卿所病者，元任紀其自作之詩，不甚佳耳。其以歷代詩人為先後，於諸家詩話有去有取，間斷以己意，視《皇朝類苑》中概而並書者豈不為優（云云）。」〔四〕雖鄉曲之言，要亦不失公論也。（《四庫全書總目》卷一百九十五）

【注釋】

〔一〕**【成書時間】**前集成於宋高宗紹興十八年（1148），後集成於孝宗乾道三年（1167）。今按，《簡目標注》記載此書有宋刊本，「字方嶄精絕」，疑為北宋刊本。（第932頁）此書常見版本有康熙間趙氏耘經堂仿宋本、《叢書集成初編》本和人民文學出版社1962年校點本。

〔二〕**【胡舜陟】**字汝明，號三山老人。官至廣西經略，死於靜江府獄中。

〔三〕**【評論】**郭紹虞先生認為：「二書優劣，《提要》言之備矣。然余以為二書所以優劣之因，尚有數點：一、阮閱編《詩總》時，元祐文章禁而不用，而元任則處蘇、黃詩學復振之時，竭力推重元祐諸君，甚至以蘇、黃與李、杜相比，品藻特多，足補阮書之闕。北宋詩壇原推蘇、黃為祭酒，使擯元祐文章，則詩話黯然無色，閱書之近小說宜也。此後湯巖起反以此為元任病，以不狂為狂，亦適形其妄耳。二、阮閱性耽吟詠，有阮絕句之號，所著有《總龜先生松菊集》五卷，《郴江百詠》二卷，非不知詩者，但於一年之間，草率成書，又其後為不學之徒所盜竊，合以《古今詩話》，易名《總龜》，則益泛濫非其舊矣。閱書經此輩竄亂，其不足觀自無可怪。三、阮胡二著均在《古今詩話》之後，時亦採取其書，但阮書直錄其文，胡著則於《古今詩話》中有來源可考者必舉原書，故阮書僅供詞人獺祭之用，胡著則可供學者研究之資。四、阮書以內容分類，則詩詞不能不混；胡著以人為綱，則詩詞可以分輯。就文體分別言，就知人論世言，均以胡著為長。何況阮書僅有排比之勞，胡著則有撰著之功，難易迥殊，效用亦大有徑庭乎？」（《宋詩話考》第83～84頁）

〔四〕【史源】語見程敏政《新安文獻志》卷七十八「方虛谷漁隱叢話考」條。今
　　按，阮閱，字閎休，自號散翁，亦號松菊道人，安徽舒城人。神宗元豐八年
　　（1085）進士。擅七絕，人稱「阮絕句」。著有《詩總》十卷、《總龜先生松
　　菊集》五卷等。

303. 文則二卷

　　宋陳騤〔一〕（1128～1203）撰。騤有《南宋館閣錄》，已著錄。

　　按：《太平御覽》引摯虞《文章流別論》曰：「古詩之四言者，『振鷺於飛』
是也，漢郊廟歌多用之。五言者，『誰謂雀無角，何以穿我屋』是也，樂府用
之。六言者，『我姑酌彼金罍』是也，樂府亦用之。七言者，『交交黃鳥止于
桑』是也，於俳調倡樂世用之。九言者，『泂酌彼行潦挹彼注茲』是也；不入
歌謠之章，故世希為之。文章句法，推本『六經』，茲其權輿也。」劉知幾《史
通》特出《模擬》一篇，於貌同心異、貌異心同，辨析特精，是又不以句法求
「六經」矣。

　　騤此書所列文章體式，雖該括諸家，而大旨皆準經以立制〔二〕。其不使人
根據訓典，鎔精理以立言，而徒較量於文字之增減，未免逐末而遺本。又分
門別類，頗嫌於太瑣太拘，亦不免捨大而求細。然取格法於聖籍，終勝摹機
調於後人。其所標舉，神而明之，存乎其人。固不必以定法泥此書，亦不必以
定法病此書也。〔三〕（《四庫全書總目》卷一百九十五）

【注釋】

〔一〕【陳騤】字叔進，浙江台州人。事蹟具《宋史》本傳。

〔二〕【自序】騤始冠，遊泮宮，從老於文者問焉，僅得文之端緒。後三年，入成
　　均，復從老於文者問焉，僅識文之利病。彼老於文者，有進取之累，所有告
　　於我，與夫我所得，唯利於進取。後四年，竊第而歸，未獲從仕，凡一星終，
　　得以恣閱故書，始知古人之作，歎曰：文當如是。且《詩》《書》《二禮》《易》
　　《春秋》所載，邱明、高赤所傳，老、莊、孟、荀之徒所著，皆學者所朝夕
　　諷誦之文也。徒諷誦而弗考，猶終日飲食而不知味。騤竊每有考焉，隨而錄
　　之，遂盈簡牘。古人之文，其則著矣，因號曰《文則》。

　　　　今按，《文則》是我國歷史上第一部具有較高理論色彩的修辭學著作，
　　在文章分類、風格特徵、語言運用、篇章結構、文體區分以及修辭理論和規
　　律作出了有益的探討。

〔三〕【整理與研究】譚全基撰《〈文則〉研究》（香港問學社 1978 年版），劉彥成撰《〈文則〉注譯》（書目文獻出版社 1988 年版），蔡宗陽撰《陳騤〈文則〉新論》（臺北文史哲出版社 1993 年版）。

304. 滄浪詩話一卷

宋嚴羽（約 1191～約 1248）撰。羽有詩集，已著錄。

此書或稱《滄浪吟卷》，蓋閩中刊本。以《詩話》置《詩集》之前，為第一卷，故襲其詩集之名，實非其本名也。首詩辨，次詩體，次詩法，次詩評，次詩證，凡五門。末附《與吳景仙論詩書》。〔一〕

大旨取盛唐為宗，主於妙悟，故以「如空中音，如象中色，如鏡中花，如水中月，如羚羊掛角，無跡可尋」為詩家之極則〔二〕。明胡應麟比之達摩西來，獨闢禪宗。而馮班作《嚴氏糾繆》一卷，至詆為囈語〔三〕。要其時〔四〕，宋代之詩，競涉論宗；又四靈之派方盛，世皆以晚唐相高，故為此一家之言，以救一時之弊。後人輾轉承流，漸至於浮光掠影，初非羽之所及知。譽者太過，毀者亦太過也。〔五〕

錢曾《讀書敏求記》又摘其「《九章》不如《九歌》，《九歌·哀郢》尤妙」之語，以為《九歌》之內無《哀郢》，詆羽未讀《離騷》。然此或一時筆誤，或傳寫有訛，均未可定。曾遽加輕詆，未免佻薄。如趙宧光於六書之學固為矜陋，然《說文長箋》引「虎兕出於柙」句，誤稱《孟子》，其過當在抄胥。顧炎武作《日知錄》，遂謂其未讀《論語》〔六〕，豈足以服其心乎？（《四庫全書總目》卷一百九十五）

【注釋】

〔一〕【整理與研究】宋人詩話以此書影響最大。胡鑒、王瑋慶、胡才甫均有注釋本。郭紹虞先生撰《滄浪詩話校釋》（人民文學出版社 1961 年版），陳伯海撰《嚴羽和〈滄浪詩話〉》（上海古籍出版社 1987 年版），蔣童、鍾厚濤、仇愛麗主編《〈滄浪詩話〉在西方》（中國文聯出版社 2015 年版），陳超敏撰《〈滄浪詩話〉評注》（上海三聯書店 2018 年版）。

〔二〕【主於妙悟】《滄浪集》卷一：「工詩有別材，非關書也。詩有別趣，非關理也。然非多讀書，多窮理，則不能極其至。所謂不涉理路，不落言筌者，上也。詩者，吟詠情性也。盛唐諸人，惟在興趣。羚羊掛角，無跡可求。故其

妙處，透徹玲瓏，不可湊泊，如空中之音，相中之色，水中之月，鏡中之象，言有盡而意無窮。」

〔三〕【嚴氏糾繆】載《鈍吟雜錄》卷五。王漁洋《分甘餘話》卷二又有反駁：「嚴滄浪論詩，特拈『妙悟』二字，及所云『不涉理路，不落言詮』，又『鏡中之象，水中之月，羚羊掛角，無跡可尋』云云，皆發前人未發之秘。而常熟馮班詆諆之不遺餘力，如周興、來俊臣之流，文致士大夫，鍛鍊周內，無所不至，不謂風雅中乃有此《羅織經》也。昔胡元瑞作《正楊》，識者非之。近吳兌修齡作《正錢》，余在京師，亦嘗面規之。若馮君雌黃之口，又甚於胡、吳輩矣。此等謬論，為害於詩教非小，明眼人自當辨之。至敢詈滄浪為一竅不通，一字不識，則尤似醉人罵坐，聞之唯掩耳走避而已。」

今按，《羅織經》一卷，又稱《告密羅織經》，武則天時酷吏來俊臣等編纂。敘述如何網羅無辜之人，編造、虛構反叛情節，鍛鍊周內，無所不至，使人無以自明而被陷害。其書已佚，其法猶存。周興（？～691），唐長安人。來俊臣審訊之，以其人之道還治其人之身，是為「請君入甕」故事。

〔四〕【要其時】四庫本《滄浪詩話》卷首提要作「平情以論」。

〔五〕【評論】郭紹虞先生認為：「是書論詩，關鍵在一『識』字。綜其所謂『識』，不外禪與悟二者。因識得悟，又因悟而通於禪。故禪悟之說，雖為時人習見之論，但經滄浪加以組織，加以發揮，使之系統化，理論化，此則滄浪詩論之長，亦即其識力之長。其自負處在是，其受攻擊處亦在是。《四庫總目提要》謂『明胡應麟比之達摩西來，獨闢禪宗。而馮班作《嚴氏糾繆》一卷，至詆為囈語……譽者太過，毀者亦太過也』。此則持平之論。惟惜其僅就影響所及而加以折衷，猶未觸及其詩論之核心，令人有模糊影響之感耳。蓋滄浪所論，開後世神韻格調二派，其長處在能包涵此二者之論點而自成系統，以為詩學建一門庭，而短處則在依違於此二者之間，轉有牴牾之跡。」（《宋詩話考》第104～105頁）

〔六〕【說文長箋】顧炎武云：「萬曆末，吳中趙凡夫宦光作《說文長箋》，將自古相傳之『五經』肆意刊改，好行小慧，以求異於先儒。乃以『青青子衿』為淫奔之詩，而謂『衿』即『裣』字，如此類者非一。其實《四書》尚未能成誦，而引《論語》『虎兕出於柙』，誤作《孟子》『虎豹出於柙』，然其於六書之指不無管窺，而適當喜新尚異之時，此書乃盛行於世。及今不辯，恐他日習非勝是，為後學之害不淺矣，故舉其尤刺謬者十餘條正之。」（《日知錄》卷二十一）

305. 詩人玉屑二十卷

宋魏慶之撰。慶之字醇甫，號菊莊，建安（今屬福建建甌市）人。

是編前有淳祐甲辰（1244）黃昇〔一〕序，稱其「有才而不屑科第，惟種菊千叢，日與騷人逸士觴詠於其間」。蓋亦宋末江湖一派也。

宋人喜為詩話，裒集成編者至多。傳於今者，惟阮閱《詩話總龜》、蔡正孫《詩林廣記》〔二〕、胡仔《苕溪漁隱叢話》及慶之是編，卷帙為富。然《總龜》蕪雜，《廣記》掛漏，均不及胡、魏兩家之書。仔書作於高宗時，所錄北宋人語為多；慶之書作於度宗時，所錄南宋人語較備。二書相輔，宋人論詩之概亦略具矣。〔三〕慶之書以格法分類，與仔書體例稍殊。其兼採齊己〔四〕《風騷旨格》偽本，詭立句律之名，頗失簡擇。又如禁體之中載《蒲鞵詩》〔五〕之類，亦殊猥陋。論韓愈《精衛銜石填海》「人皆譏造次，我獨賞專精」二句〔六〕，為勝錢起〔七〕「曲終人不見，江上數峰青」〔八〕二句之類，是非亦未平允。然採摭既繁，菁華斯寓。鍾嶸所謂「披沙簡金，往往見寶」〔九〕者，亦庶幾焉，固論詩者所必資也。〔十〕（《四庫全書總目》卷一百九十五）

【注釋】

〔一〕【黃昇】字叔暘，號玉林，又號花庵詞客。以所居有玉林，又有散花庵也。其《玉林詩話》有輯佚本，詳參郭紹虞《宋詩話考》第160～161頁。

〔二〕【詩林廣記】宋蔡正孫撰。正孫字粹然，自號蒙齋野逸。體例在總集、詩話之間。國朝厲鶚作《宋詩紀事》，實用其例。然此書凡無所評論考證者，即不空錄其詩，較鶚書之兼用《唐詩紀事》例者，又小異爾。（《四庫全書總目》卷一百九十五）今按，清張宗泰《魯巖所學集》卷十四有評論十篇，可參閱。

〔三〕【評論】郭紹虞先生認為：「《四庫總目提要》之論是書，謂：『宋人喜為詩話，裒集成編者至多……宋人論詩之概亦略具矣。』對於此四書之評論，固甚公允，惜稍涉膚廓，不得是書要領耳。蓋是書在《滄浪詩話》以後，詩話面貌本已一新，則編輯成編，其精神亦應與前有所不同……菊莊承其風，故是書十一卷以上，分論詩法詩體詩格以及學詩宗旨各問題，其體例雖略同於《詩話總龜》之『琢句』『藝術』『用字』『押韻』『效法』『用事』『詩病』『苦吟』諸目而更為嚴正，不落小說家言。十二卷以下品藻古今人物，其分目以人以時為主，又多與《漁隱叢話》相類，而更加精嚴，不涉考證，不及瑣事。故能兼有二書之長而無其弊。」（《宋詩話考》第106～107頁）

〔四〕【齊己】唐末五代潭州益陽人。長於五言，亦善書法。有《白蓮集》十卷，
　　　《四部叢刊》本。

〔五〕【史源】見《詩人玉屑》卷九。

〔六〕【史源】全題為《學諸進士作精衛銜石填海》，載《五百家注昌黎文集》卷九。

〔七〕【錢起】（約710～780），字仲文，唐吳興人。工五言詩，為大曆十才子之一。
　　　有《錢考功集》十卷。

〔八〕【史源】唐錢起《錢仲文集》卷七《省試湘靈鼓瑟》。

〔九〕【史源】梁鍾嶸《詩品》卷一：潘（岳）詩爛若舒錦，無處不佳。陸（機）文
　　　如披沙簡金，往往見寶。余嘗言陸才如海，潘才如江。

〔十〕【整理與研究】據《簡目標注》記載，此書有宋、元刊本多種。（第933頁）
　　　古典文學出版社1958年排印本，中華書局1959年重印本，均為王仲聞據道
　　　光古松堂重刻宋本、明嘉靖刊本校刊。1982年上海古籍出版社出版點校本。
　　　張高評撰《〈詩人玉屑〉與宋代詩學》（新文豐出版公司2013年版），李豔婷
　　　撰《〈詩人玉屑〉詩學思想研究》（光明日報出版社2013年版）。

306. 文說一卷

　　元陳繹曾撰。繹曾字伯敷，《元史》附見《儒學傳》，作處州（今屬浙江麗水
市）人。而《吳興續志》亦載其名，蓋家本括蒼（浙江麗水縣）而僑居苕水者也。
至順中，官至國子監助教。嘗從學於戴表元，而與陳旅友善。師友淵源，具有
所自，故所學頗見根柢。

　　是書乃因延祐復行科舉，為程試之式而作。書中分列八條〔一〕，論行文之
法。時「五經」皆以宋儒傳注為主，懸為功令，莫敢異趨，故是書大旨皆折衷
於朱子。《吳興續志》稱：「繹曾嘗著《文筌》〔二〕《譜論》《科舉天階》，使學
者知所向方，人爭傳錄。」

　　焦竑《經籍志》又載繹曾《古今文矜式》二卷。今考繹曾所著《文筌》八
卷，附《詩小譜》〔三〕二卷，元時麻沙坊刻，附列於《策學統宗》〔四〕之首，
今尚有傳本，其文與此編迥殊。惟《科舉天階》與《古今文矜式》，今未之見，
疑此編即二書之一，但名目錯互，莫能證定。今姑仍《永樂大典》舊題，以
《文說》著錄〔五〕，用闕所疑。卷首所稱陳文靖公，蓋即元翰林學士東平陳儼，
亦以文名。至其自稱「先尚書」者，則已失其世系，無可考矣。（《四庫全書總目》
卷一百九十六）

【注釋】

〔一〕【八條】養氣、抱題、明體、分間、立意、用事、造語、下字。其中關於修辭的部分，參閱周振甫《中國修辭學史》（商務印書館 1999 年版）第 325～328 頁。

〔二〕【文筌】此編凡分古文小譜、四六附說、楚賦小譜、漢賦小譜、唐賦附說五類，體例繁碎。大抵妄生分別，強立名目，殊無精理。（《四庫全書總目》卷一九七）

〔三〕【詩小譜】據至順壬申繹曾自序，稱為亡友石桓彥威所撰。（《四庫全書總目》卷一九七）

〔四〕【策學統宗】是編雜選宋人議論之文，分類編輯，以備程試之用。（《四庫全書總目》卷一九一）

〔五〕【版本】《簡目標注》：「此自《永樂大典》輯出者，不全。按《大典》輯出者，似即《文筌》。檢存目內有《文筌》及《詩小譜》，豈《文說》另一書耶？抑輯《文說》在先，而不及互勘耶？」（第 935 頁）

307. 修辭鑒衡二卷

　　元王構（1245～1310）編。構字肯堂，東平（今屬山東泰安市）人。官至翰林學士承旨，諡文肅。事蹟具《元史》本傳。

　　據至順四年（1333）王理序，是編乃構官濟南總管時以授其門人劉氏，而理為刻於集慶路者。舊本殘蠹，闕其前頁。其劉氏之名，則不可考矣。〔一〕

　　上卷論詩，下卷論文，皆採宋人詩話及文集、說部為之。構所附論者，惟下卷結語一條而已。所錄雖多習見之語，而去取頗為精覈〔二〕。《元史》稱構弱冠以詞賦中選，至元十一年（1274），為翰林國史院編修，草伐宋詔書，為世祖所賞。又稱構練習臺閣故事，凡祖宗諡議、冊文，皆所撰定。又稱其子士熙、士點皆能以文學世其家。則構在當時實以文章名世，宜是編所錄具有鑒裁矣。

　　其中所引，如《詩文發源》《詩憲》《蒲氏漫齋錄》之類，今皆亡佚不傳，賴此書存其一二。又世傳呂氏《童蒙訓》〔三〕，非其全帙。此書所採凡三十一條，皆今本所未載，亦頗足以資考證。較《詩話總龜》之類浩博而傷猥雜者實為勝之，固談藝家之指南也。

　　此書久無刊本，傳寫多訛。而卷中不著書名者凡十條，又上卷佚其第五頁，序文僅存末頁，中亦時有闕字。今檢其可考者補之，其無可考者則姑仍原本，以存其舊焉。〔四〕（《四庫全書總目》卷一百九十六）

【注釋】

〔一〕【王理序】文章之作尚矣，自書契始，古者積學而言成，文益降益壞。其法不得傳，後之學者不得其術。尚辭者義虧，植意者事逸。義虧竭塞，事逸耗枯，皆不足以達辭輔理，於道則眊矣。文以載物適事，詩以言情道和。事適則行，情感則通，於政有稽焉。文至於華習，詩至於不近情，則幾乎息矣。《修辭鑒衡》之編，所以教為文與詩之術也。文止於兩漢，而延及乎韓、柳；詩止於漢魏，而延及乎唐人，所以難也。若話言之成文，俚誦之成詩，夫豈能之哉？琢玉者以磨礪，冶金以熔範。若玉不磨，金不範，則射可無習弓，御可無調馬矣，文豈異哉？監察御史東平劉君起宗，始以歲貢山東廉訪司，為其書吏，居濟南。故翰林承旨王文肅公為濟南總管，固其鄉先生也。君以諸生事之，文肅教之為文，出書一編，即此書也。劉君愛之，不忘俾刻之理，命李君晉仲、李君伯羽校之，釐正其次敘。論詩為首，文為後，四六以附。凡一百九十餘條，俾學者知其難焉。因命儒學正戚君子實掌板，鄭槃刻之於集慶路學。至順四年七月望日，文林郎、江南諸道行御史臺監察御史王理敘。

　　　　司馬按，以上所引為全文。上海市文物保管委員會收藏的元刻本影印本保存了全文，此據《文史知識》1996 年第 8 期陳亞麗文章轉引。劉氏即「監察御史東平劉君起宗」。

〔二〕【評論】陳望道先生認為：「《修辭鑒衡》一書，雖不甚精，似乎還是可以算是修辭專書的濫觴。不過那是屬於萌芽時期的著作，自然同我們所謂運用歸納的、比較的、歷史的研究法的修辭學沒有直接的關係。」（見鄭子瑜《中國修辭學史稿》第 287 頁）

　　　　今按，《修辭鑒衡》雖為集錄他人之作，但總結了很多前人的為文之道，仍不失為一部指導初學者寫作實踐的入門書。

〔三〕【童蒙訓】宋呂本中撰。本中北宋故家，及見元祐遺老，師友傳授，具有淵源，故其所記多正論格言，大抵皆根本經訓，務切實用，於立身從政之道深有所裨。（《四庫全書總目》卷九二）

　　　　今按，呂本中（1084～1145），字居仁。安徽壽州人。著有《東萊詩集》《春秋經解》《紫微詩話》。

〔四〕【版本】指海本、三續百川本、中華書局 1958 年影印本。

308. 唐音癸籤三十三卷

明胡震亨〔一〕撰。震亨有《海鹽縣圖經》〔二〕，已著錄。

所撰《唐音統籤》凡十集，此其第十集也。九集皆錄唐詩，此集則錄唐詩話。舊無刊版，至國朝康熙戊戌（1718）江寧（今江蘇南京）書肆乃得抄本刻行〔三〕。

為目有七：一曰體裁，凡一卷，論詩體；二曰法微，凡三卷，分二十四子目，自格律以及字句聲調，無不備論；三曰評匯，凡七卷，集諸家之評論；四曰樂通，凡四卷，論樂府；五曰詁籤，凡九卷，訓釋名物典故；六曰談叢，凡五卷，採擷逸事；七曰集錄，凡三卷，首錄唐集卷數，次唐選各總集，次金石墨蹟。

震亨搜括唐詩，用力最劇。九籤之中，惟戊籤有刻，而所錄不出《御定全唐詩》之外，亦不甚行。獨詩話採擷大備，為《全唐詩》所未收。〔四〕雖多錄明人議論，未可盡為定評，而三百年之源流正變，犁然可按，實於談藝有裨。特錄存之，庶不沒其搜輯之勤焉。（《四庫全書總目》卷一百九十六）

【注釋】

〔一〕【胡震亨】字孝轅，晚自稱遁叟，浙江海鹽人。萬曆丁酉（1597）舉人。官至兵部員外郎。

〔二〕【海鹽縣圖經】是書凡七篇。首方域，次食貨，次戍海，次堤海，次官師，次人物，次雜識。蓋與姚士粦參修而成，然不署士粦之名。（《四庫全書總目》卷七四）

〔三〕【版本】「舊無刊版」之說不確，據《簡目標注》記載，此書有明刊本。《書目答問》也著錄了明崇禎刻本。

〔四〕【整理與研究】古典文學出版社 1957 年出版點校本，中華書局 1959 年重印本，上海古籍出版社 1981 年排印周本淳校點本。

309. 歷代詩話八十卷

國朝吳景旭（1611～？）撰。景旭字旦生，歸安（今浙江吳興）人。

是書前後無序跋，而中有塗乙之處，蓋猶初定之稿〔一〕。分為十集，以十干為目：甲集六卷，皆論《三百篇》；乙集六卷，皆論《楚辭》；丙集九卷，皆

論賦；丁集六卷，皆論古樂府；戊集六卷，皆論漢魏六朝詩；己集十二卷，前九卷論杜詩，後三卷為《杜陵譜系》；庚集九卷，皆論唐詩；辛集七卷，皆論宋詩；壬集十卷，前三卷論金詩，後七卷論元詩；癸集九卷，皆論明詩。

其體例仿陳耀文《學林就正》，每條各立標題，先引舊說於前，後雜採諸書，以相考證，或辨其是非，或參其異同，或引申其未竟，或補綴其所遺，皆下一格書之。有舊說所無而景旭自立論者，則惟列本詩於前，而以己意發揮之。〔二〕雖皆採自詩話、說部，不盡根柢於原書，又嗜博貪多，往往借題曼衍，失於芟薙。然取材繁富，能以眾說互相鉤貫，以參考其得失，於雜家之言亦可謂淹貫者矣。較以古人，固不失《苕溪漁隱叢話》之亞也。〔三〕（《四庫全書總目》卷一百九十六）

【注釋】

〔一〕【版本】《簡目標注》：「嘉慶中刊本。」（第 938 頁）

今按，四庫本據稿本抄錄。《四庫全書》的可信度一直備受質疑，發展到今天，學術界居然出現兩種完全相反的情況：一是完全相信《四庫全書》，因而不敢使用四庫本；二是因為電子版的便利，完全依賴四庫本。因此，現在很有必要對《四庫全書》的可信度進行專題研究。

〔二〕【評論】陳正宏教授認為：「從《歷代詩話》看吳景旭研究明詩的特點，比較突出的是開口較小而眼界較寬，時將明詩中的個別現象與明以前的詩歌歷史上的同類現象聯繫起來考察，把明詩和明史聯繫起來進行對比，觸類旁通，因而結論頗有新意。」（《明代詩文研究史》，《中國文學研究》第二輯第 154 頁）

〔三〕【整理與研究】《書目答問補正》：「吳書，吳興劉承幹刻《吳興叢書》本。何（文煥）書，上海醫學書局影印乾隆間原刻本。《歷代詩話續編》28 種，《清詩話》42 種，並無錫丁福保編，醫學書局排印本。」此書有中華書局上海編輯所 1958 年版、中華書局 1981 年排印本，丁書有中華書局 1983 年排印本。

310. 宋詩紀事一百卷

國朝厲鶚（1692～1752）撰。鶚有《遼史拾遺》〔一〕，已著錄。

昔唐孟棨作《本事詩》〔二〕，所錄篇章，咸有故實。後劉攽、呂居仁等諸詩話，或僅載佚事，而不必皆詩。計敏夫《唐詩紀事》，或附錄佚詩，而不必有事。揆以體例，均嫌名實相乖，然猶偶而泛登，不為定式。

　　鶚此書裒輯詩話，亦紀事為名，而多收無事之詩，全如總集；旁涉無詩之事，竟類說家，未免失於斷限。又採摭既繁，牴牾不免。如四卷趙復《送晏集賢南歸詩》隔三卷而重出，七十二卷李玨《題湖山類稿》絕句隔兩卷而重出，九十一卷僧惠洪《送王山人歸隱詩》隔一卷而重出，四十五卷尤袤《淮民謠》隔一頁而重出，二卷楊徽之《寒食詩》二句至隔半頁而重出。他如西崑體、江西派，既已別編，而月泉吟社乃分析於各卷，而不改其前題字，以致八十一卷之姚潼翔於周陳《送僧歸蜀詩》後標前題字，八十五卷之趙必范於趙必象《避地惠陽詩》後標前題字，皆不免於粗疏。又三十三卷載陳師道，而三十四卷又出一潁州（今安徽阜陽）教授陳復常，竟未一檢《後山集》及《東坡集》，訂「復」字為「履」字之訛。四十七卷載鄭伯熊，三十一卷已先出一鄭景望，竟未一檢《止齋集》，證景望即伯熊之字。五十九卷據《齊東野語》載曹勛竿伎詩，作刺趙南仲；九十六卷又載作無名子刺賈似道。八十四卷花蕊夫人《奉詔詩》，不以勾延慶《錦里耆舊傳》互勘。八十六卷李煜《歸宋渡江詩》，不以馬令《南唐書》參證。八十七卷《永安驛題柱詩》，不引《後山集》本序，而稱《名媛璣囊》。又華春娘《寄外詩》，不知為唐薛濤《十離》之一。陸放翁妾詩，不知為《劍南集》七律之半。英州司寇女詩，不知為錄其父作。皆失於考證。

　　然全書網羅賅備，自序稱閱書三千八百一十二家〔三〕。今江南、浙江所採遺書中，經其簽題自某處抄至某處，以及經其點勘題識者，往往而是，則其用力亦云勤矣。考有宋一代之詩話者，終以是書為淵海，非胡仔諸家所能比較長短也。〔四〕（《四庫全書總目》卷一百九十六）

【注釋】

〔一〕【遼史拾遺】厲鶚撰。是書拾《遼史》之遺，有注有補，均摘錄舊文為綱，而參考他書條列於下。凡有異同，悉分析考證，綴以按語。（《四庫全書總目》卷四六）

　　　　今按，若厲氏《遼史拾遺》，則但捃拾佚漏，於《遼史》乖失未嘗糾正。錢大昕、陳漢章、馮家升均有校勘。清楊復吉撰《遼史拾遺補》五卷。羅繼祖撰《遼史拾遺續補》十六卷、《遼史校勘記》八卷。

〔二〕【本事詩】為詩話之始。採六朝詩本事二則，唐詩本事三十七則，成於光啟二年（886）。

〔三〕【自序】作於乾隆十一年（1746），載於四庫本卷首。

〔四〕【整理與研究】《宋詩紀事》有乾隆十一年（1746）原刊本、《萬有文庫》第二
集本、上海古籍出版社 1984 年排印本。陸心源撰《宋詩紀事補遺》一百卷、
《宋詩小傳補正》四卷，光緒癸巳（1893）家刻本。孔凡禮先生撰《宋詩紀
事續補》《宋詩紀事續補拾遺》（北京大學出版社 1988 年版），錢鍾書先生撰
《宋詩紀事補正》（遼寧人民出版社 2003 年版），又有手稿影印本《宋詩紀
事補訂》（生活・讀書・新知三聯書店 2005 年版）。

311. 樂章集一卷

宋柳永〔一〕（？～約 1053）撰。永，初名三變，字耆卿，崇安（今屬福建武夷
山）人。景祐元年（1034）進士。官至屯田員外郎，故世號柳屯田。

葉夢得《避暑錄話》曰：「柳永為舉子時，多游狹斜，善為歌詞。教坊樂
工，每得新腔，必求永為詞，始行於世。余仕丹徒，嘗見一西夏歸朝官云：
『凡有井水飲處，即能歌柳詞。』言其傳之廣也。」〔二〕張端義《貴耳集》亦
曰：「項平齋言：詩當學杜詩，詞當學柳詞。杜詩柳詞，皆無表德，只是實說
（云云）。」〔三〕蓋詞本管絃冶蕩之音，而永所作，旖旎近情，故使人易入。雖
頗以俗為病，然好之者終不絕也。

陳振孫《書錄解題》載其《樂章集》三卷，今止一卷，蓋毛晉刊本所合併
也。**宋詞之傳於今者，惟此集最為殘闕。**〔四〕晉此刻亦殊少勘正，訛不勝乙。
其分調之顯然舛誤者，如《笛家》「別久」二字，《小鎮西》「久離闕」三字，
《小鎮西犯》「路遼繞」三字，《臨江仙》「蕭條」二字，皆係後段換頭，今乃
截作前段結句。字句之顯然舛誤者，如《尾犯》之「一種芳心力」，「芳」字當
作「勞」；《浪淘沙慢》之「幾度飲散歌闌」，「闌」字當作「闋」，「如何時」，
「如」字當作「知」；《浪淘沙令》之「有一個人人」，「一」字屬衍，「促盡隨
紅袖舉」，「促」字下闕「拍」字；《破陣樂》之「各明珠」，「各」字下脫「採」
字；《定風波》之」拘束教吟詠」，「詠」字當叶韻作「和」字；《鳳歸雲》之「霜
月夜」，「夜」字下脫「明」字；《如魚水》之「蘭芷汀洲望中」，「中」字當作
「裏」；《望遠行》之「亂飄僧舍、密灑歌樓」二句，上下倒置；《紅窗睡》之
「如削肌膚紅玉瑩」句，已屬叶韻，下又誤增「峰」字；《河傳》之「露清江、
芳交亂」，「清」字當作「淨」；《塞鴻》之「漸西風緊」，「緊」字屬衍；《訴衷
情》之「不堪更倚木闌」，「木闌」二字當作「蘭棹」；《夜半樂》之「嫩紅光
數」，「光」字當作「無」，「金斂笑爭賭」，「斂」字當作「釵」。萬樹作《詞律》，

嘗駁正之，今並從其說。其必不可通者，則疑以傳疑，姑仍其舊焉。〔五〕（《四庫全書總目》卷一百九十八）

【注釋】

〔一〕【作者研究】趙長征撰《柳永》（五洲傳播出版社 2006 年版），曾大興撰《柳永和他的詞》（中山大學出版社 2001 年版）。

〔二〕【史源】《避暑錄話》卷下。

〔三〕【史源】《貴耳集》卷上。

〔四〕【版本】詳見《簡目標注》第 940 頁。

〔五〕【整理與研究】姚學賢等撰《柳永詞詳注及集評》（中州古籍出版社 1991 年版），薛瑞生撰《樂章集校注》（中華書局 1994 年版），姚守梅等撰《柳永詞新釋輯評》（中國書店 2005 年版）。

312. 東坡詞一卷

宋蘇軾（1036～1101）撰。軾有《易傳》，已著錄。

《宋史·藝文志》載軾詞一卷，《書錄解題》則稱《東坡詞》二卷。此本乃毛晉所刻，後有晉跋〔一〕，云得金陵刊本，凡混入黃、晁、秦、柳之作，俱經芟去。然刊削尚有未盡者，如開卷《陽關曲》三首，已載入詩集之中，乃餞李公擇絕句。其曰以「小秦王」歌之者，乃唐人歌詩之法，宋代失傳。惟「小秦王」調近絕句，故借其聲律以歌之，非別有詞調謂之「陽關曲」也。使當時有「陽關曲」一調，則必自有本調之宮律，何必更借「小秦王」乎？以是收之詞集，未免泛濫。

至集中《念奴嬌》一首，朱彝尊《詞綜》據《容齋隨筆》所載黃庭堅手書本，改「浪淘盡」為「浪聲沉」，「多情應笑我早生華髮」為「多情應是我笑生華髮」〔二〕，因謂「浪淘盡」三字於調不協，多情句應上四下五。然考毛玭此調，如「算無地圈風頂」，皆作仄平仄，豈可俱謂之未協？石孝友此調云：「九重頻念此袞衣華髮。」周紫芝此調云：「白頭應記得尊前傾蓋。」亦何嘗不作上五下四句乎？又趙彥衛《雲麓漫抄》辨賀新涼詞板本「乳燕飛華屋」句，真蹟「飛」作「棲」，《水調歌》詞板本「但願人長久」句，真蹟「願」作「得」，指為妄改古書之失。然二字之工拙皆相去不遠。前人著作時有改定，何必定以真蹟為斷乎？晉此刻不取洪趙之說，則深為有見矣。

　　詞自晚唐、五代以來，以清切婉麗為宗，至柳永而一變，如詩家之有白居易；至軾而又一變，如詩家之有韓愈，遂開南宋辛棄疾等一派。尋源溯流，不能不謂之別格。然謂之不工則不可，故至今日尚與花間一派並行，而不能偏廢。

　　曾敏行《獨醒雜志》載，軾守徐州日，作燕子樓樂章，其稿初具，邏卒已聞張建封廟中有鬼歌之〔三〕。其事荒誕不足信，然足見軾之詞曲，輿隸亦相傳誦，故造作是說也。〔四〕（《四庫全書總目》卷一百九十八）

【注釋】

〔一〕【毛晉跋】四庫本已刪去。今按，此集版本情況見《簡目標注》第 941 頁。

〔二〕【史源】《容齋隨筆》卷八「詩詞改字」條。

〔三〕【史源】《獨醒雜志》卷三。今按，張建封（735～800），字本立，唐鄧州南陽人。能文善辯，禮賢下士，天下名士如韓愈等多樂歸其門。卒於彭城（今江蘇徐州）。

〔四〕【整理與研究】薛瑞生撰《東坡詞編年箋注》（三秦出版社 1998 年版），鄒同慶等撰《蘇軾詞編年校注》（中華書局 2002 年版），劉尚榮撰《東坡詞傅幹注校證》（上海古籍出版社 2020 年版）。

313. 淮海詞一卷

　　宋秦觀（1049～1100）撰。觀有《淮海集》，已著錄。

　　《書錄解題》載《淮海詞》一卷，而傳本俱稱三卷。此本為毛晉所刻，僅八十七調，衰為一卷，乃雜採諸書而成，非其舊帙。〔一〕其總目注：「原本三卷，特姑存舊數云爾。」晉跋雖稱訂訛搜遺，而校讎尚多疏漏，如集內《長相思》「鐵甕城高」一闋，乃用賀鑄韻，尾句作「鴛鴦未老否」，《詞彙》所載，則作「鴛鴦未老綢繆」。考當時楊無咎亦有此調，與觀同賦，注云「用方回」，其尾句乃「佳期永卜綢繆」，知《詞彙》為是矣。又「河傳」一闋，尾句作「悶損人天不管」。考黃庭堅亦有此調，尾句作「好殺人天不管」，自注云：「因少游詞，戲以好字易瘦字」。是觀原詞當是「瘦殺人天不管」，「悶損」二字，為後人妄改也。至「喚起一聲人悄」一闋，乃在黃州（今湖北新洲）詠海棠作，調名《醉鄉春》，詳見《冷齋夜話》，此本乃闕其題，但以三方空記之，亦為失考。今並釐正，稍還其舊。

觀詩格不及蘇、黃，而詞則情韻兼勝，在蘇、黃之上。流傳雖少，要為倚聲家一作手。宋葉夢得《避暑錄話》曰：「秦少游亦善為樂府，語工而入律，知樂者謂之作家歌。」〔二〕蔡絛《鐵圍山叢談》亦記：「觀婿范溫〔三〕（常）〔嘗〕預貴人家會，貴人有侍兒，喜歌秦少游長短句，坐間略不顧溫。酒酣歡洽，始問此郎何人。溫邃起叉手，對曰：『某乃山抹微雲女婿也。』聞者絕倒（云云）。」〔四〕夢得，蔡京客，絛，蔡京子，而所言如是，則觀詞為當時所重可知矣。〔五〕（《四庫全書總目》卷一百九十八）

【注釋】

〔一〕【版本】主要版本還有宋刊本、《四部叢刊》本等，詳見《簡目標注》第942頁。

〔二〕【史源】《避暑錄話》卷下。

〔三〕【范溫】字元實。范祖禹之子。祖禹作《唐鑒》，名重天下，人稱為「唐鑒兒」。著有《潛溪詩眼》。詳參《宋詩話考》第132～134頁。

〔四〕【史源】《鐵圍山叢談》卷四。

〔五〕【整理與研究】王輝曾撰《淮海詞箋注》（中國書店1985年版），徐培均撰《淮海居士長短句箋注》（上海古籍出版社2008年版）。今按，秦觀，字少游，一字太虛，學者稱淮海先生，受知於蘇軾，與黃庭堅、晁補之、張未並稱「蘇門四學士」。詞作溫柔清麗，長於婉約。現存詞七十餘首，宋、明、清版本多達十餘種。《淮海居士長短句箋注》繼承前人葉恭綽、唐圭璋、龍榆生的研究成果，考訂眾本，分長短句、補遺、存疑三部分載錄詞作，詳為校記、箋注，又附匯評，務全務備，書後附錄《淮海詞版本源流考》《秦觀年譜》及各種版本序跋。

314. 小山詞一卷〔一〕

宋晏幾道〔二〕（約1040～約1112）撰。幾道字叔原，號小山，殊之幼子。監潁昌許田鎮。

熙寧中，鄭俠上書下獄，悉治平時所往還厚善者，幾道亦在其中。從俠家搜得其詩，裕陵稱之，始得釋，事見《侯鯖〔三〕錄》。黃庭堅《小山集序》曰：「其樂府可謂狹邪之大雅，豪士之鼓吹。其合者《高唐》《洛神》之流，其下者豈減《桃葉》《團扇》哉？」又《古今詞話》載程叔微之言曰：「伊川聞人

誦叔原詞：『夢魂慣得無拘檢，又踏楊花過謝橋。』曰：『鬼語也。』意頗賞之。」然則幾道之詞，固甚為當時推挹矣。

　　馬端臨《文獻通考》載《小山詞》一卷，並錄黃庭堅全序〔四〕。此本佚去，惟存無名氏跋後一篇。據其所云，似幾道詞本名補亡，以為補樂府之亡。單文孤證，未敢遽改。姑仍舊本題之。至舊本字句，往往訛異，如《泛清波摘遍》一闋「暗惜光陰恨多少」句，此於「光」字上誤增「花」字，衍作八字句。詞彙遂改「陰」作「飲」，再誤為「暗惜花光飲恨多少」。如斯之類，殊失其真，今並訂正焉。〔五〕（《四庫全書總目》卷一百九十八）

【注釋】

〔一〕【版本】四庫本應該是據毛晉汲古閣本抄錄。其他版本情況參見《簡目標注》第942頁。

〔二〕【作者研究】夏承燾《唐宋詞人年譜》有晏幾道年譜。紫陌撰《人間何處著相思：晏幾道詞與情的絕世傳奇》（鳳凰出版社2011年版），上玄月撰《宋詞是一杯清酒5：小山詞傳》（時事出版社2015年版）。

〔三〕【鯖】肉、魚合燒的雜燴。韓翃《送劉長上歸別業》詩：「飯爾五侯鯖。」今按，所謂侯鯖錄，雜錄也。《侯鯖錄》八卷，宋趙令時撰。是書採錄故事、詩話，頗為精贍。

〔四〕【黃庭堅序】晏叔原，臨淄公之莫（或作暮）子也。磊瑰權奇，疏於顧忌，文章翰墨，自立規模。常欲軒輊人，而不受世之輕重。諸公雖愛之，而又以小謹望之，遂陸沉於下位。平生潛心六藝，玩思百家，持論甚高，未嘗以治（或作沽）世。余嘗怪而問焉，曰：我槃姍勃窣，猶獲罪於諸公。憤而吐之，是唾人面也。乃獨嬉弄於樂府之餘，而寓以詩人句法，精壯頓挫，能動搖人心，士大夫傳之，以為有臨淄之風爾（或作耳）。罕能味其言也。余嘗論叔原固人英也，其癡亦自絕人。愛叔原者慍而問其目，曰：「仕宦連蹇，而不能一傍貴人之門，是一癡也；論文自有體，不肯一作新進士語，此又一癡也；費資千百萬，家人飢寒，而面有孺子之色，此又一癡也；人百負之而不恨，己信人終不疑其欺己，此又一癡也。」乃共以為然……余少時間作樂府，以使酒玩世。道人法秀獨罪余「以筆墨勸淫，於我法中，當犁舌之獄」，特未見叔原之作邪？雖然，彼富貴得意，室有倩盼慧（或作惠）女，而主人好文，必當市購（或作致）千金，家求善本。曰：獨不得與叔原同時邪？若乃妙年美士，

近知酒色之娛（或作虞）；苦節臞儒，晚悟裙裾之樂，鼓之舞之，使宴安酖毒而不悔，是則叔原之罪也哉！

今按，上引（）內「或作」字樣，皆出自《彊村叢書》本《小山詞》。

〔五〕【整理與研究】王雙啟撰《晏幾道詞新釋輯評》（中國書店出版社 2007 年版）。

315. 片玉詞二卷補遺一卷

宋周邦彥〔一〕（1056～1121）撰。邦彥字美成，錢塘（今屬浙江杭州）人。元豐中，獻《汴都賦》召為太樂正，徽宗朝仕至徽猷閣待制，出知順昌府，徙處州，卒。自號清真居士。《宋史·文苑傳》稱：「邦彥疏雋少檢，不為州里推重。好音樂，能自度曲，製樂府長短句，詞韻清蔚。」

《藝文志》載《清真居士集》十一卷，蓋其詩文全集，久已散佚，其附載詩餘與否，不可復考。陳振孫《書錄解題》載其詞有《清真集》二卷，後集一卷。此篇名曰「片玉」，據毛晉跋稱為宋時刊本，所題原作二卷，其補遺一卷〔二〕，則晉採各選本成之，疑舊本二卷即所謂《清真集》，晉所掇拾乃其後集所載也。卷首有強煥序〔三〕，與《書錄解題》所傳合。

其詞多用唐人詩句隱括入調，渾然天成。長篇尤富豔精工，善於鋪敘。陳郁《藏一話腴》謂其以樂府獨步，貴人、學士、市儂、妓女，皆知其詞為可愛〔四〕。非溢美也。又邦彥本通音律，下字用韻，皆有法度。故方千里和詞，一一按譜填腔，不敢稍失尺寸。今以兩集互校，如「隔浦蓮近拍，金丸落驚飛鳥」句，毛本注云：按譜此處宜三字二句，然千里詞作「夷猶終日魚鳥」，則周詞本是「金丸驚落飛鳥」，非三字二句。又「荔枝香近兩兩相依燕新乳」句止七字，千里詞作「深澗斗瀉飛泉灑甘乳」句，凡九字。觀柳永、吳文英二集，此調亦俱作九字句，不得謂千里為誤，則此句尚脫二字。又「玲瓏四犯細念想夢魂飛亂」句七字，毛本因舊譜誤脫「細」字，遂注曰：按譜宜是六言，不知千里詞正作「顧鬢影翠雲零亂」七字，則此句「細」字非衍文。又《西平樂》「爭知向此征途區區佇立塵沙」，二句共十二字，千里和云「流年迅景霜風敗葦驚沙」止十字，則此句實誤衍二字。至於《蘭陵王》尾句「似夢裏淚暗滴」六仄字成句，觀史達祖此調此句作「欲下處似認得」，亦止用六仄字，可以互證毛本乃於夢字下增一「魂」字，作七字句尤為舛誤，今並釐正之。據《書錄解題》，有曹杓字季中號一壺居士者，曾注《清真詞》二卷，今其書不傳。〔五〕（《四庫全書總目》卷一百九十八）

【注釋】

〔一〕【作者研究】劉揚忠撰《周邦彥傳論》（陝西人民出版社 1991 年版），沈松勤等撰《詞家之冠——周邦彥傳》（浙江人民出版社 2006 年版），吳侯陽撰《周邦彥詞傳》（中國文史出版社 2017 年版）。

〔二〕【毛晉跋】美成於徽宗時提舉大晟樂府，故其詞盛傳於世。余家藏凡三本：一名《清真集》，一名《美成長短句》，皆不滿百闋，最後得宋刻《片玉集》二卷，計調百八十有奇，晉陽強煥為序。余見評注龐雜，一一削去，釐其訛謬，間有茲集不載，錯見清真諸本者，附補遺一卷，美成庶無遺憾云。若乃諸名家之甲乙，久著人間，無待予備述也。

今按，此集除四庫本、宋名家詞本外，還有大鶴山人刻本、彊村叢書本。（詳見《簡目標注》第 943 頁）

〔三〕【強煥序】見四庫本《片玉詞》卷首。

〔四〕【評論】《藏一話腴外編》卷上：「周邦彥，字美成，自號清真。二百年來，以樂府獨步。貴人、學士、市儈、妓女，知美成詞為可愛。而能知美成為何如人者，百無一二也。蓋公少為太學內舍選，年未三十，作《汴都賦》，鋪張揚厲，凡七千言，奏之天子，命近臣讀於邇英閣，遂由諸生擢大學正，聲名一日震耀海內。神宗上賓，哲宗置之文館，徽宗列之郎曹，皆自文章而得。至於詩歌，自經史中流出。當時以詩名家如晁、張，皆自歎以為不及。」

〔五〕【整理與研究】俞平伯撰《清真詞釋》（開明書店 1948 年版、人民文學出版社 2018 年版），《喬大壯手批周邦彥片玉集》（齊魯書社 1985 年版），孫虹撰《清真詞校注》（中華書局 2002 年版），羅忼烈撰《清真詞箋注》（上海古籍出版社 2008 年版）。

316. 無住詞一卷

宋陳與義（1091～1139）撰。與義有《簡齋集》，已著錄。

陳振孫《書錄解題》載其《無住詞》一卷，以所居有無住庵，故以名之。與義詩師杜甫，當時稱陳、黃之後無逾之者〔一〕。其詞不多，且無長調，而語意超絕。黃昇《花庵詞選》稱其可摩坡仙之壘。〔二〕至於《虞美人》之「及至桃花開後，卻恩恩」、《臨江仙》之「杏花疏影裏，吹笛到天明」等句，胡仔《漁隱叢話》亦稱其清婉奇麗。〔三〕蓋當時絕重其詞也。此本為毛晉所刊〔四〕，

僅十八闋。而吐言天拔，不作柳軃鶯嬌之態，亦無蔬筍之氣，殆於首首可傳，不能以篇帙之少而廢之。

方回《瀛奎律髓》稱杜甫為一祖，而以黃庭堅、陳師道及與義為三宗〔五〕。如以詞論，則師道為勉強學步，庭堅為利鈍互陳，皆迥非與義之敵矣。開卷《法駕導引》三闋，與義已自注其詞為擬作。而諸家選本尚有稱為赤城韓夫人，所製列之仙鬼類中者。證以本集，亦足訂小說之誣焉。（《四庫全書總目》卷一百九十八）

【注釋】

〔一〕【校勘】《四庫全書簡明目錄》同名提要云：「與義詩為南渡第一。」

〔二〕【史源】《花庵詞選續集》卷一。

〔三〕【史源】《漁隱叢話後集》卷三十四：去非舊有詩云：「風流邱壑真吾事，籌策廟堂非所知。」其後登政府，無所建明，卒如其言。《九日詞》云：「九日登臨有故常，隨晴隨雨一傳觴。」用退之《淮西碑》「欲事故常」之語。又《憶洛中舊遊詞》云：「憶昔午橋橋上飲，坐中多是豪英。長溝流月，去無聲。杏花疏影裏，吹笛至天明。」此數語奇麗，簡齋集後載數詞，惟此詞為優。

〔四〕【版本】《簡目標注》第945頁還記載了蕭飛濤抄本和彊村叢書本。

〔五〕【史源】《瀛奎律髓》卷二十六：「古今詩人，當以老杜、山谷、後山、簡齋四家為『一祖三宗』，餘可預配饗者有數焉。」

317. 漱玉詞一卷

宋李清照〔一〕（1084～約1155）撰。清照號易安居士，濟南人。禮部郎提點京東刑獄格非之女，湖州守趙明誠之妻也。

清照工詩文，尤以詞擅名。胡仔《苕溪漁隱叢話》稱其再適張汝舟（1132），未幾反目。有啟事上綦處厚云：「猥以桑榆之晚景，配茲駔儈之下材。」傳者無不笑之〔二〕。今其啟具載趙彥《雲麓漫抄》中。李心傳《建炎以來繫年要錄》載其與後夫構訟事尤詳〔三〕。此本為毛晉汲古閣所刊，卷末備載其軼事逸文，而不錄此篇，蓋諱之也。

案：陳振孫《書錄解題》載清照《漱玉詞》一卷，又云別本作五卷。黃昇《花庵詞選》則稱《漱玉詞》三卷，今皆不傳。此本僅詞十七闋，附以《金石錄序》一篇，蓋後人裒輯為之，已非其舊。〔四〕其《金石錄後序》與刻本所載詳略迥殊，蓋從《容齋隨筆》中抄出，亦非完篇也。

清照以一婦人，而詞格乃抗軼周、柳〔五〕。張端義《貴耳集》極推其《元宵詞》《永遇樂》《秋詞聲聲慢》，以為閨閣有此文筆，殆為閒氣〔六〕，良非虛美。雖篇帙無多，固不能不寶而存之，為詞家一大宗矣。〔七〕（《四庫全書總目》卷一百九十八）

【注釋】

〔一〕【作者研究】褚斌傑等撰《李清照資料彙編》（中華書局 1984 年版），王延梯撰《李清照評傳》（陝西人民出版社 1982 年版），周玉清撰《李清照評傳》（成都科技大學出版社 1991 年版），陳祖美撰《李清照評傳》（南京大學出版社 1995 年版）與《多少事欲說還休──一代才女李清照》（新世界出版社 2017 年版），周桂峰《李清照論》（中國文聯出版社 2001 年版），王志民主編《李清照研究資料彙編》（山東文藝出版社 2007 年版），魏青撰《章邱李氏家族文化研究──以李格非、李清照父女為中心》（中華書局 2013 年版），艾朗諾著、夏麗麗譯《才女之累：李清照及其接受史》（上海古籍出版社 2017 年版）。

〔二〕【史源】《漁隱叢話前集》卷六十：「近時婦人能文詞，如李易安，頗多佳句。小詞云：『昨夜雨疏風驟，濃睡不消殘酒。試問捲簾人，卻道海棠依舊。知否知否，應是綠肥紅瘦。』『綠肥紅瘦』，此語甚新。又《九日詞》云：『簾卷西風，人似黃花瘦。』此語亦婦人所難到也。易安再適張汝舟，未幾，反目，有啟事與綦處厚云：『猥以桑榆之晚景，配茲駔儈之庸材。』傳者無不笑之。」

〔三〕【更嫁公案】《建炎以來繫年要錄》卷五十八主「更嫁說」：「右承奉郎監諸軍審計司張汝舟屬吏，以汝舟妻李氏訟其妄增舉數入官也，其後有司當汝舟私罪，徒詔除名柳州編管。李氏格非女，能為歌詞，自號易安居士。」陳祖美《李清照評傳》將「更嫁說」予以坐實。而《徐氏筆精》卷七「易安更嫁」條持反對意見：「李易安，趙明誠之妻也。《漁隱叢話》云……殊謬妄不足信。蓋易安自撰《金石錄後序》，言明誠兩為郡守，建炎己酉八月十八日疾卒，且云余自少陸機作賦之二年，至過蘧瑗知非之兩歲，三十四年之間，憂患得失，何其多也。作序在紹興二年，李五十有二，老矣，清獻公之婦、郡守之妻，必無更嫁之理。今各書所載《金石錄序》皆非全文，惟余家所藏舊本序語全載更嫁之說，不知起於何人，太誣賢媛也。」俞正燮《癸巳類稿》卷十五《易安居士事輯》亦云：「余素惡易安改嫁張汝舟之說。」（詳第 547～549 頁，遼寧教育出版社 2001 年版）。

〔四〕【版本】詳參《簡目標注》第 945 頁。

〔五〕【評論】沈曾植云：「閨房之秀，固文士之豪也。才鋒太露，被謗殆亦因此。（王）漁洋稱易安、幼安為濟南二安，難乎為繼。易安為婉約主，幼安為豪放主。此論非明代諸公所及。」（《海日樓札叢》第 273 頁「二安」條）

〔六〕【評論】《貴耳集》卷上：「易安居士李氏，趙明誠之妻，《金石錄》亦筆削其間。南渡以來，常懷京洛舊事，晚年賦『元宵』《永遇樂》詞云：『落日熔金，暮雲合璧。』已自工致。至於『染柳煙輕，吹梅笛怨，春意知幾許』，氣象更好。後疊云『於今憔悴，風鬟霜鬢，怕見夜間出去』，皆以尋常語度入音律，鍊句精巧則易，平淡入調者難。且『秋詞』《聲聲慢》『尋尋覓覓，冷冷清清，淒淒慘慘戚戚』，此乃公孫大娘舞劍手，本朝非無能詞之士，未曾有一下十四疊字者。用《文選》諸賦格，後疊又云『梧桐更兼細雨，到黃昏點點滴滴』，又使疊字，俱無斧鑿痕。更有一奇字云：『守定窗兒，獨自怎生得黑。』『黑』字不許第二人押！婦人中有此文筆，殆閒氣也。」

〔七〕【整理與研究】王仲聞撰《李清照集校注》（人民文學出版社 1999 年版），徐培均撰《李清照集箋注》（上海古籍出版社 2002 年版），陳祖美撰《李清照詞新釋輯評》（中國書店 2003 年版），陳祖美編《李清照詞全集》（長江文藝出版社 2020 年版）。

318. 蘆川詞一卷〔一〕

宋張元幹〔二〕（1091～約 1170）撰。元幹有《蘆川歸來集》，已著錄。

《宋史·藝文志》載其詞二卷，陳振孫《書錄解題》則作一卷，與此本合。案：紹興八年（1138）十一月，待制胡銓謫新州，元幹作《賀新郎》詞以送，坐是除名。考《宋史·胡銓傳》，其上書乞斬秦檜在戊午十月，則元幹除名自屬此時，毛晉跋以為辛酉，殊為未審，謹附訂於此。又李綱疏諫和議亦在是年十一月，綱斯時已提舉洞霄宮，元幹又有寄詞一闋。今觀此集，即以此二闋壓卷，蓋有深意。

其詞慷慨悲涼，數百年後，尚想其抑塞磊落之氣。然其他作，則多清麗婉轉，與秦觀、周邦彥可以肩隨。毛晉跋曰：「人稱其長於悲憤，及讀《花庵》《草堂》所選，又極嫵秀之致。」可謂知言。至稱其『灑窗間惟稷雪』句，引《毛詩疏》為證，謂用字多有出處，則其說似是而實非。詞曲以本色為最難，不尚新僻之字，亦不尚典重之字。稷雪二字，拈以入詞，究為別格，未可以之立制也。又卷內《鶴衝天》調本當作《喜遷鶯》，晉乃注云：「向作『喜遷鶯』，

誤，今改作『鶴衝天』。」不知「喜遷鶯」之亦稱「鶴衝天」，乃後人因韋莊《喜遷鶯》詞有「爭看鶴衝天」句而名，調止四十七字，元幹正用其體。晉乃執後起之新名，反以原名為誤，尤疏於考證矣。〔三〕（《四庫全書總目》卷一百九十八）

【注釋】

〔一〕【版本】《簡目標注》第 946 頁：「海鹽張氏藏宋刊本。」《張元濟古籍書目序跋彙編》云：「此為影宋抄本。」並詳記流傳及前人收藏序跋。（第 753～757 頁）

〔二〕【作者研究】王兆鵬撰《張元幹年譜》（南京出版社 1989 年版）。黃佩玉撰《張元幹研究》（廣東人民出版社 1986 年版）。

〔三〕【整理與研究】曹濟平撰《張元幹詞研究》（齊魯書社 1993 年版）、《蘆川詞校注》（上海古籍出版社 1991 年版）。

319. 于湖詞三卷

宋張孝祥（1132～1170）撰。孝祥有《于湖集》，已著錄。

《宋史·藝文志》載其詞一卷，陳振孫《書錄解題》亦載《于湖詞》一卷〔一〕，黃昇《中興詞選》則稱，紫微雅詞，以孝祥曾官中書舍人故也。此本為毛晉所刊〔二〕。第一卷末即繫以跋，稱恨全集未見。蓋只就詞選所載二十四闋，更擴四首益之，以備一家。後二卷則無目錄，亦無跋語。蓋其後已見全集，刪其重複，另編為兩卷以續之，而首卷則未重刊，故體例特異耳。

卷首載陳應行、湯衡兩序，皆稱其詞寓詩人句法，繼軌東坡。觀其所作，氣概亦幾幾近之。《朝野遺記》稱其在建康留守席上賦《六州歌頭》一闋，感憤淋漓，主人為之罷席，則其忠憤慷慨有足動人者矣。又《耆舊續聞》載，孝祥十八歲時即有《點絳唇》「流水泠泠」一詞，為朱希真所驚賞。或刻孫和仲，或即以為希真作，皆誤。今集不載是篇，或以少作而佚之歟？陳應行序稱《于湖集》長短句凡數百篇，今本乃僅一百八十餘首，則原稿散亡，僅存其半，已非當日之舊矣。〔三〕（《四庫全書總目》卷一百九十八）

【注釋】

〔一〕【史源】《直齋書錄解題》卷二十一。

〔二〕【版本】昭文張氏有影宋本五卷、拾遺一卷。（《簡目標注》第 946 頁）

〔三〕【整理與研究】宛敏灝撰《張孝祥詞箋校》（黃山書社 1993 年版）。

320. 龍川詞一卷補遺一卷

宋陳亮（1143～1195）撰。亮有《三國紀年》，已著錄。

《宋史·藝文志》載其詞四卷，今不傳。此集凡詞三十首，已具載本集，然前後不甚銓次。此本為毛晉所刻，分調類編。復有晉跋，稱據家藏舊刻，蓋摘出別行之本。又補遺七首，則從黃昇《花庵詞選》採入者，詞多纖麗，與本集迥殊，或疑贋作。毛晉跋稱：「黃昇與亮俱南渡後人，何至謬誤若此？或昇惟選綺麗一種，而亮子沈所編本集，特表其父磊落骨幹，故若出二手（云云）。」〔一〕

考亮雖與朱子講學，而不廢北里〔二〕之遊。其與唐仲友相忤，讒構於朱子，朱子為其所賣，誤興大獄，即由亮狎台州（今屬浙江）官妓，囑仲友為脫籍，仲友沮之之故。事載《齊東野語》第十七卷中〔三〕。則其詞體雜香奩，不足為異。晉之所跋，可謂得其實矣。〔四〕（《四庫全書總目》卷一百九十八）

【注釋】

〔一〕【毛晉《龍川詞補遺跋》】余正喜同甫不作妖語、媚語。偶閱《中興詞選》，得《水龍吟》以後七闋，亦未能超然。但無一調合本集者，或云贋作。蓋花庵與同甫俱南渡後人，何至誤謬若此？或花庵專選綺豔一種，而同甫子沈所編本集，特表阿翁磊落骨幹，故若出二手。

今按，毛刊為影宋抄本，原無《補遺》。（《簡目標注》第 948 頁）

〔二〕【北里】唐都長安平康坊妓院所在地。後泛指妓院為北里，謂平康坊為風流藪澤。參閱章培恒先生主編的《中國文學史（新著）》中冊第 14 頁之注釋。

〔三〕【史源】《齊東野語》卷二十「臺妓嚴蕊」條。

〔四〕【整理與研究】姜書閣撰《陳亮龍川詞箋注》（人民文學出版社 1980 年版），夏承燾先生撰《龍川詞校箋》（上海古籍出版社 1982 年版）。

321. 稼軒詞四卷

宋辛棄疾〔一〕（1140～1207）撰。棄疾有《南燼紀聞》，已著錄。

其詞慷慨縱橫，有不可一世之慨，於倚聲家為變調。而異軍特起，能於翦紅刻翠之外，屹然別立一宗，迄今不廢。觀其才氣俊邁，雖似乎奮筆而成，然岳珂《桯史》記：「棄疾自誦《賀新涼》《永遇樂》二詞，使座客指謫其失，珂謂：『《賀新涼》詞首尾二腔，語句相似，《永遇樂》詞用事太多。』棄疾乃

自改其語，日數十易，累月猶未竟，其刻意如此（云云）。」〔二〕則未始不由苦思得矣。

　　《書錄解題》載《稼軒詞》四卷，又云：「信州本十二卷，視長沙本為多。」此本為毛晉所刻，亦為四卷，而其總目又注原本十二卷，殆即就信州本而合併之歟？〔三〕其集舊多訛異，如二卷內《醜奴兒近》一闋，前半是本調，殘闋不全，自「飛流萬壑」以下，則全首係《洞仙歌》。蓋因《洞仙歌》五闋即在此調之後，舊本遂誤割第一首以補前詞之闋，而五闋之《洞仙歌》，進止存其四。近萬樹《詞律》中辨之甚明，此本尚未及訂正。其中「歎輕衫帽幾許紅塵」句，據其文義，「帽」字上尚有一脫字，樹亦未經勘及，斯足證掃葉之喻矣。今並詳為勘定，其必不可通而無別本可證者，則姑從闕疑之義焉。〔四〕（《四庫全書總目》卷一百九十八）

【注釋】

〔一〕**【作者研究】**關於辛棄疾的年譜編纂，辛啟泰、王伯祥、陳思、鄭騫等人都編過，但大都比較簡略。梁啟超撰《辛稼軒先生年譜》（載《飲冰室合集》第十二冊，中華書局 1989 年版），鄧廣銘撰《辛棄疾年譜》（商務印書館 1947 年初版、生活・讀書・新知三聯書店 2007 年版），蔡義江等撰《辛棄疾年譜》（齊魯書社 1987 年版）。鄧廣銘又撰《辛棄疾傳》（上海古典文學出版社 1956 年版、生活・讀書・新知三聯書店 2007 年版），鍾銘鈞撰《辛棄疾詞傳》（中州古籍出版社 1985 年版），鞏本棟撰《辛棄疾評傳》（南京大學出版社 1998 年版），辛庚儒撰《辛棄疾研究》（人民出版社 2008 年版），鴻雁撰《辛棄疾詞傳》（北京聯合出版社 2019 年版），三川撰《辛棄疾詞傳：男兒到死心如鐵》（時事出版社 2020 年版），王江山撰《從萬里江山到燈火闌珊：辛棄疾傳》（人民交通出版社 2020 年版），白瑾萱撰《不信人間有白頭：辛棄疾傳》（華文出版社 2020 年版）。

〔二〕**【史源】**岳珂《桯史》卷三「稼軒論詞」條。

〔三〕**【版本】**述古堂有宋刊四卷本，其他版本詳參《簡目標注》第 947 頁。

〔四〕**【整理與研究】**鄧廣銘撰《稼軒詞編年箋注》（上海古籍出版社 1993 年增訂本），蔡義江撰《稼軒長短句編年》（香港上海書店 1979 年版），王翠芳撰《稼軒豪放詞風之美學研究》（花木蘭文化出版社 2007 年版），黎修良撰《稼軒詞分類研究》（黑龍江教育出版社 2008 年版），陳淑君撰《稼軒詞中鳥意象之研究》（花木蘭文化出版社 2012 年版），吳雅萍撰《稼軒詞借鑒宋詩研究》

（花木蘭文化出版社 2013 年版），鄭騫校注、林玫儀整理《稼軒詞校注》（臺灣大學出版中心 2013 年版），顧隨撰《顧隨稼軒詞說稿本》（河北教育出版社 2017 年版），鄭騫撰《稼軒詞校注附詩文年譜》（臺大出版中心 2019 年版），劉永建撰《稼軒詞說》（浙江人民美術出版社 2020 年版）。

322. 白石道人歌曲四卷別集一卷

宋姜夔〔一〕（約 1155～1209）撰。夔有《絳帖平》，已著錄。

此其樂府詞也。夔詩格高秀，為楊萬里等所推，詞亦精深華妙，尤善自度新腔，故音節文采，並冠絕一時。其詩所謂「自製新詞韻最嬌，小紅低唱我吹簫」〔二〕者，風致尚可想見〔三〕。

惟其集久無善本，舊有毛晉汲古閣刊板，僅三十四闋，而題下小序往往不載原文。康熙甲午（1714）陳撰刻其詩集，以詞附後，亦僅五十八闋，且小序及題下自注多意為刪竄，又出毛本之下。**此本從宋槧翻刻，最為完善。**〔四〕卷一《宋鐃歌》十四首，《越九歌》十首，《琴曲》一首；卷二詞三十三首，總題曰「令」；卷三詞二十首，總題曰「慢」；卷四詞十三首，皆題曰「自製曲」。別集詞十八首，不復標立總名，疑後人所掇拾也。其《九歌》皆注律呂於字旁，琴曲亦注指法於字旁，皆尚可解。惟《自製曲》一卷，及二卷《隔溪梅令》《杏花天影》《醉吟商小品》《玉梅令》，三卷之《霓裳中序第一》，皆記拍於字旁。宋代曲譜今不可見，亦無人能歌，莫辨其似波似磔，宛轉攲斜，如西域旁行字者節奏安在。然歌詞之法僅僅留此一線，錄而存之，安知無懸解之士能尋其分刌者乎？魯鼓薛鼓，亡其音而留其譜，亦此意也。

舊本卷首冠以《詩說》，僅三頁有餘，殆以不成卷帙，附詞以行。然夔自有《白石道人詩集》，列於詞集，殊為不類。今移附詩集之末，此不復錄焉。〔五〕（《四庫全書總目》卷一百九十八）

【注釋】

〔一〕【作者研究】夏承燾《唐宋詞人年譜》內有姜夔年譜，陳思撰《白石道人年譜》（《遼海叢書》本）。陶爾夫等撰《姜張詞傳：姜夔・張炎》（吉林人民出版社 1999 年版），趙曉嵐撰《姜夔與南宋文化》（學苑出版社 2001 年版），林順夫、張宏生撰《姜夔與南宋詞》（上海古籍出版社 2005 年版），劉崇德等撰《姜夔與宋代詞學》（江西高校出版社 2006 年版）。

〔二〕【史源】《白石道人詩集卷下‧過垂虹》：「自作新詞韻最嬌，小紅低唱我吹簫。曲終過盡松陵路，回首煙波十四橋。」

〔三〕【評論】白石道人，樂而不淫，其詩與詞幾乎合而為一。

〔四〕【版本】現存本均與《白石道人詩集》合印，較為常見的有：清乾隆八年（1743）陸鍾輝據元代陶宗儀手鈔刻印本《白石道人詩集》、十四年張奕樞據陶鈔刻本《白石道人詩集歌曲》及 1913 年朱孝臧《彊村叢書》本。（另參《簡目標注》第 949 頁）

〔五〕【整理與研究】清曹毓秀撰《白石道人歌曲考證》（手稿本見王欣夫先生《蛾術軒篋存善本書錄》第 1422～1425 頁），夏承燾撰《姜白石詞編年箋校》（中華書局上海編輯所 1958 年版、上海古籍出版社 1998 年版），楊陰瀏撰《白石道人歌曲研究》（中央音樂學院民族音樂研究所 1955 年版），邱瓊蓀撰《白石道人歌曲通考》（音樂出版社 1959 年版），李森隆撰《姜夔及其〈白石道人歌曲〉研究》（東海大學中國文學研究所 1980 年博士論文），劉乃昌撰《姜夔詞新釋輯評》（中國書店 2001 年版），高文、丁紀園合撰《白石道人歌曲譯譜新注》（河南大學出版社 2014 年版），劉崇德主編《唐宋樂古譜類存》（黃山書社 2016 年版。按，集中宋姜夔《白石道人歌曲》之宋刻元抄已久佚，今存之清人傳刻本甚多，非竟諸本異同，難得原譜真貌），劉楚華撰《宋韻遺珍——白石道人歌曲重構》（香港商務印書館 2016 年版），梁基永輯《況周頤批點陳蒙庵填詞月課‧陳蒙庵批校白石道人歌曲》（中華書局 2016 年版），姜夔《白石道人歌曲舊版刷印》（廣陵書社 2017），高文、丁紀園合撰《白石道人歌曲譯譜新注》（河南大學出版社 2017 年版），劉楚華《宋韻遺珍：白石道人歌曲重構》（商務印書館 2017 年版），鬲溪梅撰《論姜夔〈白石道人歌曲〉在清代的重現》（香港大學出版社 2019 年版）。

323. 花間集十卷

後蜀趙崇祚編。崇祚字宏基，事孟昶，為衛尉少卿，而不詳其里貫。《十國春秋》亦無傳。案：蜀有趙崇韜，為中書令廷隱之子，崇祚，疑即其兄弟行也。

詩餘體變自唐，而盛行於五代。〔一〕自宋以後，體制益繁，選錄益眾，而溯源星宿，當以此集為最古。唐末名家詞曲，俱賴以僅存。其中《漁父詞》《楊柳枝》《浪淘沙》諸調，唐人仍載入詩集，蓋詩與詞之轉變，在此數調故

也。於作者不題名而題官，蓋即《文選》書字之遺意。惟一人之詞時割數首入前後卷，以就每卷五十首之數，則體例為古所未有耳。

　　陳振孫謂所錄自溫庭筠而下十八人，凡五百首〔二〕，今逸其二。坊刻妄有增加，殊失其舊。此為明毛晉重刊宋本〔三〕，猶為精審。前有蜀翰林學士、中書舍人歐陽炯〔四〕序，作於孟昶之廣政三年，乃晉高祖之天福五年（940）也。

　　後有陸游二跋，其一稱：「斯時天下岌岌，士大夫乃流宕如此，或者出於無聊。」不知惟士大夫流宕如此，天下所以岌岌，游未反思其本耳。其二稱：「唐季、五代詩愈卑，而倚聲者輒簡古可愛，能此不能彼，未易以理推也。」不知文之體格有高卑，人之學力有強弱，學力不足副其體格，則舉之不足；學力足以副其體格，則舉之有餘。律詩降於古詩，故中、晚唐古詩多不工，而律詩則時有佳作。詞又降於律詩，故五季人詩不及唐，詞乃獨勝。此猶能舉七十斤者，舉百斤則蹶，舉五十斤則運掉自如。有何不可理推乎？〔五〕（《四庫全書總目》卷一百九十九）

【注釋】

〔一〕【評論】沈曾植云：「《厄言》謂：『《花間》猶傷促碎，至南唐李主父子而妙。』殊不知促碎正是唐餘本色。所謂詞之境界，有非詩之所能至者，此亦一端也。五代之詞促數，北宋盛時嘽緩，皆緣燕樂音節蛻變而然。」（《海日樓札叢》第 270 頁）

〔二〕【史源】《直齋書錄解題》卷二十一。

〔三〕【版本】沈曾植《宋刻花間集跋》云：「《花間集》，汲古所刻甚精，其祖本今在聊城楊氏，四印齋影刻於京師，三百年間，與汲古閣後先輝映，不可謂非詞苑盛事也。此本每半頁十行，行十八字，羅紋宋紙，刻印極精。與毛本楊本相校，行款文字多有同異。而此本多存唐人集部舊式，宋諱多闕筆。」（《海日樓題跋》第 366 頁）《花間集》古本，今傳者有南宋三刻：（1）紹興十八年（1148）晁謙之校刻本，「宋本之最善者」（《增訂四庫簡目標注》），明陸元大本即依此本翻刻，清末吳昌綬雙照樓刻本、邵武徐氏刻本則均據陸本。文學古籍刊行社 1955 年據北京圖書館所藏晁刻本原本影印。（2）淳熙末年鄂州使庫刻本。此本無刊刻者序跋題識，因每頁皆用淳熙十一、十二年鄂州公文紙背印刷，故定為淳熙末年鄂州刻本，舊藏聊城楊氏海源閣。中華書局《四部備要》本依此本排印。（3）開禧陸游校刊本。明初吳訥《唐宋名賢百家詞集》本似也據此本，但已合十卷為二卷。明末汲古閣《詞苑英華》本也用此本。

（另參《簡目標注》第 955 頁）《書目答問補正》著錄常見版本為：「乾隆間武
進趙懷玉校刻本，杭州局邵武徐氏叢書本，光緒間臨桂王鵬運四印齋校刻本。
《四部叢刊》影印明萬曆間玄覽齋刻本，分十二卷，附西吳溫博補編二卷。」

〔四〕【歐陽炯序】鏤玉雕瓊，擬化工而迴巧。裁花剪葉，奪春豔以爭鮮。是以唱
雲謠則金母詞清，挹霞醴則穆王心醉。名高白雪，聲聲而自合鸞歌；響遏青
雲，字字而偏諧鳳律……自南朝之宮體扇，北里之倡風，何止言之不文，所
謂秀而不實。有唐以降，率土之濱，家家之香徑，春風寧尋越豔；處處之紅
樓，夜月自鎖嫦娥。在明皇朝，則有李太白應制《清平樂》詞四首，近代溫
飛卿復有《金筌集》。邇來作者，無愧前人。今衛尉少卿，字弘基，以拾翠洲
邊，自得羽毛之異，織綃泉底，獨殊機杼之功，廣會眾賓，時延佳論，因集
近來詩客曲子詞五百首，分為十卷。以炯粗預知音，辱請命題，仍為序引。
昔郢人有歌陽春者號為絕唱，乃命之為《花間集》。

今按，歐陽炯（896～971），五代益州華陽人。詞多豔體，後人輯有《歐
陽舍人詞》一卷。

〔五〕【整理與研究】李冰若撰《花間集評注》（開明書店 1936 年版、北京聯合出版
公司 2020 年版），華連圃撰《花間集注》（商務印書館 1938 年增訂四版），李
一氓撰《花間集校》（人民文學出版社 1958 年初版、1981 年重版、2017 年版），
李誼撰《花間集注釋》（四川文藝出版社 1986 年版），沈祥源、傅生文合撰《花
間集新注》（江西人民出版社 1997 年版），洪華穗撰《花間集的主題與感覺》
（文津出版社 1999 年版），閔定慶撰《花間集論稿》（南方出版社 1999 年版），
李冬紅撰《花間集接受史論稿》（齊魯書社 2006 年版），明湯顯祖撰《湯顯祖
批評花間集》（福建人民出版社 2011 年版），閆一飛撰《花間集釋義與研究》
（吉林文史出版社 2014 年版），（美）田安撰《締造選本：《花間集》的文化語
境與詩學實踐》（江蘇人民出版社 2016 年版），四川省圖書館編《李一氓藏花
間集彙刊》（國家圖書館出版社 2016 年版），楊景龍撰《花間集校注》（中華書
局 2017 年版），解玉峰撰《花間集箋注匯校匯注匯評》（崇文書局 2017 年版），
趙麗撰《花間集研究》（黑龍江人民出版社 2017 年版），趙崇祚撰《宋刻本花
間集》（文物出版社 2018 年版），李冰若撰《花間集評注》（河北教育出版社
1999 年版、四川人民出版社 2019 年版），謝豔明譯《花間集全本英譯》（武漢
大學出版社 2019 年版），曹明綱撰《花間集譯注》（上海古籍出版社 2019 年
版），楊景龍撰《花間集校注》（中華書局 2015 年版、2020 年版）。

324. 詞律二十卷

國朝萬樹〔一〕（1630～1688）撰。樹有《璇璣碎錦》〔二〕，已著錄。

是編糾正《嘯餘譜》〔三〕及《填詞圖譜》〔四〕之訛，以及諸家詞集之舛異。如《草堂詩餘》〔五〕有小令、中調、長調之目，舊譜遂謂五十八字以內為小令，五十九字至九十字為中調，九十一字以外為長調。樹則謂《七娘子》有五十八字者，有六十字者，將為小令乎？中調乎？《雪獅兒》有八十九字者，有九十二字者，將為中調乎？長調乎？故但列諸調，而不立三等之名。又舊譜於一調而長短不同者，皆定為第一、第二體。樹則謂調有異同，體無先後，所列次第，既不以時代為差，何由知孰為第幾，故但以字數多寡為序，而不（列）〔立〕名目，皆精確不刊。其最入微者，以為舊譜不分句讀，往往據平仄混填。樹則謂七字有上三下四句，如《唐多令》「燕辭歸客尚淹留」之類，五字有上一下四句，如《桂華明》「遇廣寒仙女」之類，四字有橫擔之句，如《風流子》「倚欄杆處」「上琴臺去」之類。一為詞字平仄，舊譜但據字而填，樹則謂上聲、入聲有時可以代平，而名詞轉折跌宕處多用去聲。一為舊譜五七字之句，所注可平可仄多改為詩句，樹則謂古詞抑揚頓挫，多在拗字，其論最為細密。至於考調名之新舊，證傳寫之舛訛，辨元人曲詞之分，斥明人自度腔之謬，考證尤一一有據。

雖其考核偶疏，亦所不免。如《綠意》之即為《疏影》，樹方斷斷辨之，連章累幅，力攻朱彝尊之疏，而不知《疏影》之前為《八寶》，《疏影》之後為《八犯》，《玉交枝》即已一調復收，試取李甲、仇遠詞，合之契若符節。至其論《燕春臺》《夏初臨》為一調，乃謂《嘯餘譜》顛倒複收，貽笑千古。因欲於張子野〔六〕詞「探芳菲走馬」〔七〕下添入「歸來」二字為韻，而不知其上韻已用「當時去燕還來」，一韻兩用，其謬較一調兩收為更甚。如斯之類，千慮而一失者，雖間亦有之。要之，唐、宋以來，倚聲度曲之法，久已失傳。如樹者，固已十得八九矣。明人臆造之譜，又遞相淆亂。樹推尋舊調，十得八九。其開闢榛蕪之功，亦未可沒矣。〔八〕（《四庫全書總目》卷一百九十九）

【注釋】

〔一〕【萬樹】（1630～1688），字紅友，又字花農，號山翁，江蘇宜興人。康熙時文學家。著有戲曲廿餘種，僅存傳奇《風流棒》《空青石》《念八翻》三種，合刻為《擁雙豔三種曲》；詩文集《堆絮園集》《花濃集》也已失傳，僅存《璇璣碎錦》《香膽詞》傳世。

〔二〕【璇璣碎錦】是集皆迴文詩圖，上卷三十幅，下卷三十幅，各以名物寓題。組織頗巧，然亦弊精神於無用之地矣。蘇若蘭事不可無一，亦不必有二也。（《四庫全書總目》卷一八三）

〔三〕【嘯餘譜】明程明善撰。明善字若水，安徽歙縣人。其書總載詞曲之式，以歌之源出於嘯，故名曰《嘯餘》。徒以通俗便用，至今傳之，其實非善本也。（《四庫全書總目》卷一百九十九）

〔四〕【填詞圖譜】國朝賴以邠撰。以邠字損庵，浙江仁和人。顛倒錯亂，罅漏百出，為萬樹《詞律》所駁者，不能縷數。（《四庫全書總目》卷二百）

〔五〕【草堂詩餘】乃南宋坊賈所編，漫無鑒別，徒以其古而存之，故朱彝尊謂「草堂選詞，可謂無目」。（《四庫全書總目》卷一百九十九《竹齋詩餘》提要）
今按，沈曾植云：「《草堂詩餘》多注本事。」

〔六〕【張子野】即宋代詞人張先。

〔七〕【考證】《安陸集》題曰《燕春臺》，而《草堂詩餘》題曰《元夜》。四庫館臣原案：「《詞苑英華》笙歌句下無『院落』二字，萬紅友以為後人誤增也。」

〔八〕【評論】潘景鄭《校本詞律》云：「紅友《詞律》一書，為今日倚聲家之圭臬，其旨在循規蹈矩，不免失之拘泥，然藉以存腔調，便稽習，則捨是書莫屬矣。」（《著硯樓讀書記》第631頁）

【版本】《書目答問》：「原刻本。近人有《詞律拾遺》六卷，《補注》三卷，刊行。」範《補正》：「《詞律》光緒二年秀水杜文瀾校刻本，附德清徐本立《詞律拾遺》六卷，及文瀾自撰《補遺》一卷。此本善，且有檢目。光緒間仁和許增重刻本。《詞律拾遺》《補注》並德清徐本立撰，《補注》止二卷，已括杜刻《詞律》內。杜文瀾《詞律校勘記》二卷，自刻曼陀羅華閣叢書本，亦散附杜刻辭律各闋之後。」萬樹撰《詞律附索引》（上海古籍出版社2013年版），萬樹編撰《校刊詞律》（鳳凰出版社2019年版）。今按，《詞律》初刊於康熙二十六年（1687）。

【研究】張夢機撰《詞律探原》（文史哲出版社1981年版），林克勝編《詞律綜述》（商務印書館2011年版）。

325. 中原音韻二卷

元周德清（1277～1365）撰。德清字挺齋〔一〕，高安（今屬江西宜春市）人。〔二〕

　　是書成於泰定甲子（1324）〔三〕。原本不分卷帙〔四〕。考其《中原音韻起例》以下，即列諸部字數；《正語作詞起例》以下，即列作詞諸法。蓋前為「韻書」，後為「附論」，畛域顯然。今據此釐為二卷，以便省覽。

　　其音韻之例，以平聲分為陰、陽，以入聲配隸三聲。分為十九部：一曰東鍾，二曰江陽，三曰支思，四曰齊微，五曰魚模，六曰皆來，七曰真文，八曰寒山，九曰桓歡，十曰先天，十一曰蕭豪，十二曰歌戈，十三曰家麻，十四曰車遮，十五曰庚青，十六曰尤侯，十七曰侵尋，十八曰（鹽）〔監〕咸，十九曰廉纖。蓋全為北曲而作。〔五〕

　　考齊、梁以前，平、上、去無別。至唐時，如元積諸人作長律，尚有遺風。惟入聲則各自為部，不迭三聲。然如《檀弓》稱（子）〔君〕辱與彌牟之弟遊，注謂文子名木，緩讀之則為彌牟。又古樂府《江南曲》以「魚戲蓮葉北」韻「魚戲蓮葉西」，注亦稱「北讀為悲」，是以入叶平，已萌於古。又《春秋》「盟於蔑」，《穀梁》作「盟於昧」，《春秋》定姒卒，《公羊》作定弋卒，是亦方言相近，故上、去、入可以轉通也。北音舒長遲重，不能作收藏短促之聲，凡入聲皆讀入三聲，自其風土使然。樂府既為北調，自應歌以北音。德清此譜，蓋亦因其自然之節所以作北曲者。沿用至今，言各有當，此之謂也。

　　至於因而掊擊古音，則拘於一偏，主持太過。夫語言各有方域，時代遞有變遷，文章亦各有體裁。《三百篇》中，東、陽不迭，而孔子《象傳》以「中」韻「當」，老子《道經》以「聾」韻「盲」，此參用方音者也。楚騷之音，異於風雅，漢魏之音，異於屈宋，此隨時變轉者也。左思作《三都賦》，純用古體，則純用古音。及其作《白髮賦》與《詠史》《招隱》諸詩，純用晉代之體，則亦純用晉代之音。沈約詩賦皆用四聲，至於《冠子祝文》，則「化」字乃作平讀。又文章用韻，各因體裁之明證也。詞曲本里巷之樂，不可律以正聲，其體創於唐。然唐無詞韻，凡詞韻與詩皆同。唐初《回波》諸篇，唐末《花間》一集，可覆按也。其法密於宋，漸有以入代平，以上代平諸例，而三百年作者如雲，亦無詞韻，間或參以方音，但取歌者順吻，聽者悅耳而已矣。一則去古未遠，方音猶與韻合，故無所出入；一則去古漸遠，知其不合古音，而又諸方各隨其口語，不可定以一格，故均無書也。至元而中原一統，北曲盛行，既已別立專門，自宜各為一譜，此亦理勢之自然。德清乃以後來變例，據一時以排千古，其僨殊甚。觀其「瑟」注音「塞」，「史」注音「死」，今日四海之內寧有此音？不又將執以排德清哉？然德清輕詆古書，所見雖謬，而所定之譜，

則至今為北曲之準繩。或以變亂古法詆之，是又不知樂府之韻，本於韻外別行矣。故今錄存其書，以備一代之學，而並論其源流得失如右。〔六〕（《四庫全書總目》卷一百九十九）

【注釋】

〔一〕【考證】周德清字日湛，號挺齋。清、湛義近，名字相應。《總目》誤將號作字。參考冀伏《周德清生卒年與〈中原音韻〉初刻時間及版本》（《吉林大學學報》1979 年第 2 期）。

〔二〕【作者研究】古苓光撰《周德清及其曲學研究》（臺北文史哲出版社 1992 年版）。周維培撰《周德清評傳》（《戲劇藝術》1992 年第 2 期）。今按，周德清為周敦頤六世孫。工樂府，精通音律。事蹟具《元史》本傳。

〔三〕【考證】至正元年（1341）刊行於世。《中國學術名著提要・語言文字卷》第31 頁：「定本大約刊印於元元統元年（1333）。」不知有何根據？該書共收 5869個單字，單字韻部內按聲調分列。

〔四〕【版本】《千頃堂書目》卷三著錄為「一卷」。此書元明清刻本甚多，然大都失傳。中華書局 1978 年影印的明正統六年（1441）刊訥庵本是目前最好的也是最早的版本。

〔五〕【評論】《中原音韻》是我國最早的一部曲韻書，也是第一部系統完整的北音曲韻書。此書對元曲創作的繁榮起到重要作用，也為今人研究近代語音提供了寶貴資料。（《音韻學辭典》第 316 頁）《中原音韻》不僅是我國古代戲曲理論史早期的一部總結北曲韻律和寫作技法的重要著作，而且還對漢語語音史的研究有著極大的推動作用，被譽為一本標誌著中古語音向近代語音過渡的代表性韻書。

〔六〕【整理與研究】關於《中原音韻》的研究，明清兩代已經開始，如王驥德《曲律・論韻》、呂坤《交泰韻・辨五方》和毛先舒《聲韻叢說》等，對周氏之書是否真正代表中原語音之正，都有過研討。趙蔭棠撰《中原音韻研究》（商務印書館 1936 年出版），陸志韋撰《釋中原音韻》（《燕京學報》1946年第 31 期），日人藤堂明保、服部四郎合撰《中原音韻研究》（江南書院 1959年版），汪經昌撰《中原音韻講疏》（廣文書局 1961 年版、山西人民出版社2018 年版），李殿魁撰《校訂補正中原音韻及正語作詞起例附索引》（學海出版社 1978 年版），楊耐思撰《中原音韻音系》（中國社會科學出版社 1981年版），邵榮芬撰《中原音韻研究》（山東人民出版社 1981 年出版），李新

魁撰《中原音韻音系研究》（中州書畫社 1983 年出版），寧繼福撰《中原音韻表稿》（吉林文史出版社 1985 年出版），王潔心撰《中原音韻新考》（臺灣商務印書館股份有限公司 1988 年版），（美）薛鳳生撰《中原音韻音位系統》（北京語言學院出版社 1990 年版），周維培撰《論中原音韻》（中國戲劇出版社 1990 年版），高福生等撰《中原音韻新論》（北京大學出版社 1991 年版），陳新雄撰《新編中原音韻概要》（學海出版社股份有限公司 2001 年版），張玉來、耿軍合撰《中原音韻校本》（中華書局 2013 年版），李惠綿撰《中原音韻箋釋》（臺灣大學 2016 年版，分韻譜之部、正語作詞起例之部），童琴撰《〈中原音韻〉與〈洪武正韻〉比較研究》（中國社會科學出版社 2018 年版）。

參考文獻

〔1〕按作者音序排列；

〔2〕此處只收所有徵引文獻和主要參考文獻，其他相關書目詳見書中的有關作者與文本的研究部分；

〔3〕單篇論文見書內，此處不列其目。

B

1. 白尚恕《九章算術注釋》，科學出版社 1983 年版。

2. 白珽《湛淵靜語》，四庫本。

3. 班固《漢書》，中華書局 1987 年版。

4. 卞孝萱等《韓愈評傳》，南京大學出版社 1998 年版。

5. 卞孝萱等《劉禹錫評傳》，南京大學出版社 1996 年版。

6. 不著撰人名氏《東南紀聞》，四庫本。

C

1. 柴德賡《史籍舉要》，北京出版社 2002 年版。

2. 蔡美彪主編《中國歷史大辭典·遼夏金元史卷》，上海辭書出版社 1986 年版。

3. 蔡絛《鐵圍山叢談》，中華書局 1983 年版。

4. 曹道衡、劉躍進《先秦兩漢文學史料學》，中華書局 2005 年版。

5. 曹道衡等《中古文學史料叢考》，中華書局 2003 年版。

6. 曹述敬《音韻學辭典》，湖南出版社 1991 年版。

7. 昌彼得《說郛考》，臺北文史哲出版社 1979 年版。

8. 晁公武《郡齋讀書志》，上海古籍出版社 1990 年孫猛校證本。

9. 陳第《尚書疏衍》，四庫本。

10. 陳第《毛詩古音考》，中華書局 1988 年版。

11. 陳福康《井中奇書考》，上海文藝出版社 2001 年版。

12. 陳鵠《耆舊續聞》，四庫本。

13. 陳景雲《韓集點勘》，四庫本。

14. 陳騤《南宋館閣錄》，中華書局 1998 年版。

15. 陳來《有無之境——王陽明哲學的精神》，人民出版社 1991 年版。

16. 陳立《白虎通疏證》，中華書局 1994 年版。

17. 陳櫟《定宇集》，四庫本。

18. 陳櫟《勤有堂隨錄》，四庫本。

19. 陳美東《王錫闡研究文集》，河北科學技術出版社 2000 年版。

20. 陳美東《郭守敬評傳》，南京大學出版社 2003 年版。

21. 陳蒲清《鬼谷子詳解》，嶽麓書社 2005 年版。

22. 陳橋驛《水經注校釋》，杭州大學出版社 1999 年版。

23. 陳善《捫虱新話》，《四庫全書存目叢書》本。

24. 陳尚君《陳尚君自選集》，廣西師範大學出版社 2000 年版。

25. 陳壽《三國志》，中華書局 1959 年版。

26. 陳望道《修辭學發凡》，上海教育出版社 1979 年版。

27. 陳衛平、李春勇《徐光啟評傳》，南京大學出版社 2006 年版。

28. 陳襄《州縣提綱》，四庫本。

29. 陳戍國《詩經芻議》，嶽麓書社 1997 年版。

30. 陳寅恪《隋唐制度淵源略論稿》，三聯書店 2001 年版。

31. 陳寅恪《唐代政治史述論稿》，上海古籍出版社 1997 年版。

32. 陳寅恪《元白詩箋證稿》，文學古籍刊行社 1955 年版。

33. 陳應鸞《臨漢隱居詩話校注》，巴蜀書社 2001 年版。

34. 陳郁《藏一話腴》，四庫本。

35. 陳垣《元西域人華化考》，《勵耘書屋叢刻》，北京師範大學出版社 1982 年版。

36. 陳垣《中國佛教史籍概論》，上海書店出版社 1999 年版。

37. 陳振孫《直齋書錄解題》，上海古籍出版社 1987 年徐小蠻、顧美華點校本。

38. 陳智超《陳智超自選集》，安徽大學出版社 2003 年版。

39. 陳子展《詩經直解》，復旦大學出版社 1983 年版。

40. 陳子展《詩三百解題》，復旦大學出版社 2000 年版。

41. 陳祖美《李清照評傳》，南京大學出版社 1995 年版。

42. 〔舊本題晉人〕程本《子華子》，四庫本。

43. 程大昌《雍錄》，四庫本。

44. 程俱《北山集》，四庫本。

45. 程灝、程頤《二程遺書》，四庫本。

46. 程毅中《古籍整理淺談》，北京燕山出版社 2001 年版。

47. 崔富章《四庫提要補正》，杭州大學出版社 1990 年版。

D

1. 戴表元《剡源文集》，四庫本。

2. 戴建業《孟郊論稿》，上海古籍出版社 2006 年版。

3. 戴卡琳《解讀〈鶡冠子〉》，遼寧教育出版社 2000 年楊民譯本。

4. 戴良《九靈山人集》，四庫本。

5. 鄧廣銘《稼軒詞編年箋注》，上海古籍出版社 1993 年增訂本。

6. 鄧廣銘等主編《中國歷史大辭典·宋史卷》，上海辭書出版社 1984 年版。

7. 鄧紹基等《20 世紀中國文學研究·明代文學研究》，北京出版社 2001 年版。

8. 鄧之誠《桑園讀書記》，遼寧教育出版社 1998 年版。

9. 董平、劉宏章《陳亮評傳》，南京大學出版社 1996 年版。

10. 獨孤及《毘陵集》，四庫本。

11. 段昌武《毛詩集解》，四庫本。

12. 段成式《酉陽雜俎》，中華書局 1981 年點校本。

13. 段玉裁《古文尚書撰異》，上海古籍出版社 1996 年版。

14. 都穆《聽雨紀談》，《四庫全書存目叢書》子部第 102 冊。

F

1. 范公偁《過庭錄》，四庫本。

2. 范寧《博物志校證》，中華書局 1980 年版。

3. 范曄《後漢書》，中華書局 1965 年版。

4. 范子燁《世說新語研究》，黑龍江教育出版社 1998 年版。

5. 方苞《望溪集》，四庫本。

6. 方苞《春秋通論》，四庫本。

7. 方健《范仲淹評傳》，南京大學出版社 2001 年版。

8. 方勺《泊宅編》，四庫本。

9. 方以智《通雅》，上海古籍出版社 1988 年。

10. 房銳《孫光憲與北夢瑣言》，中華書局 2006 年版。

11. 費袞《梁溪漫志》，四庫本。

12. 費振剛主編《20 世紀中國文學研究·先秦兩漢文學研究》，北京出版社 2001 年版。

13. 馮班《鈍吟雜錄》，四庫本。

14. 馮契等主編《辭海·哲學分冊》，上海辭書出版社 1986 年新 2 版。

15. 馮惟訥《古詩紀》，四庫本。

16. 馮椅《厚齋易學》，四庫本。

17. 馮友蘭《中國哲學史史料學》，江蘇教育出版社。

18. 伏勝《尚書大傳》，四庫本。

19. 傅璇琮《唐代詩人叢考》，中華書局 2003 年新 1 版。

20. 傅亞庶《劉子校釋》，中華書局 1998 年版。

G

1. 干寶《搜神記》，中華書局 1979 年汪紹楹校注本。

2. 干祖望《孫思邈評傳》，南京大學出版社 1995 年版。

3. 高啟《大全集》，四庫本。

4. 高似孫《子略》，四庫本。

5. 高斯得《恥堂存稿》，四庫本。

6. 顧建國《張九齡年譜》，中國社會科學出版社 2005 年版。

7. 顧建國《張九齡研究》，中華書局 2007 年版。

8. 顧嗣立《元詩選》，中華書局 2001 年版。

9. 顧允成《小辨齋偶存》，四庫本。

10. 管成學《蘇頌與〈新儀象法要〉研究》，吉林文史出版社 1991 年版。

11. 郭紹虞《中國文學批評史》，百花文藝出版社 1999 年版。

12. 郭紹虞《宋詩話考》，中華書局 1979 年版。

13. 郭紹虞《滄浪詩話校釋》，人民文學出版社 1961 年版。

14. 郭文韜《賈思勰評傳》，南京大學出版社 2001 年版。

H

1. 賀復徵《文章辨體匯選》，四庫本。

2. 何薳《春渚紀聞》，四庫本。

3. 何琇《樵香小記》，四庫本。

4. 何焯《義門讀書記》。

5. 洪家義《呂不韋評傳》，南京大學出版社 1995 年版。

6. 洪邁《容齋隨筆》，四庫本。

7. 洪湛侯《詩經學史》，中華書局 2002 年版。

8. 胡道靜主編《簡明古籍辭典》，齊魯書社 1989 年版。

9. 胡家聰《管子新探》，中國社會科學出版社 1995 年版。

10. 胡渭《禹貢錐指》，四庫本。

11. 胡渭《洪範正論》，四庫本。

12. 胡煦《周易函書約存》，四庫本。

13. 胡應麟《少室山房筆叢》，中華書局 1958 年版。

14. 胡裕樹《中國學術名著提要・語言文字卷》，復旦大學出版社。

15. 胡之驥《江文通集匯注》，中華書局 1984 年版。

16. 華學誠《周秦漢晉方言研究史》，復旦大學出版社 2003 年版。

17. 惠洪《冷齋夜話》，日本五山版（載《稀見本宋人詩話四種》）。

18. 黃伯思《東觀餘論》，四庫本。

19. 黃朝英《靖康緗素雜記》，四庫本。

20. 黃懷信《小爾雅匯校集釋》，三秦書社 2003 年版。

21. 黃懷信《鶡冠子匯校集注》，中華書局 2004 年版。

22. 黃暉《論衡校釋》，中華書局 1990 年版（附錄劉盼遂《論衡集釋》）。

23. 黃樸民《天人合一》，嶽麓書社 1999 年版。

24. 黃汝成《日知錄集釋》，嶽麓書社 1994 年版。

25. 胡玉縉《四庫全書總目提要補正》，中華書局 1964 年版。

26. 胡仔《漁隱叢話》，四庫本。

27. 黃焯《經典釋文匯校》，中華書局 1983 年版。

28. 黃鎮成《尚書通考》，四庫本。

29. 黃震《黃氏日抄》，四庫本。

30. 黃宗羲《明儒學案》，中華書局 1985 年版。

31. 黃宗羲《明文海》，四庫本。

32. 黃宗炎《周易尋門餘論》，四庫本。

J

1. 嵇璜等《皇朝文獻通考》，四庫本。

2. 嵇璜等《欽定續通志》，四庫本。

3. 紀昀《紀曉嵐文集》，河北教育出版社 1991 年版。

4. 紀昀《紀曉嵐詩文集》，江蘇廣陵古籍刻印社 1997 年版。

5. 季羨林主編《中國大百科全書·語言文字》，中國大百科全書出版社 1988 年版。

6. 蔣寅《王漁洋事蹟徵略》，人民文學出版社 2001 年版。

7. 江昱《瀟湘聽雨錄》，《四庫全書存目叢書》子部第 116 冊。

8. 焦竑《國史經籍志》，《明代書目題跋叢刊》本。

K

1. 康駢《劇談錄》，古典文學出版社 1958 年版。

2. 柯愈春《清人詩文集總目提要》，北京古籍出版社 2002 年版。

3. 孔凡禮《孔凡禮古典文學論集》，學苑出版社 1999 年版。

4. 孔平仲《孔氏談苑》，四庫本。

5. 匡亞明、盧央《葛洪評傳》，南京大學出版社 2006 年版。

L

1. 來新夏主編《清代目錄提要》，齊魯書社 1997 年版。

2. 來新夏《近三百年人物年譜知見錄》，上海人民出版社 1983 年版。

3. 雷夢辰《清代各省禁書匯考》，書目文獻出版社 1989 年版。

4. 李步嘉《越絕書校釋》，武漢大學出版 1992 社年版。

5. 李步嘉《越絕書研究》，上海古籍出版社 2003 年版。

6. 李崇智《人物志校箋》，巴蜀書社 2001 年版。

7. 李迪《梅文鼎評傳》，南京大學出版社 2006 年版。

8. 李迪《中國數學通史·宋元卷》，江蘇教育出版社 1999 年版。

9. 李昉等《太平廣記》，上海古籍出版社 1990 年版。

10. 李光地《榕村語錄》，中華書局 1995 年版。

11. 李塨《顏元年譜》，中華書局 1992 年版。

12. 李建國《漢語訓詁學史》，上海辭書出版社 2002 年修訂版。

13. 〔舊本題〕李靖《李衛公望江南集》，《四庫全書存目叢書》影印明萬曆十年刻本（子部第 30 冊）。

14. 李鏡池《周易探源》，中華書局 1982 年版。

15. 李零《中國方術考》，東方出版社 2000 年版。

16. 李零《中國方術續考》，東方出版社 2001 年版。

17. 李慶《日本漢學史》（1～3），上海外國語大學出版社 2002～2004 年版。

18. 李慶甲《瀛奎律髓匯評》，上海古籍出版社 1986 年版。

19. 李善《文選注》，中華書局 1977 年版。

20. 李學勤《簡帛佚籍與學術史》，江西教育出版社 2001 年版。

21. 李儼、錢寶琮《李儼錢寶琮科學史全集》，遼寧教育出版社 1998 年版。

22. 李約瑟《中華科學文明史》（1～5），上海人民出版社 2003～2005 年版。

23. 李裕民《四庫提要訂誤》，中華書局 2005 年增訂本。

24. 李致忠《三目類序釋評》，北京圖書館出版社 2002 年版。

25. 厲鶚《宋詩紀事》，上海古籍出版社 1984 年版。

26. 梁紹壬《兩般秋雨盦隨筆》，上海古籍出版社 1982 年版。

27. 林光朝《艾軒集》，四庫本。

28. 林慶彰《明代考據學研究》，臺北學生書局 1986 年版。

29. 林慶彰主編《姚際恒著作集》，臺北「中研院」中國文哲研究所 2004 年版。

30. 林慶彰主編《經學研究論著目錄（1988～1992）》，臺北「中研院」中國文哲研究所 1999 年版。

31. 林慶彰主編《日本經學研究論著目錄 1900～1992》，臺北「中研院」中國文哲研究所 1993 年版。

32. 凌郁之《洪邁年譜》，上海古籍出版社 2005 年版。

33. 凌朝棟《文苑英華研究》，上海古籍出版社 2005 年版。

34. 劉達科《遼金元詩文史料述要》，中華書局 2007 年版。

35. 劉衡如、劉山永《本草綱目》（新校注本），華夏出版社 1998 年版。

36. 劉績《三禮圖》，四庫本。

37. 劉開揚《高適詩集編年箋注》，中華書局 1981 年版。

38. 劉克莊《後村集》，四庫本。

39. 劉起釪《尚書學史》，中華書局 1989 年版。

40. 劉祁《歸潛志》，中華書局 1983 年崔文印點校本。

41. 劉韶軍《太玄研究》，武漢出版社 1991 年版。

42. 劉韶軍《太玄經校注》，華中師範大學出版社 1996 年版。

43. 劉文典《淮南鴻烈集解》，中華書局 1989 年版。

44. 劉咸炘《劉咸炘學術論集·子學編》，廣西師範大學出版社 2007 年版。

45. 劉勰《元刊本文心雕龍》，上海古籍出版社 1993 年版。

46. 劉恕《通鑒外紀》，四庫本。

47. 劉昫《舊唐書》，中華書局 1974 年版。

48. 劉壎《隱居通議》，四庫本。

49. 劉壎《水雲村稿》，四庫本。

50. 劉寅《三略直解》，四庫本。

51. 劉躍進《玉臺新詠研究》，中華書局 1990 年版。

52. 劉躍進、范子燁編《六朝作家年譜輯要》，黑龍江教育出版社 1999 年版。

53. 劉永翔《蓬山舟影》，漢語大詞典出版社 2004 年版。

54. 劉摯《忠肅集》，四庫本。

55. 柳宗元《柳河東集》，四庫本。

56. 樓鑰《攻媿集》，四庫本。

57. 陸隴其《松陽抄存》，四庫本。

58. 陸隴其《三魚堂文集》，四庫本。

59. 陸容《菽園雜記》，中華書局 1985 年點校本。

60. 陸心源《儀顧堂題跋》，中華書局 1987 年版。

61. 陸游《老學庵筆記》，中華書局 1979 年李劍雄、劉德權點校本。

62. 陸游《渭南文集》，四庫本。

63. 陸友《研北雜志》，四庫本。

64. 魯迅《且介亭雜文二集》，人民文學出版社。

65. 盧文弨《抱經堂文集》，中華書局 1990 年版。

66. 欒貴明《四庫輯本別集拾遺》，中華書局 1983 年版。

67. 呂思勉《呂思勉讀史札記》，上海古籍出版社 2005 年版。

68. 羅大經《鶴林玉露》，中華書局 2005 年版。

69. 羅倫《一峰文集》，四庫本。

70. 羅泌《路史》，四庫本。

71. 羅振玉《雪堂類稿》，遼寧教育出版社 2003 年版。

72. 羅熾《方以智評傳》，南京大學出版社 2001 年版。

73. 呂不韋《呂氏春秋》，上海古籍出版社 1996 年餘翔標點本。

74. 呂思勉《經子解題》，華東師範大學出版社 1995 年版。

M

1. 馬端臨《文獻通考》，浙江古籍出版社 1988 年版。

2. 馬積高《歷代辭賦研究史料概述》，中華書局 2001 年版。

3. 馬驌《左傳事緯前集》，四庫本。

4. 馬驌《繹史》，四庫本。

5. 馬永卿《嬾真子》，四庫本。

6. 毛奇齡《西河集》，四庫本。

7. 毛奇齡《詩傳詩說駁義》，四庫本。

8. 毛奇齡《古文尚書冤詞》，四庫本。

9. 繆鉞《杜牧年譜》，人民文學出版社 1980 年版。

10. 繆鉞《杜牧傳》，人民文學出版社 1977 年版。

N

1. 聶安福《韋莊集箋注》，上海古籍出版社 2002 年版。

2. 鈕匪石《鈕匪石日記》，遼寧教育出版社 1998 年版。

O

1. 歐陽修、宋祁《新唐書》，中華書局 1974 年版。

2. 歐陽修《文忠集》，四庫本。

3. 歐陽修《集古錄》，四庫本。

4. 歐陽修《六一詩話》，四庫本。

P

1. 潘景鄭《著硯樓讀書記》，遼寧教育出版社 2002 年版。

2. 彭叔夏《文苑英華辯證》，四庫本。

3. 彭元瑞《知聖道齋讀書跋》，遼寧教育出版社 2001 年版。

4. 普濟《五燈會元》，中華書局 1984 年蘇淵雷點校本。

5. 浦起龍《史通通釋》，上海古籍出版社 1978 年版。

Q

1. 錢寶琮點校《算經十種》，中華書局 1963 年版。

2. 錢大昕《竹汀先生日記鈔》，遼寧教育出版社 1998 年版。

3. 錢大昕《嘉定錢大昕全集》，江蘇古籍出版社 1997 年版。

4. 錢基博《明代文學》，商務印書館 1933 年版。

5. 錢謙益《列朝詩集小傳》，上海古籍出版社 1983 年新 1 版。

6. 錢泰吉《曝書雜記》，遼寧教育出版社 1998 年版。

7. 錢鍾書《宋詩選注》，人民文學出版社 2002 年版。

8. 錢鍾書《談藝錄》，中華書局 1984 年補訂本。

9. 錢鍾書《管錐編》，中華書局 1986 年第 2 版。

10. 戚繼光《練兵實紀》，四庫本。

11. 漆永祥編《東吳三惠詩文集》，臺灣「中央研究院」中國文哲研究所 2006 年版。

12. 漆永祥《國朝漢學師承記箋注》，上海古籍出版社 2006 年版。

13. 清高宗《御製詩四集》，四庫本。

14. 秦蕙田《五禮通考》，四庫本。

15. 秦松齡《毛詩日箋》，四庫本。

16. 邱葵《周禮補亡》，《四庫全書存目叢書》經部第 81 冊，齊魯書社 1997 年版。

17. 瞿曇悉達《唐開元占經》。

R

1. 阮元《十三經注疏》，中華書局 1980 年版。

2. 阮閱《詩話總龜》，四庫本。

S

1. 尚秉和《周易尚氏學》。

2. 邵伯溫《易學辨惑》，四庫本。

3. 邵東方《崔述與中國學術史研究》，人民出版社 1998 年版。

4. 邵懿辰等《四庫簡明目錄標注》，上海古籍出版社 1979 年新 1 版。

5. 邵雍《皇極經世書》，四庫本。

6. 沈大成《學福齋雜著》，四庫本。

7. 沈德壽《抱經樓藏書志》，中華書局 1990 年版。

8. 沈括《元刊夢溪筆談》，文物出版社 1975 年版。

9. 沈善洪主編《黃宗羲全集》，浙江古籍出版社 2005 年版。

10. 沈彤《果堂集》，四庫本。

11. 沈文倬《菿闇文存》，商務印書館 2006 年版。

12. 沈曾植《海日樓札叢·海日樓題跋》，遼寧教育出版社 1998 年版。

13. 沈作喆《寓簡》，四庫本。

14. 司馬朝軍《四庫全書總目研究》，社會科學文獻出版社 2004 年版。

15. 司馬朝軍《四庫全書總目編纂考》，武漢大學出版社 2005 年版。

16. 司馬朝軍《黃侃年譜》，湖北人民出版社 2005 年版。

17. 司馬朝軍《四庫全書總目精華錄》，武漢大學出版社 2008 年版。

18. 司馬朝軍《文獻辨偽學研究》，武漢大學出版社 2008 年版。

19. 司馬朝軍《國故新證》，武漢大學出版社 2010 年版。

20. 司馬朝軍《文獻學概論》，武漢大學出版社 2010 年版。

21. 司馬朝軍《輶軒語詳注》，華東師範大學出版社 2010 年版。

22. 司馬朝軍《續修四庫全書雜家類提要》，商務印書館 2013 年版。

23. 司馬朝軍《漢志諸子略通考》，花木蘭文化出版社 2017 年版。

24. 司馬朝軍《經解入門整理與研究》，武漢大學出版社 2017 年版。

25. 司馬朝軍《文獻辨偽新探》，武漢大學出版社 2018 年版。

26. 司馬朝軍《經史雜記辨偽》，武漢大學出版社 2018 年版。

27. 司馬朝軍《子略校釋》，山東人民出版社 2018 年版。

28. 司馬朝軍《國故新衡》，武漢大學出版社 2018 年版。

29. 司馬朝軍《國故新語》，花木蘭文化出版社 2019 年版。

30. 司馬朝軍《黃侃評傳》，湖北人民出版社 2019 年版。

31. 司馬朝軍《文獻辨偽書錄解題》，花木蘭文化出版社 2019 年版。

32. 司馬朝軍《雲仙散錄詳考》，武漢大學出版社 2020 年版。

33. 司馬朝軍《經義考通說探原》（即出）。

34. 司馬光《傳家集》，四庫本。

35. 司馬遷《史記》，中華書局 1982 年第 2 版點校本。

36. 史繩祖《學齋佔畢》，四庫本。

37. 宋濂《元史》，中華書局 1974 年版。

38. 宋濂《文憲集》，四庫本。

39. 宋祁《宋景文筆記》，四庫本。

40. 蘇洵《嘉祐集》，四庫本。

41. 蘇軾《東坡全集》，四庫本。

42. 蘇軾《東坡志林》，中華書局 1981 年版。

43. 孫承澤《春明夢餘錄》，四庫本。

44. 孫欽善《高適集校注》，上海古籍出版社 1984 年版。

45. 孫欽善《中國古文獻學史簡編》，高等出版社 2001 年版。

46. 孫欽善《中國古文獻學史》，北京大學出版社 2006 年版。

47. 孫琴安《唐詩選本提要》，上海書店出版社 2005 年版。

48. 孫小力《楊維楨年譜》，復旦大學出版社 1997 年版。

49. 孫奕《示兒編》，四庫本。

50. 孫詒讓《溫州經籍志》，社會社會科學出版社 2005 年版。

51. 孫作《滄螺集》，四庫本。

T

1. 譚獻《復堂日記》，河北教育出版社 2001 年版。

2. 唐明邦《邵雍評傳》，南京大學出版社 1998 年版。

3. 唐明邦《李時珍評傳》，南京大學出版社 1991 年版。

4. 唐順之《荊川集》，四庫本。

5. 唐文《鄭玄辭典》，語文出版社 2004 年版。

6. 陶敏、李一飛《隋唐五代文學史料學》，中華書局 2001 年版。

7. 陶宗儀《說郛》，上海古籍出版社 1988 年版。

8. 陶宗儀《南村輟耕錄》，中華書局 1959 年標點本。

9. 脫脫《宋史》，中華書局 1974 年版。

10. 脫脫《金史》，中華書局 1974 年版。

W

1. 萬曼《唐集敘錄》，中華書局 1980 年版。

2. 王鏊《震澤長語》，四庫本。

3. 王柏《魯齋集》，四庫本。

4. 王承略、楊錦先《李燾學行詩文輯存》，上海古籍出版社 2004 年版。

5. 王春南《宋濂評傳》，南京大學出版社 1998 年版。

6. 王符《潛夫論》，中華書局 1985 年汪繼培箋、彭鐸校正本。

7. 王琯《公孫龍子懸解》，中華書局 1971 年版。

8. 王嘉《拾遺記》，四庫本。

9. 王嘉川《布衣與學術：胡應麟與中國學術史研究》，商務印書館 2005 年版。

10. 王克讓《河嶽英靈集注》，巴蜀書社 2006 年版。

11. 王利器《風俗通義校注》，中華書局 1981 年版。

12. 王利器《新語校注》，中華書局 1986 年版。

13. 王利器《鹽鐵論校注》，中華書局 1992 年版。

14. 王利器《顏氏家訓集解》，中華書局 1993 年版。

15. 王利器《文子疏義》，中華書局 2000 年版。

16. 王利器《當代學者自選文庫·王利器卷》，安徽教育出版社 1999 年版。

17. 王懋竑《朱子年譜》，中華書局 1998 年版。

18. 王明《抱朴子內篇校釋》，中華書局 1985 年版。

19. 王明清《揮麈錄》，中華書局 1985 年版。

20. 王鳴盛《蛾術編》，商務印書館 1958 年版。

21. 王鳴盛《十七史商榷》，上海書店出版社 2005 年版。

22. 王明輝《胡應麟詩學研究》，學苑出版社 2006 年版。

23. 王聘珍《大戴禮記解詁》，中華書局 1983 年版。

24. 王啟才《呂氏春秋研究》，學苑出版社 2007 年版。

25. 王青《揚雄評傳》，南京大學出版社 2000 年版。

26. 王慶祥、蕭立文校注《羅振玉王國維往來書信集》，東方出版中心 2000 年版。

27. 王士禎《池北偶談》，四庫本。

28. 王士禎《古夫于亭雜錄》，四庫本。

29. 王士禎《居易錄》，四庫本。

30. 王士禎《香祖筆記》，四庫本。

31. 王世貞《弇州四部稿》，四庫本。

32. 王水照《王水照自選集》，上海教育出版社 2000 年版。

33. 王水照、朱剛《蘇軾評傳》，南京大學出版社 2004 年版。

34. 王樹民《史部要籍解題》，中華書局 1981 年版。

35. 王樹民《中國史學史綱要》，中華書局 1997 年版。

36. 王素《陸贄評傳》，南京大學出版社 2001 年版。

37. 王文才《楊慎學譜》，上海古籍出版社 1988 年版。

38. 王文暉《三國志成語研究》，湖北人民出版社 2004 年版。

39. 王曉毅《王弼評傳》，南京大學出版社 2002 年版。

40. 王曉毅《郭象評傳》，南京大學出版社 2006 年版。

41. 王欣夫《蛾術軒篋存善本書錄》，上海古籍出版社 2002 年版。

42. 王興國《賈誼評傳》，南京大學出版社 1992 年版。

43. 王楙《野客叢書》，四庫本。

44. 王貽梁、陳建敏《穆天子傳匯校集釋》，華東師範大學出版社 1994 年版。

45. 王英明《歷體略》，四庫本。

46. 王應麟《玉海》，文物出版社 1987 年版。

47. 王應麟《困學紀聞》，遼寧教育出版社 1998 年版。

48. 王應麟《漢書藝文志考證》，四庫本。

49. 王永興《陳寅恪先生史學述略稿》，北京大學出版社 1998 年版。

50. 王毓瑚《中國農學書錄》，中華書局 2006 年版。

51. 王運熙、章培恒等主編《辭海》文學分冊，上海辭書出版社 1988 年版。

52. 王重民《中國善本書提要》，上海古籍出版社 1983 年版。

53. 王重民《中國善本書提要補編》，北京圖書館出版社 1991 年版。

54. 王重民《敦煌古籍敘錄》，中華書局 1979 年版。

55. 汪龍麟《20 世紀中國文學研究·清代文學研究》，北京出版社 2001 年版。

56. 汪慶柏《清代人物生卒年表》，人民文學出版社 2005 年版。

57. 汪榮祖《史傳通說》，中華書局 2003 年版。

58. 汪琬《堯峰文抄》，四庫本。

59. 汪藻《浮溪文粹》，四庫本。

60. 韋家驊《楊慎評傳》，南京大學出版社 1998 年版。

61. 魏收《魏書》，中華書局 1974 年版。

62. 魏徵《隋書》，中華書局 1974 年版。

63. 尉繚《尉繚子》，四川人民出版社 1997 年《諸子集成補編》本。

64. 文徵明《甫田集》，四庫本。

65. 翁元圻《困學紀聞注》，清道光五年本。

66. 吳光西等《陸隴其年譜》，中華書局 1993 年版。

67. 吳景旭《歷代詩話》，四庫本。

68. 吳文俊《秦九韶與數學九章》，北京師範大學出版社 1987 年版。

69. 吳曾《能改齋漫錄》，四庫本。

70. 伍野春《裴松之評傳》，南京大學出版社 1998 年版。

X

1. 夏承燾《唐宋詞人年譜》，上海古籍出版社 1979 年版。

2. 向宗魯《說苑校證》，中華書局 1987 年版。

3. 項楚《寒山詩校注》，中華書局 2000 年版。

4. 邢兆良《墨子評傳》，南京大學出版社 1995 年版。

5. 許慎《說文解字》，中華書局 1963 年版。

6. 徐規《王禹偁事蹟著作編年》，商務印書館 2003 年版。

7. 徐培均《李清照集箋注》，上海古籍出版社 2002 年版。

Y

1. 閻崇東《鬼谷子辭典》，湖北人民出版社 1998 年版。

2. 閻若璩《尚書古文疏證》，上海古籍出版社 1987 年版。

3. 閻若璩《潛丘札記》，四庫本。

4. 嚴紹璗《日本藏漢籍珍本追蹤紀實》，上海古籍出版社 2005 年版。

5. 嚴虞惇《讀詩質疑》，四庫本。

6. 楊伯峻《列子集釋》，中華書局 1979 年版。

7. 楊朝亮《李紱與〈陸子學譜〉》，中國社會科學出版社 2005 年版。

8. 楊逢彬《徵實搗虛學步編》，湖北人民出版社 2005 年版。

9. 楊炯《盈川集》，四庫本。

10. 楊俊光《墨經研究》，南京大學出版社 2002 年版。

11. 楊明、談蓓芳主編《中國文學研究》第二輯，江西教育出版社 2000 年版。

12. 楊明照《學不已齋雜著》，上海古籍出版社 1985 年版。

13. 楊明照《抱朴子外篇校釋》，中華書局 1997 年版。

14. 楊維楨《東維子集》，四庫本。

15. 楊武泉《四庫全書總目辨誤》，上海古籍出版社 2001 年版。

16. 楊向奎《清儒學案新編》，齊魯書社 1994 年版。

17. 楊向奎《楊向奎學術文選》，人民出版社 2000 年版。

18. 楊向奎《墨經數理研究》，山東大學出版社 2000 年版。

19. 楊慎《丹鉛續錄》，四庫本。

20. 楊慎《升菴集》，四庫本。

21. 楊士奇《東里文集》，四庫本。

22. 楊志玖、吳楓主編《中國歷史大辭典·隋唐五代史卷》，上海辭書出版社 1995 年版。

23. 姚寬《西溪叢語》，中華書局 1993 年版。

24. 姚鼐《惜抱軒全集》，中國書店 1991 年版。

25. 葉葱奇注《李賀詩集》，人民文學出版社 1959 年版。

26. 葉葱奇《李商隱詩集疏注》，人民文學出版社 1985 年版。

27. 葉景葵《卷盦書跋》，古典文學出版社 1957 年版。

28. 葉夢得《石林燕語》，四庫本。

29. 葉夢得《避暑錄話》，四庫本。

30. 葉紹翁《四朝聞見錄》，四庫本。

31. 葉適《水心集》，四庫本。

32. 葉適《習學記言》，四庫本。

33. 殷孟倫《子雲鄉人類稿》，齊魯書社 1985 年版。

34. 永瑢等《四庫全書簡明目錄》，中華書局 1964 年版。

35. 游國恩《游國恩學術論文集》，中華書局 1989 年版。

36. 虞集《道園學古錄》，四庫本。

37. 于敏中等《欽定西清硯譜》，四庫本。

38. 余嘉錫《四庫提要辯證》，雲南人民出版社 2004 年版。

39. 余嘉錫《世說新語校箋》，中華書局 1983 年版。

40. 余嘉錫《余嘉錫論學雜著》，中華書局 1963 年版。

41. 余英時《方以智晚節考》，三聯書店 2004 年版。

42. 俞琰《讀易舉要》，四庫本。

43. 俞正燮《癸巳存稿》，遼寧教育出版社 2003 年版。

44. 元好問《遺山集》，四庫本。

45. 袁暉等《漢語修辭學史》，山西人民出版社 1995 年修訂本。

46. 袁桷《清容居士集》，四庫本。

47. 袁珂《山海經校注》，上海古籍出版社 1980 年版。

48. 袁文《甕牖閒評》，四庫本。

49. 袁燮《絜齋集》，四庫本。

50. 岳珂《愧郯錄》，四庫本。

Z

1. 曾鞏《元豐類稿》，中華書局 1984 年版。

2. 曾敏行《獨醒雜志》，四庫本。

3. 曾慥《類說》，四庫本。

4. 查屏球《從遊士到儒士》，復旦大學出版社 2005 年版。

5. 查慎行《蘇詩補注》，四庫本。

6. 張邦基《墨莊漫錄》，四庫本。

7. 張伯偉《全唐五代詩格匯考》，江蘇古籍出版社 2002 年版。

8. 張伯偉《稀見本宋人詩話四種》，江蘇古籍出版社 2002 年版。

9. 張伯偉《中國古代文學批評方法研究》，中華書局 2002 年版。

10. 張大可《三國史研究》，華文出版社 2003 年版。

11. 張端義《貴耳集》，四庫本。

12. 張爾岐《蒿庵閒話》，《四庫全書存目叢書》子部第 114 冊。

13. 張華《博物志》，中華書局 1985 年版。

14. 張民權《清代前期古音學研究》，北京廣播學院出版社 2002 年版。

15. 張榮明《中國的國教》，中國社會科學出版社 2001 年版。

16. 張昇編《永樂大典研究資料輯刊》，北京圖書館出版社 2005 年版。

17. 張世林編《學林春秋》，中華書局 1998 年版。

18. 張書才主編《纂修四庫全書檔案》，上海古籍出版社 1997 年版。

19. 張舜民《畫墁集》，四庫本。

20. 張廷玉《明史》，中華書局 1974 年版。

21. 張行成《元包數總義》，四庫本。

22. 張之洞《書目答問》，范希曾補正本。

23. 張志淳《南園漫錄》，四庫本。

24. 張彥遠《歷代名畫記》，四庫本。

25. 張義德《葉適評傳》，南京大學出版社 1994 年版。

26. 張應文《清秘藏》，四庫本。

27. 張元濟《張元濟古籍書目序跋彙編》，商務印書館 2003 年版。

28. 張湧泉《漢語俗字研究》，嶽麓書社 1995 年版。

29. 章培恒《獻疑集》，嶽麓書社 1993 年版。

30. 章太炎《中國現代學術經典‧章太炎卷》，河北教育出版社 1996 年版。

31. 章學誠《文史通義》，上海古籍出版社 1993 年版。

32. 趙爾巽等《清史稿》，中華書局 1977 年版。

33. 趙汸《東山存稿》，四庫本。

34. 趙撝謙《考古文集》，四庫本。

35. 趙儷生《日知錄導讀》，巴蜀書社 1996 年版。

36. 趙璘《因話錄》，四庫本。

37. 趙彥衛《雲麓漫抄》，中華書局 1996 年版。

38. 趙幼文《曹植集校注》，人民文學出版社 1984 年版。

39. 趙與時《賓退錄》，上海古籍出版社 1983 年版。

40. 趙曉嵐《姜夔與南宋文化》，學苑出版社 2001 年版。

41. 鄭傑文《20 世紀墨學研究史》，清華大學出版社 2002 年版。

42. 鄭樵《六經奧論》，四庫本。

43. 鄭樵《通志》，四庫本。

44. 鄭樵《夾漈遺稿》，四庫本。

45. 鄭萬耕《太玄校釋》，北京師範大學出版社 1989 年版。

46. 鄭玉《師山集》，四庫本。

47. 鄭瑗《井觀瑣言》，四庫本。

48. 鄭永曉《黃庭堅年譜新編》，社會科學文獻出版社 1997 年版。

49. 鄭子瑜《中國修辭學史稿》，上海教育出版社 1984 年版。

50. 支偉成《清代樸學大師列傳》，嶽麓書社 1998 年版。

51. 鍾國發《陶弘景評傳》，南京大學出版社 2005 年版。

52. 周必大《文忠集》，四庫本。

53. 周大璞主編《訓詁學初稿》，武漢大學出版社 2002 年修訂版。

54. 周瀚光、孔國平《劉徽評傳》，南京大學出版社 1994 年版。

55. 周煇《清波雜志》，中華書局 1994 年版。

56. 周密《齊東野語》，中華書局 2004 年版。

57. 周密《癸辛雜識》，中華書局 1988 年版。

58. 周琦《東溪日談錄》，四庫本。

59. 周群《劉基評傳》，南京大學出版社 1995 年版。

60. 周勳初《唐語林校證》，中華書局 1987 年版。

61. 周勳初《唐人筆記小說考索》，江蘇古籍出版社 1996 年版。

62. 周勳初《李白評傳》，南京大學出版社 2005 年版。

63. 周振甫《中國修辭學史》，商務印書館 1999 年版。

64. 周中孚《鄭堂讀書記》，中華書局 1993 年版。

65. 朱朝瑛《讀詩略記》，四庫本。

66. 朱東潤《朱東潤傳記作品全集》，東方出版中心 1999 年版。

67. 朱東潤《梅堯臣集編年校注》，上海古籍出版社 1980 年版。

68. 朱鶴齡《尚書埤傳》，四庫本。

69. 朱萬曙等主編《清代徽人年譜合刊》，黃山書社 2006 年版。

70. 朱希祖《汲冢書考》，中華書局 1960 年版。

71. 朱熹《朱子語類》，中華書局 1994 年版。

72. 朱熹《宋名臣言行錄後集》，四庫本。

73. 朱一新《無邪堂答問》，中華書局 2000 年版。

74. 朱彝尊《經義考》，中華書局 1998 年版。

75. 朱彝尊《曝書亭集》，四庫本。

76. 朱彝尊《靜志居詩話》，人民文學出版社 1990 年版。

77. 朱翌《猗覺僚雜記》，四庫本。

78. 祝尚書《宋人別集敘錄》，中華書局 1999 年版。

79. 褚斌傑《白居易評傳》，北京大學出版社 1994 年版。

80. 莊綽《雞肋編》，中華書局 1983 年版。

81. 李誡《營造法式》，商務印書館 2005 年版。

82. 祖慧《沈括評傳》，南京大學出版社 2004 年版。

後 記

　　疇昔戴震苦心結撰《孟子字義疏證》，而一時解人難索，知音可謂尠矣。紀昀暮年有句曰：「曾讀人間未見書。」身為四庫館總纂官，讀書可謂夥矣。余治四庫之學，既仰慕東原精湛之思，亦步趨紀、陸宏博之業。《四庫全書總目》以紀、陸二氏及乾嘉博雅同修，復經清高宗欽定，本當無復遺恨矣。余反覆讀之，魯魚豕亥，亦復不少也。雖迭經余嘉錫、胡玉縉諸君子考索，仍有掃葉未盡之歎，益知學問之無窮也。曩撰《黃侃年譜》成功之日，曾信誓旦旦，許下弘願：「甘為絕學傳薪火，甘為乾嘉作殿軍。」繼而草定計劃，擬撰「四庫提要研究三書」──《匯纂》一也，《匯考》二也，《詳注》三也。此《精華錄》之成，乃三書之先導也。

　　借聖人酒杯，澆自家塊壘。言之未盡，繼以「胡言」（似賦非賦之謂）、「亂語」（似亂非亂之謂）。「胡言」曰：

　　　　生於洞庭之野兮，棲於寒枝之上。
　　　　朝籀中外經典兮，夕誦九歌與九章。
　　　　知者謂我心憂兮，不知者謂我何求。
　　　　惟宵小之偷樂兮，路險隘以昧幽。
　　　　指九天以為正兮，投豎子於火獄。
　　　　惟楚人鄙固兮，羌不知余之所臧。
　　　　忽奔走以先後兮，聊翱遊兮周章。
　　　　駕飛龍兮北征，乘孔雀兮南翔……

　　蘇軾詞曰：「揀盡寒枝不肯棲。」我本寒士，無此雅懷，周遊四方，累累若喪家之犬，無處藏身，只好棲於寒枝。「胡言」未了，續發「亂語」：

東臨大海，夢縈天路。天路萬里，萬里壯遊。
壯遊四海，以寫我憂。我憂日去，杜門潛修。
澡雪精神，神與古遊。我本楚狂，歌嘲孔邱。
笑傲百氏，不事王侯。王侯將相，寧有種乎？
五斗之米，可折腰乎？歸去來兮，請息絕遊。
任情自適，無所繫留。破帽遮顏，漏船載酒。
浮遊江湖，徜徉山谷。一燈熒然，時還讀書。
二三素心，昕夕群處。楊子沖澹，師子高古。
吳子豪放，臭味相投。竹林諸子，亦師亦友。
亦步亦趨，乾嘉諸老。實事求是，治學法寶。
溫故知新，康莊大道。上求下索，旁搜遠紹。
誠通千古，精騖八表。冷淡生涯，妻啼子號。
房產股票，全不了了。世故人情，拋諸雲霄。
任人欺紿，貿焉莫曉。胸羅萬卷，不值一毛。
著書百萬，蓋醬覆瓿。出無轎車，食無鱖魚。
老父憐子，小女思父。獨居索處，甘為蠹魚。
三年食貧，莫我肯顧。揚子逐貧，韓愈送窮。
一不乞巧，二不求榮。門可羅雀，小鮮獨烹。
躲進小樓，處困而亨。文王演《易》，衝出困境。
既濟未濟，寵辱不驚。《易》衍儒道，生生不已。
儒道互補，剛柔相濟。上士聞道，勤而行之。
我本下士，聞道大笑。尋數行墨，屎中覓道。
道在何處，天涯海角。神龍無首，虛無縹緲。
碧落黃泉，渺不可見。不惑之年，狂臚文獻。
四庫之門，氣象萬千。經史子集，別有洞天。
洞庭漁夫，神遊桃源。忘路遠近，盤桓留連。
坐擁書城，勝似南面。手之舞之，人以為癲。
足之蹈之，或以為賢。其維愚人，復謂我僭。
呼馬為馬，我已忘言。兀兀窮年，白雪盈顛。
日夜喘息，菜色其面。我本愚人，敢希聖賢。
不見聖賢，我心悲傷。既見君子，我心則降。

昔賢往矣，國故式微。今我來思，泡沫灰飛。
人云亦云，屋下架屋。八股翻新，巧立名目。
朝立一題，暮成一書。牛溲馬勃，兼收並蓄。
東拼西湊，剪刀糨糊。儂搗糨糊，伊撒爛污。
卮言日出，魚目混珠。真者不陋，陋者不真。
淺陋之輩，以假亂真。學者不學，術者有術。
學術不腐，「精英」不出。學術量化，「大師」躍出。
魯殿無靈，國鮮通儒。大盜公行，竊鉤者誅。
禮儀充足，然後廉恥。孔子之後，無真孔子。
優孟衣冠，偽人如鯽。貌似鴻博，一無所知。
裝腔作勢，儼然經師。巨匠汗顏，侏儒無恥。
小人剝廬，碩果不食。剝床以膚，皮將不存。
君子豹隱，高士肥遁。真理壟斷，敢曰平等？
話語霸權，敢曰爭鳴？權威核心，霸道橫行。
著述等身，氫氧合成。以水濟水，豈是學問！
風氣一開，臭不可聞。衛星大放，學術凋零。
雜道以偽，巧故萌生。偽學獨秀，羞言強盛！
信息爆炸，垃圾成堆。臭腐衝天，亢龍有悔。
斯文掃地，雅俗異位。絕學復興，吾誰與歸？

司馬朝軍

2007 年 4 月 1 日初稿於武漢大學四庫學研究中心

2020 年 8 月 9 日修訂於上海社會科學院歷史研究所